▲ 罗马神话中的“母狼乳婴”浮雕

▲ 古罗马城市广场（古罗马时期城市中心）遗迹

▲ **意大利庞贝古城遗址**（始建于公元前 6 世纪，公元 79 年因维苏威火山大爆发被掩埋）

▲ **罗马方阵**（罗马军团的基本作战单位，由两个百人队组成一个基本战术单位——小队）**复原图**

▲ 罗马角斗场（建于公元 72 到公元 79 年，可容纳 9 万观众）遗址内部图

▲ 罗马角斗场 3D 复原图

▲ 格涅乌斯·庞培（古罗马名将，“前三头同盟”之一）雕像

▲ 盖乌斯·尤利乌斯·恺撒（史称“恺撒大帝”，罗马帝国的奠基者）雕像

▲ 万神庙（罗马最古老的建筑之一）摄影

▲《荷拉斯兄弟之誓》（描绘了为罗马而战的荷拉斯三兄弟在父亲面前庄严宣誓）油画

▲ 罗马军队插画

▲ 图拉真纵队浮雕

▲ **图拉真柱**（罗马帝国“最佳元首”图拉真所立，以纪念其将罗马疆域扩张到最大，被誉为“实现罗马伟大复兴”的精神支柱）**摄影图**

▲ **英国不列颠岛哈德良长城**（罗马帝国西北边界）

▲ **君士坦丁凯旋门**（312 年，为庆祝君士坦丁大帝战胜马克森提而建）

▲ **卡拉卡拉浴场遗址**（建于 211 到 217 年，古罗马知名公共浴场）

▲ 圣彼得广场（罗马教廷举行大型宗教活动场所）摄影图

▲ 梵蒂冈圣彼得大教堂（天主教会重要的象征之一）摄影图

▲《十字军进入君士坦丁堡》(1204 年，第四次十字军东征东罗马帝国，攻占了君士坦丁堡，建立了拉丁帝国)油画

▲ **加拉塔**（位于君士坦丁堡，今土耳其伊斯坦布尔，东罗马帝国军队曾在此与阿拉伯帝国军队以及奥斯曼帝国军队多次激战）**摄影图**

罗马帝国2200年

水木森
—著—

THE
ROMAN EMPIRE
2200 YEARS

西苑出版社
XIYUAN PUBLISHING HOUSE
·北京·

图书在版编目 (CIP) 数据

罗马帝国 2200 年 / 水木森著 . -- 北京 : 西苑出版社有限公司 , 2025. 3. -- ISBN 978-7-5151-1033-2

Ⅰ. K126

中国国家版本馆 CIP 数据核字第 2024NP1194 号

罗马帝国 2200 年

作　　者	水木森
责任编辑	杨　超
责任校对	彭洪清
责任印制	李仕杰
开　　本	710 毫米 ×1000 毫米　1/16
印　　张	20.25
字　　数	210 千字
版　　次	2025 年 3 月第 1 版
印　　次	2025 年 3 月第 1 次印刷
印　　刷	三河市元兴印务有限公司
书　　号	ISBN 978-7-5151-1033-2
定　　价	65.00 元

出版发行	**西苑出版社有限公司**　北京市朝阳区利泽东二路 3 号 邮政编码：100102
发 行 部	(010)84254364
编 辑 部	(010)64210080
总 编 室	(010)88636419
电子邮箱	xiyuanpub@163.com
法律顾问	北京植德律师事务所　（电话）17600603461

序言　罗马不是一天建成的

罗马帝国是具有世界性影响力的伟大帝国，它横跨欧洲、亚洲、非洲三大洲，继承着古希腊文明，创造了融贯东西的罗马文明。在2000多年漫长的历史长河中，它一度成为西方文明的中心，代表着整个欧洲文明的最高水平，其在政治、经济、文化等多方面取得了瞩目的成就，至今对世界产生着深远的影响。

从公元前753年罗马城建立，到1453年君士坦丁堡陷落，罗马经历了千年的兴衰更替，前后共存续2200年。同时期的华夏历史，即为东周平王十八年至明朝的景泰四年。众所周知，在这数千年间，我们华夏民族经历奴隶制解体，封建社会形成到封建制的高度成熟，最终形成了统一的民族共同体。独特且完善的政治治理体系，滋生了儒家为主其他各家为辅的思想、文化体系，儒释道等并存化宗教体系，以及政教分离的世俗化社会传统。

相比以农耕文明为基础的华夏文明，罗马文明的存在却完全是另一种形式演变而来的。罗马文明的基因里充满着狼性和重商主义，对外扩张和追求利益最大化是基本要素。罗马不是一天建成的，早期的罗马人搭伙扩张，借助同盟者击败一个又一个对手，其倚靠强大而稳定的政治体系，征服东地中海霸主希腊和西地中海霸主迦太基占领西亚，将地中海变成自己的“内湖”。其统治的最大版图达到500万平方千米以上。

罗马在对外扩张中逐渐崛起了，接踵而来的是其内部利益分配冲突不断。同盟者斗争、元老院与民主派斗争、奴隶起义以及夹杂的对外战争，迫使罗马一步步改革，进行相关调整。但无论是共和制时代还是帝制时代，其核心施行的都是奴隶制。这导致罗马虽然融合了其他被征服民族的文化，却无法形成统一的民族文化。

进入帝国时代后，罗马面临亚洲文明的竞争和北方蛮族侵扰。犹太人在反罗马过程中创立了基督教。几个世纪后，基督教的影响力已经变得空前绝后，罗马也被迫确立基督教为国教。基督教中两个对立派别——罗马公教和东正教分别在罗马拉丁语区和希腊语区占主导地位。后来，罗马帝国面临生存危机，又开始实行分治，到西方民族大迁徙时，罗马永久地分为西罗马和东罗马。

西罗马仅存 80 余年，后被蛮族所瓜分。蛮族皈依西罗马主流宗教天主教，却无力再现西罗马往日的辉煌。西罗马故地及影响区域后来发展成教皇国及一系列王国公国相互斗争、相互依存的局面，这便是近代欧洲的起源。

东罗马皇帝兼宗教最高领袖，打着东正教旗号复兴罗马帝国，但不仅遭西罗马故地民众抵制，还不断遭新兴大帝国攻击。东罗马先后击败萨珊波斯、阿拉伯帝国、赛尔柱突厥、诺曼王国，但最终被奥斯曼帝国于 1453 年灭掉。

在东罗马灭亡前，唯一皇裔逃到基辅罗斯。罗马文明和帝国精神在斯拉夫人中得到传承，但掩盖不了罗马帝国寿终正寝的历史事实。虽然罗马帝国在许多方面取得了伟大的成就，但后期的政治腐败、社会不平等和军事压力、宗教问题等，最终它也走向了衰落和解体。这个复杂的历史过程包含了兴衰交替的多个时期。

华夏文明衰落后，隔一段时间就能“复兴”，数千年拥有着连续的历史传承和文化延续。而罗马文明随着帝国灭亡而逐渐消失，其根本原因在哪里呢？读完本书，你将会有完美答案。

是以为序！

目录

003
第三章 击败旧霸主

004
第四章 争夺小亚细亚

005
第五章 奴隶，财富

006
第六章　罗马公民权的分配

007
第七章　极端民主的终点

008
第八章　皇帝传承游戏

015
第十五章　在四战之地复兴帝国

016
第十六章　君士坦丁堡的运气

017
第十七章　帝国残阳如血

第一章　走出罗马城①

商业基因，狼性基因，注定了它的扩张本性，也注定它在斗争中灵活多变。

1. 罗马是这样诞生的

亚洲、欧洲、非洲几十个国家编写本国历史教材时，都会无一例外地写到罗马。因为罗马历史是他们的“历史之母”——它们不是历史上曾经从属于罗马，就是在历史上深受罗马影响。

罗马历史影响亚非欧三大洲的历史，在世界史中有独一无二的地位。因为罗马帝国地跨欧亚非帝国——它强盛时期的领土东起幼发拉底河上游，西临大西洋，南抵非洲撒哈拉大沙漠，北至大不列颠、莱茵河、多瑙河一线。

① 全书公元元年之后的世纪数字小于10的、具体年份数字小于100的，均添加“公元”，以避混淆。如“公元5世纪”“公元69年”。

罗马前后存续两千多年，继承古希腊文明，又创造融贯东西的罗马文明。罗马文明魅力巨大，在中世纪时，欧洲很多国家以罗马帝国继承人自居，欧洲文艺复兴也以复兴罗马文艺为目标。

罗马强大而长久，是什么原因导致的呢？奥秘在哪里呢？在罗马历史中本身就包含着答案。

罗马帝国起点是罗马城。公元前753年，罗马建城。罗马人以这一年作为纪元。不过，在罗马城修建以前，有一段精彩传说，揭示了罗马人的性格和文化基因。这也是罗马人能战胜各种对手，走向强大，创建世界帝国的原动力。

在台伯河左岸离海不远处的小山上，罗慕路斯和雷穆斯修建了罗马城。罗马城的诞生伴随着一个凄美故事。

相传，在特洛伊城陷落时，伊尼亚侥幸逃走。他历经千难万险，到当时荒无人烟的亚平宁半岛的拉丁地区住下来。在拉丁地区，伊尼亚的儿子修建了亚尔巴龙伽城，创建了一个小城邦。

多年后，亚尔巴龙伽城发生内讧。时任亚尔巴龙伽王被弟弟阿穆留斯篡夺王位，并被秘密流放到偏远乡村。为防止哥哥的后代报仇，阿穆留斯杀死所有王子，强迫公主做祭司。按照规定，祭司不能结婚。阿穆留斯认为，不能结婚的人，自然就没有后代，也不用担心其后代报仇。

然而，不被允许结婚的人未必不会生孩子。其中一位公主被迫做祭司，不被允许结婚，却悄悄生下一对双胞胎儿子。她怀的是谁的孩子？依照当时认知水平，阿穆留斯不明白其中原因，便归结于神的力量在暗中帮助祭司。

阿穆留斯又恨又怕，令人杀死了公主，却不敢杀死双胞胎婴儿，他令人把婴儿扔到河里。他相信有神灵，认为将婴儿丢到河里比较稳妥——如果有神灵保护的话，那么自己不至于因杀婴儿而触怒神灵；如果没神灵保护的话，那么婴儿早就被喂鱼了，他担心的事也就永远不会发生。

一个奴隶奉令将婴儿丢到台伯河里。奴隶也认为女祭司未婚生孩子是神奇的事，有神灵保佑，也不敢直接将双胞胎婴儿丢进河水里，而是将篮子放在水边河滩上。奴隶回去交差，说已经将婴儿丢到河里了——至于是丢到河水里，还是丢到水边河滩上，阿穆留斯下令时并没明说，奴隶汇报时自然也没明说。

阿穆留斯和奴隶都担心有神灵，神灵貌似还真的出现了。河水涨起来，装着双胞胎婴儿的篮子没沉下去，而是缓缓漂向岸边，挂在贴近水面的树枝上。河水汹涌澎湃，却无法卷走挂在树枝上的篮子。

篮子里的双胞胎婴儿饿得哇哇哭，凄惨的声音传得很远。慑于阿穆留斯的淫威，没人敢去喂那双胞胎婴儿。突然，一只母狼闻声从远处跑过来，只见它嗅了嗅篮子，将双胞胎婴儿叼出来，这时奇迹发生了，它竟然用自己的奶来喂他们……

一个牧人远远地看到这神奇的景象。他十分惊讶，相信有神灵在护佑双胞胎婴儿。晚上，他悄悄地把双胞胎婴儿带回家抚养，给他们起名罗慕路斯和雷穆斯。牧人坚信是神灵让他来保护双胞胎婴儿的，对此事守口如瓶，精心喂养他们，还传授他们武艺。

一晃十几年过去，罗慕路斯和雷穆斯长大了。他们得知身世后，决心为母亲和舅父报仇，除掉阿穆留斯，找回被流放偏僻乡村的外公，将政权交还给他。而阿穆留斯根本不知道还存在两个小仇人。不久后，罗慕路斯和雷穆斯顺利地如愿复仇。

亚尔巴龙伽城是罗慕路斯和雷穆斯的伤心之地。他们不想再留在这里，决定在牧人养育他们的地方台伯河左岸离海不远处的小山上修建新城。

公元前 753 年，新城建好，他俩都想用自己的名字命名，且互不相让。一怒之下，罗慕路斯杀死雷穆斯，成为新城最高统治者。新城被命名为罗慕路斯，又译为罗马。罗马人将公元前 753 年当作罗马建城起点，也将母狼当作其图腾。

所谓，罗马城不是一天建成的。谁也不知道罗马出现居民的确切时间，也不知道谁是罗马城的最初居民，只知道一群人移居台伯河流域后，在受希腊文明影响和有狼性基因的罗慕路斯和雷穆斯领导下，建立了最初的罗马城。

罗马能发展壮大，有很多因素。在希腊文明强势时，希腊人将发展重心放在遥远的东方，并未将亚平宁半岛殖民化，完全纳入统治范围内。在希腊文明衰落后，希腊各城邦之间内斗不止，防范重点也是来自东方的塞琉古王朝。而另一个强敌迦太基，尚未强大到有能力殖民罗马的程度。罗马紧挨强大而先进的文明，最终逃脱被兼并的命运，有后来者居上机会。

罗马城地理位置也非常好。它位于可以通航的台伯河岸边，离海很近，从海上沿台伯河进来是重要贸易通道，用海水制成的盐沿这条通道输往内地。位于通商要道的罗马城坐落在岸边小山上，山很陡，易守难攻。小山周围是肥沃的火山岩土壤，非常适合农业种植。这里的交通、军事和农业都具有得天独厚的条件。

罗马人有天生成为强者的基因，有历史给他们扩张崛起的机会，又占有得天独厚的地理环境，他们也充分发挥优势，奋力扩张兼并，频频取胜，越来越强大。

公元前 10 世纪至前 9 世纪时，罗马城所在地小山上出现居民，存在一些独立部落。公元前 8 世纪至前 7 世纪，那些部落融合成一族，形成带有狼性基因和商业基因的罗马城邦，分为三个氏族部落。

罗马进入王政时代。

2. 财产决定地位

王政时代的罗马正在从原始社会向阶级社会转变。因不断扩张兼并，罗马人口越来越多，统治范围越来越大，实力越来越强，人与人之间贫富差距越来越大，贫者和富者以及被征服者和征服者之间的矛盾也越来越尖锐。

到王政时代第六代王塞尔维乌斯 · 图里乌斯时，罗马的各种矛盾不断激化，因而不得不进行改革，改革社会的组织制度。

罗马人有狼性基因和商业基因，本能地武力扩张，追求利益。他们不断扩张，不断获得胜利，被征服的人越来越多，被征服的土地越来越多，主动前来归附的部落也越来越多。如何安置那些人？如何管理那些土地？

将新成员安置在原有以血缘为纽带的三个氏族部落中，会改变和同化罗马人，会稀释掉罗马人特权；将他们杀死或者赶走，会逼迫他们誓死抗争，或者投靠敌对力量，给罗马人造成危害；将他们看管起来，既增加危险又浪费人力物力，且罗马人根本无力做到。

被征服的人太多，远远超过原有罗马人。如何安置好那些人，决定罗马是走向强大，还是被那些人同化掉。想来想去，罗马人决定将非罗马人中的精英，即有资产的那部分人，按照资产比例的多少划分等级，将高等级纳入罗马公民集体中，以最大限度保护自身利益。

罗马王塞尔维乌斯·图里乌斯认为，让资产多的人享有权利、承担责任，能化解内部矛盾，增强凝聚力，还能高效扩编军队，提高罗马人的战争能力。财富与社会地位挂钩，成为改革的基本指导方针。

塞尔维乌斯·图里乌斯下令，建立地域部落作为行政管理单位，代替原来按亲属关系组织的氏族部落，把罗马城分为4个城区部落，以所在地区的山岗命名——帕拉丁、苏布拉、奎里那、厄斯奎林；将罗马乡村分为几个乡村部落，依次为埃米里、卡米里、克劳狄、科尔尼里、法比、赫拉西、罗米里、塞尔吉、维图里和帕皮里。新建地域部落设置管理机构，负责公民登记、征兵、征税和摊派徭役等。在地域部落登记入册的自由民都有公民权，都必须承担服军役和赋税等义务。

这次改革加强了罗马的行政管理，扩大了罗马公社的基础。从此，罗马公民权不再取决于血统或出身，而取决于个人居住地所在以及财产多少。大量从事手工业和商业的伊达拉里亚人以及其他外来移民成为罗马公民；被释放的奴隶，甚至被征服者，也有一部分人成为罗马公民。

当然，罗马人这次改革的目的，不是与非罗马血统的人分享权利，而是为了维护统治，让他们承担更多责任，增强对外扩张的军事能力，扩大社会统治基础。

塞尔维乌斯·图里乌斯下令普查全体公民财产，按照公民财产的多寡将公民分为5个等级：拥有10万阿斯[①]及以上财产的公民为第一等级；拥有7.5万至10万阿斯的为第二等级；拥有5万至7.5万阿斯的为第三等级；拥有2.5万至5万阿斯的为第四等级；拥有1.25万至2.5万阿斯的为第五等级；财产低于1.25万阿斯的为等外人，即无产者。

划分财产等级的目的，是为让征收税更为便利，同时也为分配军事权利和义务。各等级分别组成数量不等的森都利亚[②]。第一等级组建80个森都利亚；第二、三、四等级各组建20个森都利亚；第五等级组建30个森都利亚。各等级森都利亚一半由17岁至46岁壮年人组成，一半由47岁至60岁中老年人组成。在第一等级中，富裕公民另组成18个骑兵森都利亚。另外，还有5个非战斗性森都利亚，工匠组成2个森都利亚，乐师和号手组成2个森都利亚，无产者中较为机灵的人组成1个森都利亚。当时罗马共有193个森都利亚，即19300人，基本囊括各阶层精英。

根据当时法令，各等级森都利亚都自备武器装备。第一等级森都利亚配备全套武装，其他等级森都利亚的装备渐次减少，第四等级森都利亚为轻装步兵，第五等级森都利亚的武器只有掷石器。等级越高的森都利亚装备越好，在战争中活下来最终分得战利品的机会就越多。等级低的森都利亚不仅装备差，且往往被安排在冲锋前队或者最为危险的位置。

各等级森都利亚都分为年轻者和年长者两部分；各等级森都利亚备置不同的武器装备，具有明显军事目的。即使是工匠和乐师、号手组成的森都利亚，也有军事任务，即在战争期间分派到军队各部分担负专门性任务，角色类似于后来的工兵。

罗马公民数量大大超过军队数量，每个森都利亚实际上也远远多于100人。森都利亚不仅是军事训练和作战单位，还是征兵组织，各部落核心部门，集中了各部精锐人才。

塞尔维乌斯·图里乌斯改革是对罗马各阶层权益的一次重新分配，也是对

---

① 阿斯，古罗马钱币基本单位。

② 森都利亚，百人队大会，此处特指百人军团。

罗马未来进一步发展的制度安排。他能获得各阶层的认可，顺利进行改革，不仅在于他设计的制度符合罗马进一步对外扩张需要，还在于他的改革进一步加强了既得利益者即罗马原来 3 个氏族部落的利益。

改革前，罗马原来 3 个部落有 3000 名步兵和 300 名骑兵。改革后，他们武器装备更新了，步兵增至 60 个森都利亚，至少 6000 人，骑兵增加到 18 个骑兵森都利亚，至少 1800 人。按照规定，只有投奔罗马的那些极少数富人才有资格进入第一等级。罗马原来 3 个部落的人，有罗马血统的人，依然是罗马统治核心，且力量得到进一步加强。

塞尔维乌斯·图里乌斯打破氏族制度限制，不论贵族和平民，不分原是罗马公社成员，还是置身于公社以外的自由民，将所有自由民按财产多寡划分等级，以此确定其相应政治权力和军事义务。在新的地域原则和财产资格基础上，大批外来移民进入罗马公社，从而摧毁人种和血缘关系藩篱，促使罗马公社内外自由民融合，形成新的公民公社。这种公民公社是在罗马社会阶级分化和等级划分后，有产者重新组合起来和实行统治的组织形式。改革后，罗马变成由贵族奴隶主、平民和奴隶构成的奴隶制城市国家。

塞尔维乌斯·图里乌斯改革的基础是财产多寡，虽然一部分有资产平民得到好处，但没资产平民的政治诉求依旧没得到满足，他们与贵族之间矛盾依然存在。塔克文继任后，专断暴虐，引起贵族和平民不满。他们联合推翻塔克文。罗马王政时代结束，奴隶制共和国逐渐建立。此前一直掩盖着的平民与贵族矛盾又激化起来。

3. 共和国的主人

塞尔维乌斯·图里乌斯改革解决了占少数的罗马人与占多数的非罗马人之间的矛盾，却无法解决富有者和贫困者之间的矛盾，甚至以制度形式强化了富有者的特权，剥夺了贫穷者某些权利。

在社会地位与财富挂钩后，贵族利益不断得到强化，绝大部分平民的利益事实上被严重损害。改革后，贵族和平民之间矛盾进一步激化。他们时而斗争时而妥协，持续了近200年。这时期也是罗马奴隶制共和政治体制的形成时期。

罗马贵族并不是战场上功劳卓著的人，而是出身优渥的人。他们起源于早期公社和各部落中的显贵世家。在罗慕路斯时代，罗马从拉丁显贵的世家中选出100个“贤能者”组成元老院，后来又不断吸收兼并而来的部落显贵进入元老院。选入元老院的人称为元老或父老，他们家族和后代被称为父族或贵族。

罗马平民人数众多，来源非常复杂，有早期罗马公社和各氏族部落中的非显贵世家、脱离保护关系的依附民、零散迁居罗马的外邦人，较早被罗马征服的拉丁人，后来罗马征服人口、主动移居罗马外邦人。此前已编入库里亚的平民，随着时代发展也有所分化，有些变成贵族的依附民，有些与新来平民会合在一起，加入平民等级。

在王政时代，罗马已严重两极分化。贵族拥有大量土地和财富，在政治、军事和宗教方面享受特权，把持各种公职，掌握国家权力。平民的社会和政治地位低下，他们的权利不完全或者不充分——平民有产者有权参加公民大会，参军服役，但不能进入元老院和担任其他要职。

在城市平民中，只有少数人经营工商业而发家致富，大多数人生活比较困难，甚至非常贫困。乡村平民缺少土地或者没有土地，不得不向贵族租佃土地、借贷财物，被迫接受压榨和盘剥，甚至受奴役。塞尔维乌斯·图里乌斯改革，提高了平民有产者地位，无产或者少产平民的境况却越来越糟糕。

公元前510年，罗马人推翻“高傲者”塔克文①，结束王政时代，建立了共和国。不过，所谓共和，是贵族之间共和，平民根本没有参与的资格。贵族掌握政权后，全力巩固特权。为扩大政治和经济方面的特权，罗马贵族实行内部联姻，让阶层流通封闭起来，逐渐发展成为排他性等级——贵族与平民之间的隔阂

①“高傲者”塔克文，全名卢修斯·塔克文·苏佩布（？—公元前496年），也称小塔克文，罗马王政时代第七任君主，公元前535年登基，公元前509年被推翻。

和对立越来越严重，平民和贵族的矛盾与斗争日益尖锐。

平民在政治上受贵族排挤，在经济上日渐贫困化。罗马对外扩张频频获胜，兼并的土地和俘获的战利品不少。平民是罗马军主力，按照常理来说，无论如何不至于贫困。但事实上是，大部分土地和战利品被贵族侵占，平民很少能分得土地或者其他战利品。平民同样的英勇作战，却得不到应有的待遇。

连年战争加重了平民的兵役和捐税负担。因敌人蹂躏乡村田地以及遭受天灾人祸，不少平民负债累累，甚至家破人亡。他们或者成为贵族依附民，或者被迫承受高利息向贵族借贷钱粮而维持生计。一旦还不上债务，他们就会被强迫为奴隶。罗马的平民变成对外扩张战争受害者，即使侥幸活下来，也只能是火中取栗，给贵族捞好处。

平民在经济上围绕着争取土地和取消债务奴役制展开斗争，在政治上强烈要求提高地位，保障人身自由和相关的合法权益，要求平等地参与政权，实现真正的共和。

公元前 494 年，不堪忍受债务奴役的平民，在罗马军即将出征之际，纷纷起来抗议——他们不干火中取栗的事，要求满足他们的要求，否则不去打仗。迫于形势紧张，为平息平民的义愤，执政官塞维利乌斯颁布法令，禁止债主出售服役军士财产和子女，以满足平民的部分诉求。平民姑且相信这条法令，不再进行抗议，又继续随军出征。不过，在战争胜利后，另一执政官克劳狄拒不执行这条法令，执意听任债务人受债主的摆布。

执政者言而无信，参加过出征的平民群情激愤，集体撤到安尼奥河对岸离城 5 千米的圣山上，宣称要与罗马彻底脱离关系，再也不替罗马打仗。贵族们派使者和平民代表进行谈判，最终做了让步，并取得了和解。根据和解协议，平民取得推选官员的权力，可以每年从平民中选出两位保民官。保民官的人身权不可侵犯，职责是保护平民不受贵族或官员横暴侵犯。

在保民官产生的同时或稍后，罗马又设置两个平民市政官，负责祭祀阿芬丁山上的平民神庙、保管档案等，市政官的权力后来也有所扩大。

公元前 486 年，执政官斯普里乌斯·卡西乌斯提出土地法案，把从赫尔尼克人那里夺来土地的一半分给平民，收回贵族非法占有的公有地，与新获得的土地一起进行分配，解决平民缺少土地的问题。贵族们激烈反对，斯普里乌斯·卡西乌斯也因此丧命。

平民争取利益的斗争并未因此停止。此后连续十几年，保民官每年都会提出有利于平民的土地法案，但无一例外地均被否决。直到公元前 456 年，罗马元老院才通过保民官伊启里乌斯提议的一项法令，把阿芬丁山上的土地分给平民。平民终于争取到一点利益。

公元前 5 世纪末到前 4 世纪初，因对外战争接连不断，平民和贵族暂停斗争，团结对敌。战后，平民与贵族又爆发激烈冲突，迫使贵族做出让步。公元前 367 年，罗马元老院通过保民官李锡尼乌斯和绥克斯图斯提出的法案：已付债息一律作为偿还本金计算，未偿还部分分三年归还；占有公有地最高限额为 500 尤格[①]；取消军政官，重选执政官，两个执政官必须有一个由平民所担任。公元前 366 年，绥克斯图斯成为第一位平民出身的执政官，平民开始在罗马政治舞台上发挥重要作用。

后来，其他官职也陆续对平民开放。公元前 366 年，从执政官职权中分出审判权交给新设的行政长官。起初，只有贵族有资格担任行政长官，到公元前 337 年，平民也取得任职资格。公元前 342 年，罗马元老院通过《盖努克优斯法》，规定平民可以同时担任两个执政官。平民的权利进一步扩大。

公元前 339 年，平民出身的独裁官披罗颁布三项法律：

1. 在两个监察官中，必须有一个从平民中选出；

2. 把元老院对公民大会通过决议的批准权，改为高级长官提交公民大会通过议案事先经过元老院审议；

3. 重申平民的决定具有法律效力。

---

① 尤格，一种土地面积单位。

平民在政治斗争中取得胜利，巩固了他们的阵地，有利于他们进行相关社会和经济活动。公元前 326 年，通过《波提利乌斯法案》，该法案禁止以人身抵债，废除债务奴役。此后，罗马平民免除了沦为债务奴隶的威胁，人身自由得到保障。

公元前 304 年，市政官弗拉维优斯把诉讼程序和法庭术语汇编成册，公之于众，并公布开庭日和不开庭日。罗马贵族失去了对法律和历法知识的垄断，保证了平民在法律方面享受平等权利。公元前 300 年，罗马元老院通过《瓦列里乌斯法》，重申公民对包括独裁官在内高级官员的判决有上诉公民大会权利；还通过《欧古尔尼乌斯兄弟法案》，把大祭司和占卜官各从 4 人增到 9 人，所增人都从平民中选出。在罗马，宗教职务被认为是神圣的，一直为贵族所把持，《欧古尔尼乌斯兄弟法案》规定，平民也有资格担任宗教职务。至此，平民和贵族在担任国家公职方面已没有明显区别。

经过 200 余年斗争，平民在政治、社会和经济方面都不同程度取得成果。全体平民在政治和法律上争得与贵族平等的权利，他们有权担任国家公职，可以参加特里布斯大会，行使政治权力，在法理上成为共和国主人。

4. 搭伙去搞扩张

为争取权利，平民和贵族之间斗争了数个世纪，罗马并没因此陷入危机之中，反而越来越强大。什么原因导致的呢？罗马一直处在战争状态之中，且对外战争不断胜利，平民和贵族的矛盾本质上是瓜分战利品的不均，但在对外战争方面，他们的利益高度一致。

更重要的原因是，罗马人有缔结同盟侵略扩张习惯——他们善于结盟，利用同盟力量，同时分化敌人，并一一将敌人击败。在罗马人眼里，为实现更大收益，搭伙搞扩张，借助他人兵力来打败凭自身实力无法打败的对手，是以最小代价实现目标的方法。

罗马最初只是台伯河东岸拉丁地区的一个小城邦，受伊达拉里亚人[①]统治。公元前 510 年，罗马人驱逐伊达拉里亚末王“高傲者”塔克文，在第二年建立共和国。伊达拉里亚人不甘心放弃，率军进攻罗马，不过很快就被挫败。

罗马成功保卫了独立，但处境依旧非常困难：北方有强大的伊达拉里亚城邦，东部和南部有经常进攻他们的萨宾、埃魁和沃尔斯奇等山地部落；邻近拉丁城市不承认罗马一度取得的领导地位、掉转矛头指向罗马。面对时局，罗马人唯有分化敌人，争取同盟者，通过战斗求生存。

对周边各部落或城邦进行一一分析后，罗马人发现，山地部落是他们和拉丁城邦的共同敌人，拉丁城邦是潜在同盟者。罗马决定先打败拉丁城邦，然后说服他们结盟，实现化敌为友、壮大自身的目标。

公元前 496 年，在来吉鲁斯湖一役中，罗马人集中全力击败拉丁城邦。罗马人及时伸出橄榄枝，告诉拉丁人共同的敌人是山地部落，彼此必须结盟，团结协作，一致对付山地部落，不然彼此都会被山地部落兼并。拉丁人内部吵闹了三年，才决定跟罗马人结盟。公元前 493 年，以罗马为一方，以 30 个拉丁城邦为一方，双方缔结《卡西乌斯条约》。从此，为共同利益，罗马人和拉丁人并肩战斗，征服了一个又一个敌人。

与拉丁人结盟后，罗马人表现得相当灵活，只要与对方结盟对自身有利，哪怕对方是敌人，也愿意与之结盟。他们比谁都懂得结盟价值，比谁都善于通过结盟为自己赢得利益。

萨宾人从东北方袭击罗马，埃魁人从东边进攻罗马，沃尔斯奇人从利瑞斯河谷发展到拉丁姆南半部沿海，经常进攻阿尔巴山以南地区。罗马人面临山地部落夹攻。为对付山地部落，公元前 486 年，罗马人与居住在埃魁人和沃尔斯奇人之间的赫尔尼西人结盟。

与赫尔尼西人结盟后，罗马人集中力量对付沃尔斯奇人。他们在拉丁城邦

① 据希罗多德记载，吕底亚王子带领半数公民出外逃荒，渡海来到意大利的翁布里亚，这些人被称为伊达拉里亚人。伊达拉里亚人语言并不属于印欧语系，他们的某些风俗习惯又和古代东方民族相似。

和沃尔斯奇边界建立诺尔巴、科拉、西哥尼亚和维里特莱等殖民城市，派罗马人和拉丁同盟成员去镇守。

建立殖民地是罗马统治被征服地区的常用方法。罗马和拉丁同盟派去的殖民者在殖民地分得土地，代表罗马和拉丁同盟统治那里。建立拉丁殖民地是将新征服的地方分给拉丁人，让他们派人去管理。建立罗马殖民地是将新征服的地方分给罗马公民，派他们去管理。在位置非常重要的地方，罗马人才会建立罗马殖民地，其他地方大多建立拉丁殖民地，用来拉拢拉丁同盟者。

与拉丁人共同行动，罗马人的战斗力大幅度提升。在同邻近山地部落斗争中，他们逐渐取得优势。公元前431年，在阿吉杜斯山，罗马人击溃埃魁人，同时也打败沃尔斯奇人。解决埃魁人和沃尔斯奇人的威胁后，罗马人又进攻伊达拉里亚城邦威伊。他们攻占威伊城，将威伊城洗劫一空，把当地居民屠杀或贩卖为奴隶，将土地没收为罗马公有地。

罗马人对外战争也并非百战百胜。他们也遭遇过不少危机，甚至还发生过同盟者反水危机。在公元前4世纪初，高卢人进攻罗马，罗马局势急剧恶化。故敌伊达拉里亚人、埃魁人和沃尔斯奇人趁机向罗马宣战；故友赫尔尼西人和某些拉丁城邦也趁机反抗罗马。

罗马人先打击伊达拉里亚诸城邦。伊达拉里亚人更团结起来。塔尔魁尼和法列里结成联盟，夹攻罗马人，伊达拉里亚联盟全力支持它们。罗马人顶着巨大压力，依然坚持作战，力图打败对手。经过几年战争，到公元前351年，罗马打败塔尔魁尼人和法列里人联盟。几年后，罗马恢复在南伊达拉里亚的盟主地位。

高卢人进攻罗马时，山地部落也趁机袭击罗马。沃尔斯奇人向罗马进攻，攻到拉丁姆中心拉努维优姆时，被罗马人打败。公元前386年，沃尔斯奇人、拉丁人与赫尔尼西人结成联盟，一起向罗马发起攻击，但在萨特里库姆被罗马军队击败。第二年，在拉丁人和赫尔尼西人支持下，沃尔斯奇人再次发动进攻，但又失败了。罗马人在萨特里库姆建立罗马殖民地。

公元前379年，在萨特里库姆附近，沃尔斯奇人再次被罗马人打败。第二年，罗马军攻入沃尔斯奇境内，残酷劫掠。又过了一年，在萨特里库姆附近，沃尔斯奇人又一次被打败，罗马人将他们驱逐到了安提乌姆。此时，沃尔斯奇人和拉丁人之间发生矛盾。镇守安提乌姆的沃尔斯奇人投降罗马。拉丁人继续与罗马人作战。

经过多次战争，罗马军一一击败强敌，实力越来越强。大部分拉丁城邦，如图斯库鲁姆、阿德亚、阿里西亚、拉努维优姆、拉维尼优姆和诺尔巴等，仍然忠于与罗马订立的同盟条约。彻底打败沃尔斯奇人后，罗马人恢复在拉丁人中的盟主地位，继续推行侵略政策。

罗马人征服了同样有扩张野心、同样有商业基因的萨伯利部族，更是将联盟对敌，拆除对方联盟发挥到了极致。萨伯利部族中实力最强的萨姆尼特人，是亚平宁半岛中部所有城邦的霸主。罗马人和萨姆尼特人曾因抵御高卢人进攻缔结过联盟条约。萨姆尼特人拉拢拉丁人、奥伦克人、沃尔斯奇人和坎帕尼亚人共同对付罗马。

罗马人先和拉丁人展开决战。罗马人最终获胜，拉丁同盟被迫解散。靠近罗马的拉丁城邦被并入罗马，居民享有与罗马人同等权利；其他拉丁人，除他们在公民大会中没投票权外，也给予和罗马人同等公民权。

在与拉丁人作战期间，罗马人与萨姆尼特人保持着友好关系。战后，罗马人完全控制拉丁诸城邦，趁机加紧控制了坎帕尼亚。后来，罗马人与萨姆尼特人关系紧张起来。数次赢得战争的罗马人决定先发制人，在公元前327年占领希腊移民城市那波里，引爆罗马人与萨姆尼特人之间的战争。罗马人初期获得一些胜利后，乘胜前进，追击萨姆尼特人。罗马军追到萨姆尼乌姆山区后，萨姆尼特人利用有利地形进行反击。罗马人惨败。

罗马人低估了萨姆尼特人的战斗力，并未从这次惨败中吸取教训，不肯善罢甘休，决定寻机给萨姆尼特人致命一击。公元前321年，罗马执政官率领2万人，从坎帕尼亚穿过萨姆尼乌姆山脉，直接攻击萨姆尼特人在萨姆尼乌姆的后方和粮食基地阿普里亚。战争结局出乎所有人意料，在林木丛生的考狄乌姆峡谷，罗马人遭到萨姆尼特伏兵狙击，被团团包围。由于逃脱无路，罗马人只好谈判求和。

萨姆尼特人开出的议和条件是罗马人撤离萨姆尼乌姆地区，取消弗列吉雷等殖民地，保证不再发动战争。为保证履行议和条件，罗马人要以 600 名骑兵作为人质。罗马人走投无路，只好答应议和条件，放下武器，身着短装，排成单行，在胜利者的嘲笑声中，一个个地从轭形门下走过。

两万大军出征，却落个从来未有的败局。罗马元老院被迫承认和约，发誓要报仇，消灭萨姆尼特人。公元前 315 年，一支罗马军队进入阿普里亚，另一支罗马军队进攻萨姆尼乌姆西南的萨提库拉城，在苏埃萨建立拉丁殖民地。萨姆尼特人趁机进入利瑞斯河流域，建立进攻罗马城的基地。见萨姆尼特人背后袭击，罗马人不得不集结军队前往抵抗。在塔尔拉齐那城附近，两支军队遭遇，进行大决战。决战的结局是，罗马军被打败。趁此机会，萨姆尼特人占领奥伦克地区和坎帕尼亚。

卡普亚面临危机，准备投降萨姆尼特人。面对异常危急形势，罗马人咬紧牙关，集中全力跟萨姆尼特人拼命。

为了方便行军和利于统治，公元前 312 年，罗马监察官阿庇乌斯·克劳狄主持修建阿庇亚大道[①]。这条大道连接罗马和坎帕尼亚，为罗马向亚平宁半岛南部进一步扩张提供便利。就在这时，萨姆尼特人串通罗马旧日同盟赫尔尼西人和埃魁人，一起结盟反抗罗马。

此时罗马已经比较强大，从北、西、南三个方向包围萨姆尼特人。罗马人联合马尔西人、皮里根尼人、维斯提尼人以及卢西里亚人进行反击。经过多次战争，公元前 304 年，罗马取得决定性胜利。根据所订和约，罗马得到坎帕尼亚等土地，萨姆尼特人仍保持独立。

公元前 298 年，罗马军进攻萨姆尼乌姆，占领波维阿努姆城。第二年，罗马军继续向萨姆尼乌姆进攻。萨姆尼特人面临灭亡危机。为战胜罗马人，萨姆尼特人与伊达拉里亚人、翁布里亚人、高卢人等联合起来共同抗敌。

---

① 阿庇亚大道，古罗马道路，第一条从罗马通往坎帕尼亚和意大利南部的道路。这条道路第一段于公元前 312 年由监察官阿庇乌斯·克劳狄持修建，长 212 千米，从罗马沿东南偏南的方向修到坎帕尼亚区的古卡普阿；第二段约修筑于公元前 244 年，在第一段基础上又向东南延伸 370 千米，至位于亚平宁半岛南部亚得里亚海岸的布伦迪休姆。

公元前295年，在翁布里亚卡美利努姆，罗马军同萨姆尼特、高卢等联军进行决战。决战结果是，罗马人被打败。为扭转不利局面，罗马军迅速扩充，号召退伍士兵、释放奴隶入伍参战。在伊达拉里亚和翁布里亚边界上的森提努姆附近，双方再次发生激烈战斗。战争极其残酷，罗马军猛烈打击联军，摧毁当地城池和房屋，最终取得决定性胜利。

到公元前290年，罗马人又一次打败萨姆尼特人。萨姆尼特人输得彻底，只保留了波维阿努姆城周边的一小块领土，被迫成为罗马的同盟者。罗马人宽恕了萨姆尼特人，将他们绑在自己的战车上，充当进一步扩张的力量。

这时，罗马人势力北至波河流域，南到卢卡尼亚北境，已经将亚平宁半岛中部全部划入势力范围。通过搭伙扩张，罗马人赢得了单凭自身不可能赢得的战争，而通过迫使失败的对手成为同盟者，又进一步增强了对外扩张能力。

第二章　称霸西地中海

罗马人占领亚平宁半岛南部后，发现实现称霸道路上，当务之急要击败的是称霸西地中海的迦太基人。为实现这一目的，罗马人与迦太基人展开生死搏斗。

1. 亚平宁只属于罗马

罗马人生而好战，喜欢对外扩张。在征服亚平宁半岛中部各城邦后，他们将目光瞄准北部的高卢人和南部的诸希腊移民城市。当时，亚平宁半岛北部和南部被一些强大势力占领，尤其是亚平宁半岛南部诸城邦，是希腊人经营多年的殖民地。

公元前 282 年，卢卡尼亚人袭击希腊移民城邦图里依。图里依人打不过卢卡尼亚人，被包围了，危急之中，向罗马人求援。罗马执政官答应了这一请求，亲自率军前去救援图里依人。

图里依人和罗马人联合起来，内外夹击，将包围图里依的卢卡尼亚人击溃。事后，图里依人准备酬谢礼品，请求罗马人撤军回去。罗马人赖着不走，借口要防备卢卡尼亚人再次攻击，坚决不撤军。罗马军常驻不走，图里依人才发现请神容易送神难，罗马人和卢卡尼亚人一样，都有侵略他们的野心。他们向其他希腊城邦寻求帮助，想以此迫使罗马人撤军。

塔林敦人对罗马军占领图里依城不满。罗马舰队驶进塔林敦海湾时，塔林敦人毫无征兆地袭击罗马舰队。罗马人没丝毫准备，舰队战斗力也远远不如塔林敦舰队，在慌忙之中迎战，最终遭空前惨败。罗马舰队司令官战死。被俘的罗马船员一部分被杀死，一部分被卖为奴隶。

罗马人从未遭到这种野蛮而残酷的袭击。罗马元老院派一个使团到塔林敦谈判，要求塔林敦人做出解释，对罗马进行赔偿。塔林敦人根本不将罗马人放在眼里，理都不理会。这激起了罗马人的愤怒，迫使他们选择武力报复。

公元前 281 年，罗马人向塔林敦人宣战，派军进攻塔林敦城。塔林敦人遭罗马军进攻，形势危急，预计自己打不过罗马军，便请伊庇鲁斯①国王皮洛斯②援助。

伊庇鲁斯国王皮洛斯有才能，有野心，还喜欢冒险。他幻想在地中海西部建立一个帝国，积极打击任何可能构成挑战的城邦。罗马人已统治亚平宁半岛中部，成为他实现梦想的最大障碍。塔林敦人求援给他发兵西进提供了借口。就这样，在罗马人向塔林敦人复仇时，皮洛斯率军扑过来。

公元前 280 年春，皮洛斯率 2.2 万名步兵、3000 名骑兵和 20 头战象，登陆意大利，参加对罗马人作战。面对如此强大对手，罗马人硬着头皮迎战，即使实力远远不如伊庇鲁斯人，也必须全力抗击他们，否则，亚平宁半岛将成为他们的殖民地，罗马也在劫难逃。

在离塔林敦海湾沿岸不远的赫拉克里亚城附近，罗马军和皮洛斯所率的伊庇鲁斯大军进行了第一次会战。双方实力相差太悬殊，罗马军被伊庇鲁斯军轻易击溃。随后，皮洛斯率伊庇鲁斯军乘胜追击，横扫亚平宁半岛南部各城邦，几乎

---

① 伊庇鲁斯，是希腊城邦中实力较为强大的一个，伊庇鲁斯在今希腊西北部和阿尔巴尼亚南部，临爱奥尼亚海，是希腊最多山地区。伊庇鲁斯初由科林斯人统治，公元前 4 世纪曾与雅典结盟。公元前 4 世纪末，伊庇鲁斯国王为皮洛斯。

② 皮洛斯（公元前 319—前 272 年），他一生多灾多难，幼年国内发生政变，避难于伊利里亚，公元前 307 年，他借助外力夺得王位，但在公元前 303 年被推翻，又在公元前 297 年返国复位。公元前 272 年，他率军进攻阿尔戈斯时战死。

追到罗马城。

罗马人又一次面临灭国危机。他们采用非常手段应付非常之事。他们紧急从伊达拉里亚调来增援军队，还征发罗马无产者以及各阶层青壮年人参军，无论那些人有没有公民权，先将他们编入军队，全力保卫罗马城。不仅如此，与罗马站在同一阵线的城邦，罗马的同盟者，也几乎全民武装起来，全力抗击伊庇鲁斯军进攻。

在罗马人准备拼命时，伊庇鲁斯国王皮洛斯外强中干的本性流露出来。他认为，此时跟罗马人决战，时机不成熟，下令伊庇鲁斯军撤到阿普里亚，等到有利时机再发起攻击。伊庇鲁斯军未战先退，给了罗马人战胜他们的信心。罗马人不仅不再畏惧，且骨子里还坚定了彻底将他们赶出亚平宁半岛的决心。

公元前279年春，在阿普里亚阿斯库伦城附近，罗马军再次与皮洛斯所率的伊庇鲁斯军会战。在重挫伊庇鲁斯军后，罗马军战败。罗马人这一战虽败犹荣，士气高涨。伊庇鲁斯军损失惨重，面对罗马军感到胆寒。在庆祝胜利时，伊庇鲁斯国王皮洛斯说："如果我们同罗马人的战争再取得这样一次胜利，我们将要没有军队了。"

伊庇鲁斯国王皮洛斯内心害怕打仗，主动派西尼阿斯出使罗马城，提出建立和平、友谊和同盟的协议，还给罗马元老院中有权势的元老献上大量礼品。罗马元老院进行了激烈争论后，最终拒绝和谈。

罗马拒绝和谈，与迦太基[①]派来使节也有关。皮洛斯率军进攻亚平宁半岛时，迦太基人也在进攻亚平宁半岛的西西里岛。西西里岛一些希腊城邦正请求皮洛斯率军到西西里岛上去帮助他们抵抗迦太基人。

迦太基人希望罗马人把皮洛斯所部拖在亚平宁半岛，以便他们能顺利吞并西西里岛希腊城邦。为阻止皮洛斯率军去西西里岛，迦太基人派使者到罗马，请

① 迦太基，公元前8世纪到前146年位于今北非突尼斯北部的奴隶制国家。迦太基临突尼斯湾，当东西地中海要冲，是当时西地中海的霸主。公元前9世纪末，腓尼基人在此建立殖民城邦，首都迦太基城。公元前3世纪70年代，罗马对外扩张，与强敌迦太基遭遇。后来，罗马灭亡了迦太基，称霸西地中海，跨出成为世界帝国的关键一步。

求缔结反皮洛斯同盟。

罗马处于战败一方，拒绝接受议和建议。伊庇鲁斯国王皮洛斯觉得可笑，决定不搭理罗马人，在公元前278年率军离开亚平宁半岛，去西西里支援希腊城邦同胞。

皮洛斯率军在西西里同迦太基人进行了3年战争，没取得到任何成果。希腊人和迦太基人两大军事力量恶斗，罗马人却趁机在亚平宁半岛壮大起来——罗马占领亚平宁半岛南部许多希腊城邦，又征服皮洛斯的同盟者卢卡尼亚人和萨姆尼特人。

公元前275年，伊庇鲁斯国王皮洛斯得知盟友萨姆尼特人遭罗马军围攻，又率军回到亚平宁半岛，在萨姆尼乌姆境内抗击罗马军。此时，罗马军无论是人数，还是战斗力，都大幅度提升了。在萨姆尼乌姆贝尼温敦城附近，皮洛斯率军和罗马军展开决战。皮洛斯所部被彻底击溃，罗马军赢得胜利。

公元前275年秋，在不得已情况下，皮洛斯率领残兵败将退回伊庇鲁斯。罗马人成为亚平宁半岛抗击外敌进攻的英雄，再也没有强大敌人干涉他们在亚平宁半岛的行动。他们乘胜全力以赴去征服意大利南部各希腊城邦。皮洛斯曾经的盟友，如萨姆尼特人、卢卡尼亚人、布鲁提伊人和阿普里亚人等，也一一被罗马人降服。罗马人成为亚平宁半岛南部新霸主。

除波河流域仍为高卢人占领外，亚平宁半岛其余地区全被罗马所征服。

2. 抢夺西西里

经过几百年的不断发展，罗马小城邦变成亚平宁半岛霸主，迫使亚平宁半岛上所有城邦或公社都成为他的同盟者[①]。随后，罗马人将目光瞄向迦太基人的势力范围——西地中海。因为西地中海霸主迦太基人已经殖民到西西里岛，离亚

① 罗马同盟者分为5个等级：1.拥有罗马公民权的自治市；2.拥有半公民权的公社或城市；3.拉丁殖民地；4.同盟者；5.投降者。

平宁半岛非常接近。

历史上，罗马人和迦太基人之间早有接触，双方一直非常友好。在公元前6世纪末，他们还签订过友好条约；公元前348年，他们又续订条约，进一步调整两国关系。

罗马人在亚平宁半岛扩张比较顺畅，没遭到希腊人强力攻击，战胜希腊强邦伊庇鲁斯，也多多少少与迦太基人有关。迦太基人从西地中海向东地中海不断进攻，与希腊人死磕。希腊人注意力在迦太基，没法全力对抗罗马人。罗马和迦太基成为战略盟友。罗马人在亚平宁半岛扩张，迦太基人全力争夺西西里，但是，在罗马人将下一个目标瞄准西西里时，西地中海霸主迦太基将下一个目标瞄上亚平宁半岛，双方的战略性矛盾无法调和，变成你死我活的战略敌人。

西西里岛是地中海最大的岛，位于地中海中部，东北端隔三千米宽的墨萨纳海峡[①]与亚平宁半岛相望。西西里岛多丘陵，土地富饶肥沃，适合谷物生长，是天然农业基地。同时，它又是从地中海到非洲的重要中转基地，无论是对外扩张，还是从事海上贸易，都是必争之地。

为占领西西里岛，西地中海霸主迦太基人和东地中海霸主希腊人争斗了数百年。皮洛斯率部撤走后，罗马人征服亚平宁半岛南部，和西西里岛只隔着墨萨纳海峡相望。他们既担心迦太基人打过来，也想趁机抢占西西里岛。

西西里岛东北角有座墨萨纳城。公元前289年，西西里岛东部霸主希腊城邦叙拉古王阿加托克利斯死后，他原先在坎帕尼亚招募的雇佣军占领墨萨纳城，建立政权。阿加托克利斯的继承人率叙拉古军攻打他们，将他们击溃，并在公元前265年包围墨萨纳城。被围在墨萨纳城的坎帕尼亚人处境危急，决定向外求援。一些人提议请求迦太基人保护，另一些人建议与罗马结盟。他们谁也说服不了谁，决定同时向迦太基人和罗马人求救，共同对付叙拉古军。

在墨萨纳海峡巡逻的迦太基军，接到求救的消息，立即赶到墨萨纳城。叙拉古军估计打不过迦太基军，没有发生战争便撤退了。迦太基人成为墨萨纳城内

---

① 墨萨纳海峡，又译墨西拿海峡。

坎帕尼亚人的大救星，名正言顺进驻墨萨纳城。

罗马人接到求救的信息后，未迅速做出决策。罗马人不愿墨萨纳城落入迦太基人手中，进而控制整个西西里岛，封闭西地中海，同时又深知迦太基人财力雄厚、军力强大，特别是海军强大。罗马出兵墨萨纳，就等同于与迦太基人开战。罗马海军与迦太基海军实力相差太大。罗马人没有取胜把握。

罗马元老院组织百人团大会讨论。经过充分讨论，百人团大会做出出兵西西里岛决定。不过，此时叙拉古军已经撤走，迦太基人已进驻墨萨纳城。罗马军要获得西西里岛立足之地，就必须克服困难，从迦太基人手中夺取墨萨纳城。

公元前264年，罗马军渡过墨萨纳海峡，揭开争霸西地中海的战幕。罗马人强悍战斗力爆发，战事进展顺利，迫使迦太基军后撤，占领墨萨纳城。随后，罗马军又沿西西里岛东海岸南下，直抵叙拉古城下。

叙拉古人与罗马人没什么仇恨。迦太基人一直在侵占西西里岛。包括叙拉古人在内的希腊人一直与迦太基人敌对。在大军压境形势下，叙拉古人选择和罗马结盟，成为罗马人争霸西地中海的同盟者。将迦太基人赶出西西里岛，成为罗马人和叙拉古人的共同目标。

叙拉古与罗马结盟，为罗马在西西里岛进一步的军事行动提供了极大便利。有叙拉古人做向导和协同作战，罗马军就不存在地形不熟悉问题，在西西里岛东南部一路势如破竹，迅速控制西西里东部和东南部。

公元前262年夏，罗马军攻下迦太基人在西西里南岸主要据点阿格立真坦。罗马人赢得对外扩张以来的最大胜利。进城后，他们大肆劫掠财物，抓获两万名俘虏，将他们卖为奴隶，获得一大笔钱财。

罗马军取得胜利，但迦太基人西西里岛的舰队还完好无损，战斗力极强，对罗马人具有压倒性优势。迦太基人可以用海军回击罗马军，封锁西西里岛和亚平宁半岛海岸，断绝罗马军的后勤供应，置他们于断粮绝境。

要占领西西里岛，罗马人必须打败迦太基舰队，而要打败迦太基舰队，罗马人必须迅速建立强大的舰队。现实是，罗马人长期在陆地上征战，没什么海战经验，自从舰队被塔林敦人袭击全军覆没后，至今没有能重建起舰队。

这难不倒罗马人。他们的新同盟者叙拉古人是希腊人的一部分。希腊人擅长海战和海军建设。在叙拉古人指导下，罗马人迅速建立起一支舰队。按照当时常规战法，在机动性和作战经验方面，罗马舰队都远不如迦太基舰队，根本没可能打败迦太基舰队。为了获得海战胜利，罗马人扬长避短，搞了一项“新科技”，让其舰队战斗力一下子超越迦太基舰队。

原来，为弥补自身不足，同时发挥步兵的战斗力，罗马人发明新的海战战术，即在舰首安装前端装有钩子、两侧装有栏杆的吊桥，前进时将它竖起，以阻挡敌人投掷武器攻击，在接近敌人时将它放下，利用吊桥前端的钩子钩住敌舰甲板，便于步兵如履平地从上面冲过去，与敌人展开短兵相接的战斗。这样一来，罗马人原来的短处变成长项。对手的海军因为并没有受过陆战训练，导致其长项变成短板。

公元前 260 年，在西西里岛北面米列海岬，罗马舰队和迦太基舰队展开大海战。罗马人的新战术发挥了神效，在战场上令迦太基人毫无招架之力。战争的结果是，占据优势、信心满满的迦太基舰队遭惨败，多艘军舰被罗马人缴获。随后，罗马舰队趁机进攻科西嘉岛和撒丁岛。公元前 259 年，罗马舰队在撒丁岛附近再次打败迦太基舰队。

迦太基人接连吃亏后，改变战术，退到西西里岛西部，凭借那里海军要塞固守，想拖一下罗马军，挫一挫他们的锐气，同时等迦太基本土派援兵来，寻机与罗马军再战。

战场出现相持局面。罗马人没资本跟迦太基人拼消耗，暂时放下西西里岛，直接越过地中海，进攻迦太基本土。

经过 3 年准备，公元前 256 年，罗马执政官雷古卢斯和曼利乌斯率由 330 艘船组成的舰队，载着 4 万名罗马兵，远征非洲迦太基本土。罗马舰队从墨萨纳出发没多久，迦太基人就识破了罗马军的企图。在西西里岛南岸埃克诺穆斯角附近，由 350 艘船组成的迦太基舰队与由 330 艘船组成的罗马舰队决战。

一场规模空前的大海战爆发。罗马人的新战术，再次让迦太基人挨打。迦太基人虽然很勇敢，船舰也多 20 艘，但根本挡不住罗马舰队进攻。罗马的桥舰再次发挥威力，罗马舰队再次大败迦太基舰队，成功冲破迦太基舰队围堵，攻向迦太基本土。此战，迦太基舰队损失了 100 艘船。罗马舰队只损失 24 艘。

罗马舰队冲破迦太基舰队阻拦，顺利穿越地中海，在迦太基东面克卢佩亚成功登陆。随后，罗马军海军和陆军相互配合，多次打败阻击的迦太基军，一直到离迦太基城不远的地方。

罗马人突破层层阻击，远程袭击迦太基本土。迦太基人阻挡不住罗马军前进步伐，见形势危急，只好请求媾和。此时，自负而缺乏远见的罗马执政官雷古卢斯过高地估计罗马军实力，提出迦太基人无法接受的带污辱性条件，将和谈之门堵死。

求和不成，迦太基人只有拼命。迦太基迅速征集雇佣军，偷袭并打败罗马军。雷古卢斯本人被俘，只有 2000 个罗马人侥幸溃逃到克卢佩亚。公元前 255 年，在被逼无奈情况下，罗马舰队载着残余将士返回罗马。在途中，他们又遭风暴袭击。罗马 4 万名远征军几乎全部覆没。

罗马人又出巨资重建舰队，转而将重点重新放在西西里岛。公元前 251 年，罗马人攻下西西里岛北岸城邦帕诺尔穆斯。趁这次胜利，罗马人又把迦太基人挤到西西里岛西部利里拜乌姆和德瑞帕努姆。

公元前 247 年，西西里岛的迦太基军改由哈米尔卡尔指挥。哈米尔卡尔率迦太基军在西西里岛陆地上向罗马军展开反击，同时派出海军从海上骚扰亚平宁半岛，让罗马人后方也不得安宁。罗马人不得不抽调兵力去防卫亚平宁半岛那些沿海城市。迦太基人在西西里岛的处境暂时有所改善。

罗马人占领西西里岛的决心没有丝毫动摇。他们花费几年时间重建再次被风暴摧毁的舰队后，又发起进攻。罗马陆军攻占迦太基人在西西里岛的最后据点利里拜乌姆和德瑞帕努姆。公元前 241 年，罗马舰队又在西西里岛西部埃伽特斯群岛附近海战中打败迦太基舰队。罗马人基本将迦太基人赶出了西西里岛。

连续 23 年的战争已经使迦太基人精疲力竭，战败的迦太基人授权哈米尔卡尔与罗马人谈判议和。此时，经过长期战争，罗马也感到财匮力乏。罗马没有多余的选择，只有谈判讲和，且条件不能过于苛刻。

经过一番谈判，罗马与迦太基签订和约。和约规定，迦太基向罗马割让西西里岛及其与亚平宁半岛之间的其他岛屿，十年内向罗马赔款 3200 他连特[①] 白银。

西西里岛成为罗马第一个行省。罗马人与迦太基人开战的目的达到，争霸西地中海初步取得胜利。公元前 238 年，迦太基爆发雇佣兵和奴隶起义，罗马人趁机占领科西嘉岛和撒丁岛，并分别建立行省。在西地中海，罗马已经占据一定优势。

3. 千里奔袭罗马

罗马人占领西西里岛、科西嘉岛和撒丁岛，获得巨额战争赔款，但尚未完全控制西地中海。迦太基虽然战败，但它的经济政治力量并没被摧毁。迦太基有大量殖民地，资源丰富，且擅长商业活动，积累财富多，轻松偿付了战争赔款，迅速从战争灾难中恢复过来，又开始准备战争。

公元前 237 年，在平定国内雇佣兵和奴隶起义后，哈米尔卡尔率迦太基军去西班牙，恢复和扩大地盘，为进攻罗马做准备。公元前 228 年，哈米尔卡尔死去，哈斯德路巴尔成为驻西班牙迦太基军最高统帅。哈斯德路巴尔有扩张情怀。他在西班牙东南海岸建立新迦太基城，作为攻守据点，同时监督和控制附近的银矿基地，保障财政来源。

哈斯德路巴尔在西班牙搞得有声有色。罗马人十分不安。因亚平宁半岛北部的高卢人正准备南犯，罗马面临的形势十分紧张，没精力派军队远征西班牙打击迦太基人。公元前 226 年，罗马派使团到西班牙去，要求迦太基人不要越过希伯鲁斯河。此举等于承认迦太基人在西班牙既得的势力范围。哈斯德路巴尔十分爽快地答应。他认为，罗马承认其占领范围，是没任何花费得来的胜利，不要白不要。

---

① 他连特，古罗马的重量单位，1 他连特大约等于 26 公斤。

不过，其他一些迦太基将领不同意答应罗马人的要求，认为这是一种屈辱举动。迦太基人在西班牙的殖民活动无须罗马人同意。公元前221年，哈斯德路巴尔被杀。哈米尔卡尔长子、年仅25岁的汉尼拔成为驻西班牙迦太基军最高统帅。

汉尼拔出身迦太基将领世家。他父亲哈米尔卡尔曾统率驻守西西里岛迦太基军，被罗马人打败，被迫签订屈辱和约。汉尼拔立下誓言终身与罗马为敌，他率军迅速征服希伯鲁斯河以西地区，完成对罗马人战争的准备。

萨贡杜姆是希伯鲁斯河以西唯一没有被迦太基人征服的城邦。公元前226年，萨贡杜姆与罗马结盟。汉尼拔当上军事统帅，就决定拿萨贡杜姆人树威。

经过两年多准备，公元前219年春，汉尼拔亲率迦太基军围攻萨贡杜姆城。萨贡杜姆人奋起抵抗，坚守了8个月，被迦太基人攻下。

迦太基军攻下萨贡杜姆城后，在公元前218年春，罗马派使团去迦太基交涉，要求迦太基人撤出萨贡杜姆城。

迦太基人拒绝了罗马人的要求。罗马人也估计到迦太基人会拒绝，事先也做好了战争的准备。他们计划由两位执政官分别率军进攻：一路以西西里为基地，攻击迦太基本土；一路进军西班牙，钳制汉尼拔统率迦太基军。

不过，罗马人低估了汉尼拔的军事才干。汉尼拔对迦太基和罗马的优劣势看得非常清楚，早已制定针对性战略，即迦太基军以西班牙为基地，避开罗马军的海上优势，由陆路进军，翻越阿尔卑斯山，出人意料地出现在亚平宁半岛，通过取得一系列军事胜利，迫使受制于罗马的同盟解体，从而釜底抽薪，打败罗马人。这一战略正中罗马人的要害。罗马对外扩张，那些同盟者是不可或缺的重要力量。通过军事打击，让那些同盟者归顺迦太基，远离罗马，削弱罗马军事力量。

公元前218年春，汉尼拔亲率由9万名步兵、1.2万名骑兵和几十只战象组成的军队，从新迦太基城出发，大规模远征亚平宁半岛。迦太基军沿着西班牙东部向东北方向前进，渡过希伯鲁斯河，穿过比利牛斯山，再沿着高卢南部海岸继续前进。他想通过陆地战争，避开海军劣势，向罗马本土进攻。

汉尼拔的军事思想超越了罗马人的认知。普布利乌斯·科尔涅利乌斯·斯奇比奥率罗马军从海路到达罗丹河口时，汉尼拔已率军先到那里。汉尼拔率军迅速渡过河，然后溯河北上，巧妙躲过罗马军拦截。迦太基军一下子攻入亚平宁半岛境内。

得知消息，普布利乌斯·科尔涅利乌斯·斯奇比奥立即派弟弟格·科尔涅利乌斯·斯奇比奥率军继续征战西班牙，亲率一部分军队从海路赶回亚平宁半岛，同时派人加急赶回去，告诉各城邦和同盟者做好迎战迦太基军的准备。

罗马人曾经出奇兵，跨海去攻击迦太基本土。这次汉尼拔也出奇兵，从殖民地率军，躲过罗马军的阻击，选择小路，直奔罗马本土而去。不过，从西班牙到亚平宁半岛的路实在太难走。当年 9 月初，迦太基军经过长途跋涉，才到达阿尔卑斯山麓。

到阿尔卑斯山时，迦太基军只剩下 2 万名步兵和 6000 名骑兵，几十只战象都死掉了。他们损失惨重，但基本实现预期目标，具备了突袭罗马条件。到山南高卢后，汉尼拔下令大军停下来休整，补充兵员和给养。一段时间后，汉尼拔亲自给军队做动员，号召他们以饱满的精神去攻打亚平宁半岛城邦、去战胜罗马军，为在西西里岛失败以及罗马军攻击迦太基本土雪耻。

见迦太基人为避免海战，从陆地上长途跋涉来进攻亚平宁半岛，罗马人不敢掉以轻心，因为亚平宁半岛是罗马本土和同盟者各城邦，有任何闪失，都会给罗马造成巨大压力和损失。

罗马元老院进行一番讨论后，决定派普布利乌斯·科尔涅利乌斯·斯奇比奥率军去波河流域，阻击从阿尔卑斯山下来的迦太基军，同时命令另一位执政官率准备进攻迦太基本土的军队从西西里岛返回，与普布利乌斯·科尔涅利乌斯·斯奇比奥所部会合，集中兵力与汉尼拔所部迦太基军决战。

罗马人认为，他们的优势其实是陆军，所谓海军优势，只不过是在装备方面先进一筹，通过装备平台，发挥的还是陆军优势。迦太基军从陆地上进攻，罗马军同样可以打败他们。

罗马人低估了迦太基人复仇决心，低估了他们几十年卧薪尝胆练就的战斗力，也低估了汉尼拔的才华。在汉尼拔指挥下，迦太基士兵个个同仇敌忾，英勇无比，奋不顾身。迦太基军接连在波河支流提基努斯河、特雷比亚河流域痛击罗马军，赢得军事胜利。

信心满满的罗马军，接连两战都被打得晕头转向，大出意料之外。高卢人趁机发动反对罗马起义。山南高卢倒向迦太基一边，成为迦太基军盟友。迦太基军由孤军远征一下子变成有同盟军协同作战。汉尼拔分化罗马同盟者的战略意图初步实现。他志得意满，命令大军稍事休整，继续征战亚平宁半岛。

接连失败后，被打醒的罗马人进行深入反思。他们意识到将迦太基人完全赶出亚平宁半岛已不太可能，只好将目标改为保卫亚平宁半岛中部罗马领土以及附近同盟者，阻止汉尼拔率军继续南进。只有先阻止迦太基军进一步侵略，他们才可能寻找机会将他们赶出亚平宁半岛。制定新战略目标后，罗马两位执政官率军分东西两路拦截迦太基军。

罗马人意识到应该调整战略，却调整错了方向。汉尼拔一眼看破罗马人的意图，继续避免与罗马军决战。他出奇兵，率军从近路穿过伊达拉里亚，采用迂回战术，绕过罗马军营地，用四天三夜涉过阿尔努斯河下游的沼泽地，出现在罗马军后面。

罗马军发现已经被包围后，慌忙调整进军方向。在特拉西梅诺湖北岸一处三面环山一面临水的谷地，汉尼拔率迦太基军一举打败贸然追赶上来的罗马军。此战，罗马 1.5 万人阵亡，数千人被俘。

罗马人紧张起来，非常担心汉尼拔率迦太基军直捣罗马城，便进行紧急动员，加强罗马城城防；同时任命费边为独裁官，统一指挥罗马军。

这一次，罗马人又将迦太基军进攻方向估计错了。汉尼拔并没被胜利冲昏头脑，在冷静分析后，认为以他现有兵力，无论是急袭，还是围攻，都不可能拿下罗马城，还不如在亚平宁半岛纵横驰骋，蹂躏各地，削弱罗马人的战争潜力，同时采用区别对待的方法瓦解诸城邦同盟，孤立和削弱罗马军。汉尼拔率迦太基军向东穿过翁布里亚，进入皮凯努姆，到达亚得里亚海岸，在那里补足给养后，再率军向南前进，进入阿普里亚。

汉尼拔没率军直接攻击罗马城，恰恰给了罗马人喘气机会。

罗马独裁官费边认真分析敌我形势，发现汉尼拔所率的迦太基军士气正旺，尤其是骑兵的战斗力远非罗马军能比。如果罗马军与迦太基军直接对阵，迦太基骑兵就很容易对罗马军形成侧翼包围，从容消灭罗马军。不过，汉尼拔是孤军深入，后援和补给困难，急于求胜。罗马军虽然屡遭失败，但在本土作战，人员和给养补充都比较容易，时间、地理对罗马军有利。

费边采取拖延战术，率4个军团在阿普里亚和汉尼拔接触后，只守不战，任凭迦太基军怎么挑战，都不与他们决战。驻守时，罗马军扎营在不便于骑兵活动的山区；行进时，罗马军尾随在汉尼拔所部后面，伺机进行骚扰。

拖延战术带来负面影响。罗马和亚平宁半岛诸城邦是同盟关系。罗马人不积极抗击迦太基人进攻，就是放纵迦太基人侵犯和蹂躏诸同盟者。同盟者不满，在抗击迦太基战争中不出力，甚至投向迦太基人。罗马又在很大程度上依赖于诸同盟的人力、物力支援。

见罗马人采取拖延战术，汉尼拔也不派兵去挑战罗马军，而是侵扰亚平宁半岛诸城邦。罗马军暂时安全了，诸同盟却遭受空前劫难。同盟城市市民和广大农民强烈不满费边的拖延战术。一部分罗马人看到其危害后，也强烈反对拖延战术。

骑兵长官米努基乌斯·卢福斯坚决反对拖延战术。他利用费边暂时不在军营的机会，擅自命令罗马军进攻迦太基军。这一次，罗马军取得了一次小小胜利。迦太基军遭受了一定损失。

此后，罗马人要求积极出战的呼声更高。米努基乌斯·卢福斯又率罗马军攻击迦太基军。汉尼拔预料罗马军会再次出击，设下一个埋伏圈。汉尼拔率军将米努基乌斯·卢福斯所率罗马军团团包围，准备一举全歼。

费边得知米努基乌斯·卢福斯擅自率罗马军出击，意识到不妙，快速赶回军营，亲自率留守军队前去接应，正赶上米努基乌斯·卢福斯所部被迦太基军围攻。费边率罗马援军誓死拼杀，才救出米努基乌斯·卢福斯，免于罗马军全军覆没。

事后，费边严肃军纪，加强督促罗马军执行拖延战术。罗马将士虽然感到迷惘，再也不敢违背命令主动出击。在阿普里亚，罗马军和汉尼拔所部静静地对峙着。

4. 失误的代价

公元前219年末，费边独裁官任期届满，不得不交出统率权。罗马人要求与迦太基军决战呼声又越来越高。新任独裁者不得不顺应民意，改变拖延战术，准备与迦太基军决战。

公元前216年夏，在亚平宁半岛南部的康奈，罗马军与迦太基军展开大决战。罗马军投入8万名步兵、6000名骑兵。汉尼拔也高度重视决战，集中4万名步兵、1万名骑兵。迦太基军总兵力比罗马弱，骑兵却占有优势。骑兵是冷兵器时代战略性兵种，只要运用得当，迦太基军取胜希望依然比较大。

这次决战是一次面对面的阵地战，展现着各自军事风格。两支军队沿奥菲都斯河列阵。罗马军将密集的重装步兵部署在军阵中心，将骑兵配置在两翼，想发挥罗马方阵的优势，以强大步兵猛攻敌方。这种军阵分工非常明显，步兵负责进攻，骑兵负责防守，着力于正面突破敌方军阵。

迦太基军阵风格完全不一样，把步兵列于军阵中心，排成半月形，凸面面对敌人，将骑兵放在两侧。这种军阵的分工是步兵负责防守，骑兵寻机展开侧翼进攻。迦太基骑兵相对罗马骑兵占优势。

开战后，罗马重装步兵主动向迦太基军阵中心发起强攻。迦太基步兵抵挡不住，开始有组织地向后退缩，将半月形凸面逐渐变成凹面。罗马重装步兵趁机向前逼近。没多久，战线越拉越长，罗马军不知不觉陷入迦太基步兵和骑兵包围之中。

看准时机后，汉尼拔命令两翼迦太基步兵发起反击，骑兵向罗马骑兵冲杀过去。迦太基步兵的战斗力不如罗马步兵，反击仅仅是为将对手拖住，给骑兵制造集中兵力打击罗马骑兵的机会。

1万英勇善战的迦太基骑兵很快打败罗马6000名骑兵，然后转身包抄到罗马重装步兵后面，与迦太基步兵一起形成包围圈。

人数占据优势的罗马军一下子陷入迦太基军的包围之中。罗马将士们惊慌起来，军阵开始混乱，士兵越挤越紧，密集得使迦太基军“枪无虚发，石无虚投”。这次大决战很快转变成一次屠杀。罗马军大部分阵亡，有万余人被俘，侥幸逃走的人非常少。迦太基军一共才损失6000人。

康奈之战惨败，罗马遭受空前打击。前线罗马军全军覆没，罗马人担心汉尼拔率迦太基军直扑罗马城，提前做好准备，征召17岁以上男性公民必须入伍当兵，并由国家出钱赎买奴隶，组成两个军团，以加强罗马城的防卫力量。

汉尼拔还是没顺着罗马人的思路走，依然没向罗马城进军。他认为，罗马的力量还没从根本上被摧毁，当务之急是将罗马的同盟者分化，拉拢到迦太基这边来。趁着康奈决战胜利的机会，汉尼拔派人去说服罗马的同盟者归顺，争取更多的反罗马盟友。

结果，汉尼拔成功争取到亚平宁半岛南部大部分城邦以及中部部分城邦。罗马的原有同盟者纷纷表示支持迦太基。公元前216年秋，坎帕尼亚最大城邦卡普亚背离罗马，归顺迦太基。

不仅如此，受康奈战役胜利的影响，在汉尼拔灵活外交争取下，希腊马其顿王腓力五世与迦太基结盟，向罗马宣战。同盟者希腊城邦叙拉古也背离罗马，使罗马几乎失去西西里全岛。迦太基联合东地中海霸主希腊人，对罗马完成战略包围，形成夹攻之势。

如果不及时遏制事态发展，罗马人将丧失此前近半个世纪扩张成果，且还面临被消灭危险。在残酷现实面前，罗马人进行了深入思考总结，认为应该执行拖延战术，谨慎行动，避免和迦太基军发生大战，努力保卫余留地区，支持继续忠于罗马的城邦或公社，惩罚倒向汉尼拔的城邦或公社，破坏和袭击迦太基军的后勤补给，消耗他们的有生力量。

这是费边拖延战术的升级版，充分考虑了同盟者利益。无论是深度反思后的罗马人，还是保持与罗马结盟的同盟城邦，都坚定支持这一策略。同盟者随时提供充足人力、物力补给，让罗马人有在关键时刻能挺住的基础。

这一次，罗马军采用拖延战术应对迦太基军，并不是消极防守，而是试图在其他地方削弱迦太基军势力，增强自身实力。罗马派出一支军队远征西班牙，阻挠迦太基军从那里及时得到补给，同时派出海军攻打西西里岛的希腊城邦叙拉古，切断从地中海赶来的迦太基援军和补给。公元前 213 年，罗马军攻陷叙拉古城，在西西里岛取得控制权。

在罗马军从外围打击迦太基军时，汉尼拔却在走下坡路。迦太基王对汉尼拔心怀疑忌，一直没给他什么真正的支援，人为切断汉尼拔所部补给。亚平宁半岛原来罗马的同盟者，观察局势一段时间后，大多数城邦也逐渐倾向支持罗马人。毕竟迦太基人是外来者。罗马人几百年的扩张征战也给了他们不少实在利益。

在人力、物力得不到及时补充的情况下，汉尼拔所部孤军深入的弱点越来越明显暴露出来，处境变得越来越困难，被迫从战略进攻方转为防守一方。

公元前 212 年，罗马军开始转守为攻，集中兵力围攻卡普亚，然后实现围点打援。汉尼拔率迦太基军前去救援，但两次都未能解卡普亚之围。为了引开围攻卡普亚的罗马军，汉尼拔率迦太基军北上，向罗马城发起进攻。罗马人早料到迦太基人可能进攻罗马城，已经做好准备。汉尼拔率迦太基军来到罗马城下时，罗马城军民紧闭城门，坚守不战，而围攻卡普亚的罗马军也没撤回援救。汉尼拔的计谋落空了。

在关键时刻，汉尼拔做出了一个错误的决定，既没率军强攻罗马城，又没回军去保护那些同盟城邦。他自知力薄，攻不下罗马城，在罗马郊外驻扎一段时间后，率迦太基军撤回到坎帕尼亚，不久又撤到了亚平宁半岛南部。

失去迦太基军保护的卡普亚人被迫向罗马人投降。趁此机会，罗马军又攻占一些坎帕尼亚城邦，并继续向亚平宁半岛南部进军。公元前 209 年，罗马军攻占亚平宁半岛南部最大城邦塔林敦。那些支持迦太基人的城邦见此，纷纷掉头表示效忠罗马。

汉尼拔在关键时刻指挥上出现失误，迦太基王的举动也在无意间帮了罗马人的大忙。汉尼拔处境每况愈下时，迦太基王迟迟不肯援助他。汉尼拔并未感到绝望，坚信留在西班牙的两个弟弟会支援他。汉尼拔弟弟在全力想办法支援他时，罗马人已经将他们作为重点攻击对象。

公元前 208 年，汉尼拔大弟弟哈斯德路巴尔甩开罗马军追击，率领援军离开西班牙，进军亚平宁半岛。遗憾的是，他的进军路线被罗马人预测到。罗马人事先设下伏兵，以逸待劳。在翁布里亚墨塔尔鲁斯河畔，迦太基援军遭罗马军伏击。哈斯德路巴尔战死，迦太基援军全军覆灭。汉尼拔得知此消息，断绝了从西班牙得到支援的希望，只好率迦太基军退到亚平宁半岛南端的布鲁提伊。

汉尼拔另一个弟弟的处境也不妙。为在另一条战线上打击迦太基人，罗马人早在公元前 210 年末就派普布利乌斯·科尔涅利乌斯·斯奇比奥率罗马军去西班牙，寻机消灭掉那里的迦太基军。公元前 209 年，普布利乌斯·科尔涅利乌斯·斯奇比奥率罗马军攻克新迦太基城。在哈斯德路巴尔率迦太基援军离开西班牙后，普布利乌斯·科尔涅利乌斯·斯奇比奥又在公元前 207 年率军打败汉尼拔另一个弟弟玛戈，结束迦太基人在西班牙的殖民统治。

汉尼拔在亚平宁半岛还没扭转局势，迦太基本土又遭到攻击。原来，罗马人重新攻占西西里岛后，就积极准备进攻迦太基本土。公元前 204 年春，在斯奇比奥率领下，罗马军从西西里岛利里拜乌姆出发，进攻迦太基本土。在迦太基北边乌提卡附近，罗马军成功登陆。因得到东努米底亚支援，攻击迦太基本土的罗马军连连取得胜利。

迦太基形势危急，迦太基王下令召汉尼拔率迦太基远征军回国救援。困在亚平宁半岛的汉尼拔不得不承认远征失败，含恨撤离转战 15 年的亚平宁半岛战场。

公元前 202 年，普布利乌斯·科尔涅利乌斯·斯奇比奥率罗马军和汉尼拔率迦太基军在迦太基南部扎玛展开决战。双方步兵势均力敌。不过，玛西尼萨率骑兵支援罗马军，对战争走向起了决定作用。汉尼拔所部被打败。迦太基被迫向罗马求和，并于第二年签订和约。

和约规定，迦太基只能保留非洲本部领土，不经罗马允许不得和邻国作战，除保留 10 艘船舰防止海盗袭击外，必须交出全部舰只和战象。此外，迦太基还得交出 100 个名门子弟做人质，50 年内向罗马赔款 1 万他连特白银。

自此，罗马成为西地中海地区最强大国家，真正的西地中海霸主。

第三章　击败旧霸主

罗马人击败迦太基人，引起希腊人恐慌。希腊盟主马其顿，再也无法容忍，想击败罗马，巩固霸主地位。没想到马其顿众叛亲离，不堪一击，被罗马击败。东地中海的霸主、西地中海的霸主，都成为罗马手下败将。

1. 希腊的辉煌岁月

汉尼拔率迦太基军在亚平宁半岛所向披靡，罗马军连战连败。一些不满罗马的同盟者投降迦太基，希腊马其顿王腓力五世也乘机与迦太基结盟，在公元前215年对罗马人宣战。

马其顿是希腊众城邦盟主，但很多城邦并不服它。皮洛斯率军进攻亚平宁半岛时，马其顿尚未巩固盟主地位，即没参加。皮洛斯所部被罗马人击败，灰溜溜退出亚平宁半岛和西西里岛。此后，罗马人长年与迦太基人开战。后来强大起来的马其顿王腓力五世认为皮洛斯丢尽了希腊人的脸，一直在寻机教训罗马人。迦太基人派使者来结盟时，腓力五世同意结盟，向罗马人宣战。

希腊是一个古老的重商文明，有非常辉煌的历史。马其顿人曾将希腊的辉煌推向顶峰。

希腊人很早就积极对外商贸，进行殖民。他们关注的重点方向一直在东方。他们习惯跟东方民族做生意，去赚取更大利润，去寻找和开辟通向东方的商道。他们通过斯基泰黄金毛皮之路，一直向东到天山西麓和阿尔泰山北麓。

亚平宁半岛跟希腊西部隔海相望，虽然距离相距不远，但当时相对落后，希腊人兴趣不是很大，虽然也建立了一些殖民城邦，但始终不是希腊人拓展的主要方向。希腊人也始终没将罗马人当作对手和威胁。

罗马征服亚平宁半岛时期，希腊人根本没关注，集中精力向东方开拓。公元前 334 年春，全希腊各城邦大会在科林斯城召开。马其顿国王亚历山大确立霸主地位。随后，亚历山大率希腊马其顿联军，从欧洲启程，征服波斯，抢夺通往东方的商道。

希腊马其顿联军渡过赫勒斯滂海峡后，在格拉尼卡斯河畔与波斯军大战。亚历山大身先士卒，率军与波斯军展开肉搏战，取得格拉尼卡斯河战役巨大胜利。

此后，亚历山大东征之路一帆风顺。他率军沿商道，攻向城防坚固的萨尔狄斯。在离萨尔狄斯城 13 千米处时，波斯守军得知消息，主动投降，献出城池和财宝。

随后，在爱琴海水军配合之下，亚历山大率军转战小亚细亚西南海岸。希腊马其顿联军强势攻过来，大多数希腊城邦见到家乡人，激动不已，闻风归顺。少数不迎接的，都被亚历山大率军消灭。

亚历山大下令将水军并入陆军，从潘菲利亚海岸北上，深入小亚细亚内地攻城略地。他们直接攻取安基拉，然后顺哈里斯河南下，进入卡帕多西亚。不到半年时间，亚历山大占领小亚细亚。

任命小亚细亚总督后，亚历山大率军南下西里西亚峡门。他率少数近卫队趁黑夜出其不意偷袭隘口，一举获得成功。波斯守军放弃阵地逃走。希腊马其顿联军通过西里西亚峡门，占领梅尔辛和伊斯肯德伦海湾附近的几座濒海城市，然后渡过皮拉马斯河，沿着海岸南下，直趋叙利亚沿海地区。

亚历山大率军进入叙利亚，到伊苏斯平原时，波斯皇帝大流士三世在伊苏斯汇集军队，准备决战。公元前 333 年 11 月，大战在即。战斗一打响，亚历山大亲率骑兵猛攻大流士三世所在的波斯中军。大流士三世胆怯，不敢率军迎上，而是惊恐万状，扭转战车，仓皇逃遁。

大流士三世此举极大影响了波斯军的士气。波斯军无心恋战，迅速崩溃。这一战，半个波斯成为亚历山大的囊中之物，叙利亚、腓尼基、巴勒斯坦、埃及都变成待宰羔羊。

亚历山大率军继续沿地中海东岸南下。各地波斯守军望风而降。亚历山大接受毕布勒斯、西顿等沿海城市波斯守军归降，几乎兵不血刃地控制腓尼基。塞浦路斯岛的波斯海军以及 120 艘战舰主动归顺亚历山大。

不久，希腊马其顿联军攻入提尔城内。他们趁势闯入港内，一举摧毁波斯的海上力量。叙利亚、巴勒斯坦其余地区的波斯军都主动投降亚历山大，只有加沙城守军负隅顽抗。希腊马其顿联军一举占领加沙城。

希腊马其顿联军沿地中海岸和西奈地峡水陆并进，向埃及进发。大军到达尼罗河三角洲东口帕琉西亚时，波斯帝国埃及总督亲自迎接希腊军进城。亚历山大率水陆两军，沿着尼罗河向上进军，到达孟斐斯城，在那里举行盛大的祭神活动，宣布兼任埃及法老。

希腊马其顿联军又乘船顺流而下。亚历山大把埃及分为两个行省，任命军政长官，同时任命利比亚和西奈一带的总督。公元前 331 年春，他率部沿着原路返回西亚，又以提尔为起点，率军东征，抢夺通往东方商道的控制权。

亚历山大率军到幼发拉底河畔，经过卡莱、尼西庇斯，顺利渡过底格里斯河，顺河东岸南下，一路攻到尼尼微。

大流士三世在高加美拉村广阔平原上集结大军，准备决战。在决战中，大流士三世让 200 辆插满利刃的刀轮战车直冲马其顿方阵，企图以此破阵，打击对手士气。希腊马其顿联军训练有素，机动灵活，方阵变换自如。他们闪开路，让过波斯战车。标枪手趁机齐发排箭，射杀波斯战车上的车夫，砍杀波斯军的马。大流士三世所倚仗的刀轮战车失去发挥威力的机会。波斯军一下子从攻势转为守势，成为对手的砍杀对象。

就在这一刻，亚历山大抓住机会，亲率楔形突击队，直扑大流士三世所在的波斯中军。大流士三世见刀轮战车失效，对手又专挑他的要害发起攻击，担心身陷绝境，再度掉转马头，带领亲信左右逃走。波斯军再次大溃败。希腊马其顿联军趁机发起猛攻。这一战，大流士三世仅率少数随从逃走。

亚历山大率军沿美索不达米亚平原的商道南下，在俄庇斯附近渡过底格里斯河。巴比伦城不战而降。城中的波斯显贵要人、宗教人士等，纷纷献出城防要塞和大量财宝，迎接亚历山大入主巴比伦城。

亚历山大留下一部分守军，任命总督和税收官，然后率军攻打苏撒。亚历山大远征一路如同秋风扫落叶，在波斯境内不断攻城略地。波斯各地守军大多不愿意抵抗，闻风而降。

公元前331年初冬，亚历山大在苏撒降军中选出向导带路，亲自率军翻越扎格罗斯山。当时天气严寒，大雪封山，道路十分难走。亚历山大克服重重困难，率军和辎重队通过山区，全速赶往“波斯峡门”。波斯军已在“波斯峡门”高筑城墙，阻挡希腊马其顿联军。亚历山大率军趁黑夜两面包抄，一举拿下关口，进入法尔斯平原，占领赛波利斯和帕萨迦迪。

公元前330年春，亚历山大率军北上，进攻埃克巴坦那。他们从伊朗高原西南直奔伊朗高原西北，来到高寒地区。大流士三世已率军东逃到里海南岸的马赞德兰。

没多久，亚历山大得到消息：大流士三世已被骑兵司令、巴克特里亚总督、阿拉霍西亚总督和德兰癸亚那总督合伙劫持，囚在篷车中。巴克特里亚总督贝索斯已篡夺波斯皇位。亚历山大以“讨伐叛逆”“为大流士三世报仇”为旗号，率军继续追击。

经过11天强行军，希腊马其顿联军到雷加，然后向东南走了一天，通过“里海峡门”，向伊朗高原东北的帕提亚行省发起进攻。希腊马其顿联军前锋追到达姆甘附近时，发现大流士三世乘坐的大车。大流士三世已经死了。

亚历山大派人将大流士三世的尸体运往帕萨迦迪安葬，率军继续东进。在希尔加尼亚，希腊马其顿联军进行短期休整。亚历山大下令军队穿越帕提亚北部，经过苏西亚，到达穆尔加布河畔。

在进军途中，亚历山大收到阿里亚总督叛变的消息。他放弃进军巴克特拉计划，挥师南下，先去镇压阿里亚叛军。平息叛乱之后，他率军继续南下，进入德兰癸亚那（锡斯坦），占领普罗萨尼亚（法腊）。

公元前 330 年至公元前 329 年冬天，在锡斯坦做短期休整之后，亚历山大又率军沿着赫尔曼德河谷的隘道，向东北方向进军，通过阿拉霍西亚，然后折向北，直趋喀布尔。

此时，在巴克特拉自立为波斯皇帝的贝索斯企图征服所有东伊朗人，建立新波斯。公元前 329 年春，亚历山大率军径直向北，攻下帕鲁帕米苏斯天险，翻越兴都库什山，攻下阿姆河以南的巴克特里和阿尔诺斯等城。贝索斯眼见抵挡不住，率军渡河焚船，逃往索格底亚那。阿姆河以南地区相继归顺。希腊马其顿联军渡过阿姆河。河中地区的索格底亚那人捆绑贝索斯，将他献到亚历山大的马前。

亚历山大率部沿泽拉夫尚河谷向上进军，占领撒马尔罕以及河谷中分布的一些繁华小镇，征讨整个河中地区，然后率军渡过锡尔河，直达塔什干一带。

公元前 329 年至公元前 328 年冬季，亚历山大在巴克特拉时，曾接见斯基泰部落代表和科拉尼西亚国王。科拉尼西亚国王建议亚历山大从锡尔河以北草原打回黑海去，并愿意做向导和筹办军需。亚历山大正在考虑攻打印度，拒绝此建议。

公元前 327 年春末，亚历山大亲自率军向印度进发。他率军重翻兴都库什山，到达恰里卡尔附近的亚历山大利亚城，经过喀布尔，沿着科芬河东进，经过阿萨西尼亚、白凯莱提德，穿越开伯尔山口到达印度河流域。

印度各地小邦林立，彼此为敌，亚历山大率军一路势如破竹，各个击破。印度西北商业和文化中心及婆罗门教圣地太克拉西城望风而降。

亚历山大率军从塔克西拉城出发，南下征服整个旁遮普，先后渡过印度河上游5条支流中的4条——希达斯庇斯河（杰卢姆河）、阿塞西尼斯河（杰纳布河）、希德拉欧泰斯河（拉维河）、希发西斯河（比亚斯河）。亚历山大本想率军渡过最后一条河，进入恒河流域。那些远征数万里已精疲力竭的部下拒绝再向前进，并有哗变可能。亚历山大回师到希达斯庇斯河，然后沿河而下，直到大海。

一段时间后，亚历山大率领船队顺印度河而下，直到三角洲顶端的补多罗城。在考察印度河入海口一带后，亚历山大派尼阿库斯率船队，沿莫克兰海岸西航，前往考察阿曼海和波斯湾，将陆军分两路——他本人率领主力军沿莫克兰海岸穿行伽德罗西亚；另一路北上阿拉霍西亚，通过博朗关，沿伊朗南道直赴帕赛波利斯。

经历两个月艰苦行军后，亚历山大率军到达霍尔木兹海峡以北的卡尔曼尼亚，而尼阿库斯率舰队到达阿纳米斯海口，实现会师。休整一段时间后，亚历山大命令海军进入波斯湾，继续北上入卡伦河，陆军攻取苏西安那。

公元前324年初，三军在苏撒会师，宣告近10年的远征结束。亚历山大移师巴比伦，把巴比伦作为帝国首都，长住下来。

公元前323年，年仅32岁的亚历山大死去。各地武将拥兵割据，各地诸侯争斗了两个世纪，最终形成3个希腊化国家——位于巴尔干半岛的马其顿王朝，位于埃及的托勒密王朝以及位于亚洲的塞琉古王朝。三个国家之间始终不和，相互争夺“正统”。

塞琉古王朝与托勒密王朝实力相当，长期对战。马其顿王朝全力征服其他不服的同盟者，整合力量，准备复兴。此期间，西边亚平宁半岛上的罗马崛起了。

马其顿王朝到腓力五世时，为保住希腊人在东地中海的霸权，为树立希腊盟主的权威，给此前败给罗马人的希腊城邦雪耻，决定趁罗马与迦太基作战处在不利时期，向罗马宣战。

罗马烽烟四起，祸不单行，但罗马人没有任何选择，唯有抗击。罗马人立即派舰队到亚得里亚海进行防御。当时，马其顿拥有强大陆军，但海军力量不足，缺少船只，无法渡海将陆军送上岸作战。双方交战数年未分胜负，一直隔海对峙着。

罗马利用希腊内部矛盾展开外交活动，在马其顿周围组成反腓力五世的希腊同盟。公元前 212 年，罗马人与埃托利亚同盟结盟，一起反对马其顿。

由于反马其顿声势浩大，腓力五世不敢贸然率军进攻亚平宁半岛，不得不全力去化解他与其他希腊城邦之间的矛盾。直到公元前 206 年，马其顿才和埃托利亚同盟实现和解，他才有足够精力来对付罗马。

罗马正在准备进攻非洲迦太基本土，没精力与马其顿纠缠下去，也绝对不能两线同时开战。他们决定暂时屈服，于公元前 205 年同马其顿缔结和约，接受停战条件。

2. 腓力五世众叛亲离

腓力五世不好糊弄，也不讲信誉。罗马人同意缔结和约，腓力五世深知其目的，并没打算遵守合约。

公元前 204 年，罗马军远征非洲迦太基本土。公元前 203 年，腓力五世就派舰队在爱琴海展开攻势，趁机攻击罗马人的后方。

是从迦太基撤回巩固后方迎战马其顿人，还是继续冒险去征服迦太基人，罗马人面临两难选择，也面临巨大风险——两线同时开战，罗马明显打不过，最终结局轻则丢城失地，重则会亡国。

不过，好运气救了罗马人，让他们能全力攻击迦太基。马其顿王腓力五世与塞琉西王安条克三世发生了冲突。两国打起来了。爱琴海四周的希腊城邦也联合起来反腓力五世。腓力五世不得不全力对付反对势力，巩固希腊城邦盟主地位。

腓力五世不得人心，运气也非常不好。公元前 201 年，马其顿舰队被罗德岛和帕加马联合舰队打败。已战胜迦太基的罗马人乘势向东扩张，以“保卫希腊”

为借口，向马其顿宣战。一直不服马其顿的希腊城邦，也趁机响应。马其顿陷入四面楚歌，周边无一例外都反马其顿。

马其顿时刻想恢复亚历山大时期的辉煌，又没足够威信当好希腊城邦盟主，与邻邦长期处于敌对关系，时刻想吞并城邦。希腊城邦痛恨马其顿人，远远超过痛恨罗马人。

马其顿虽然在众希腊城邦中是最强大的，但是，它众叛亲离，处在几乎与所有邻邦“群殴”状态之中。罗马想东征马其顿，扩张领土，因为先打败马其顿，征服其他城邦就容易了。

公元前 200 年，罗马执政官弗拉米尼努斯率两个罗马军团渡过亚得里亚海，到达希腊西部。

与此同时，罗马人积极展开外交活动，争取得到埃托利亚同盟①和亚该亚同盟②支持，争取到塞琉古王朝中立。塞琉古王朝与马其顿隔着地中海，一直处在敌对关系中。罗马人担心和其他希腊城邦一起群殴马其顿时，塞琉古王朝突然加入战争，或者提出要挟条件，便先争取塞琉古王朝中立——罗马不希望塞琉古王朝参加群殴马其顿，因为它那时要比罗马强大，它参与会威胁“罗马的领导权”，会搅乱罗马借机控制其他希腊城邦的计划。

腓力五世深信马其顿实力强大，见塞琉古王朝中立，对罗马以及众城邦的“群殴”不屑一顾。公元前 197 年，腓力五世亲自率军迎战罗马以及众城邦联军。双方在库诺斯克法莱遭遇。罗马以及众城邦联军约两万人，马其顿军 2.5 万人。从双方兵力看，马其顿人略占优势。不过，战争爆发时，罗马又遭遇好运气。天空突然起了大雾，腓力五世所依仗的马其顿方阵无法发挥威力。罗马以及众城邦

---

① 埃托利亚同盟是古希腊城邦联盟之一，其核心成员是希腊中西部的埃托利亚，从公元前 4 世纪后期起，埃托利亚同盟就反马其顿，并在反马其顿斗争中发展壮大。公元前 3 世纪，它达到极盛，包括希腊中部许多城邦，还包括帖撒利亚和伯罗奔尼撒半岛的城邦。公元前 239 到前 229 年，它联合阿哈伊亚同盟反马其顿。

② 亚该亚同盟也是古希腊城邦联盟之一，由伯罗奔尼撒半岛北部的亚该亚人建立。公元前 4 世纪，它被马其顿征服。公元前 280 年，亚该亚同盟在希腊重建，科林斯、阿尔格斯、西库昂、麦加洛波利斯先后加入，到公元前 3 世纪下半叶，亚该亚同盟包括伯罗奔尼撒半岛和希腊中部众多城邦。

联军趁机全力进攻。马其顿军战败。

罗马和马其顿缔结和约。马其顿军被迫从希腊北部撤走，向罗马赔偿巨款。和约还规定，马其顿军只能保持 5000 人，拥有 5 艘战船，未经罗马许可，不得与邻邦交战。根据这一条约，罗马俨然成为马其顿的保护国。

处理完战败者马其顿，罗马趁机宣称是希腊各城邦的解救者，以各希腊城邦的保护人自居。与罗马人结盟时，希腊城邦没想到罗马人会借此机会控制他们，更没想到反马其顿是迎虎驱狼。有些希腊城邦严重不满罗马人的霸道举动。

罗马人签订合约初衷是希望希腊从此彻底分裂，各城邦保持平衡。和约签订不久就产生裂痕。阿塔罗斯王欧迈尼斯先与比西尼亚国王普鲁西亚斯交恶，后与马其顿国王腓力五世发生争吵，战争一触即发。罗马人认为，欧迈尼斯有野心，就支持普鲁西亚斯牵制他。

击败马其顿后，埃托利亚同盟各城邦之间又不断争执，亚该亚同盟内部也经常起摩擦，不断有城邦到罗马城去告状，请求主持公道。希腊城邦之间利益错综复杂，且彼此之间相互斗争了几百年，当了数百年希腊盟主的马其顿人解决不了，刚当上盟主的罗马人同样也解决不了。罗马派大使或代表团去希腊城邦调查和调停，却少有成就。

见罗马当希腊城邦盟主遇挫折，马其顿王腓力五世认为，罗马在希腊城邦中失去了威信，影响力已经衰落，马其顿重新崛起机会来临。公元前 187 年，腓力五世派兵占领色雷斯海岸城邦埃努斯和马罗尼亚，以威胁罗马通往亚洲的通路赫勒斯滂。

阿塔罗斯王欧迈尼斯感到惊慌，派人去罗马元老院请求仲裁。公元前 185 年，罗马派代表团前去调查并提出报告。裁决的结果是，要求腓力五世撤军。腓力五世极其愤怒，不过因他对发起战争并没做好准备，只得忍怒撤兵，并派德米特里去罗马元老院诉苦，怒斥欧迈尼斯的侵略行径。

罗马人也不希望希腊城邦之间发生兼并战争，更乐意做仲裁者。罗马打压马其顿，但也不希望与马其顿结仇，也不希望其他希腊城邦，例如阿塔罗斯实力坐大。

为了分化马其顿王族，拉拢部分马其顿王族亲罗马，德米特里到罗马时，罗马元老院非常欢迎他，待以殊礼。罗马执政官弗拉米尼努斯亲自设宴招待德米特里，甚至向他献媚，一再许诺罗马支持他当马其顿王。德米特里向罗马元老院诉苦时，罗马元老们纷纷表示理解和同情马其顿人，表示会充分照顾到马其顿的利益。

德米特里回到马其顿，深受马其顿人欢迎。马其顿人将德米特里和腓力五世做对比后，最终认为，因腓力五世昏庸，听信谗言，导致马其顿与罗马走向战争，因德米特里聪明机灵，苦苦斡旋，马其顿才重获和平。一时间，德米特里成为军民心目中的英雄、马其顿未来的希望。

佩尔修斯嫉妒弟弟德米特里，伪造罗马执政官弗拉米尼努斯寄来威胁腓力五世的信，污蔑德米特里想勾结罗马人夺取马其顿王位。佩尔修斯令人秘密逮捕德米特里，将他毒死。不久，腓力五世识破这个阴谋，发现真正想夺取王位的是佩尔修斯，但为时已晚，他已经被佩尔修斯架空。

公元前 179 年，腓力五世莫名其妙地死了。佩尔修斯继承王位。佩尔修斯决定继续敌视罗马政策，第一步却要求与罗马续订同盟条约。罗马同意续订条约。佩尔修斯在尊崇罗马为盟主旗帜掩护下，积极从事反罗马活动。

佩尔修斯加强控制色雷斯，想办法收买一切反罗马的人，号召因政治或债务等原因逃亡在外的希腊人到马其顿来，允诺完全恢复他们过去的地位和财产。于是，希腊城邦不管对马其顿是友是敌，只要是反罗马的人，都跑到马其顿来。马其顿变成反罗马人的安全庇护之地。

3. 在希腊设行省

公元前 172 年，阿塔罗斯王欧迈尼斯到罗马城，在元老院陈诉马其顿王佩尔修斯的侵略意图，请求罗马出兵教训佩尔修斯。罗马元老院同意。

罗马司法官西西里乌斯前往伊利里亚，在阿波罗尼亚建立亚德里亚海东岸阵地，为罗马军进攻马其顿做准备。不过，局势不容乐观。佩尔修斯有 39000 名步兵、4000 名骑兵。他财库里的钱，足以供养现有军队再加 1 万雇佣兵 10 年，储存的粮食也能支撑 10 年，各种武器装备可供 3 倍兵力使用。罗马军进攻过来，佩尔修斯只要实行持久战策略，坚守不战，袭击罗马军的辎重供给通道，分化和收买罗马同盟者，那么，罗马人将会惨败。

佩尔修斯没充分了解局势，也缺乏主动进攻勇气，依仗着粮食多消耗得起，采取单纯防御战略。马其顿人并未充分发挥自身优势。

公元前 171 年仲夏，执政官克拉苏率罗马军从布林底西渡海到阿波罗尼亚①。这支罗马远征军不到 3 万人，包括两个军团加上同盟者派出的联军。每个罗马军团有 6000 名步兵以及 300 名骑兵。同盟者派出的联军有 16000 名步兵和 600 名骑兵。为了与罗马合作，阿塔罗斯王欧迈尼斯动员步兵和舰队备战。

克拉苏留下一支罗马军在伊利里亚，防止马其顿军从西面进攻，率其余军队从阿波罗尼亚翻山，到达色萨利的拉利萨。在卡里西努斯小山附近，罗马联军与马其顿军遭遇。马其顿军阵充分发挥了战斗力。罗马联军在交战中不敌，2000 名步兵战死，200 名骑兵被杀，200 名骑兵被俘。

克拉苏急忙收集败兵，撤过佩留斯河，回避马其顿军兵锋。佩尔修斯机械式执行防御战略，没率军追击从而尽量扩大战果，还派使者到罗马去讨论和平条件。佩尔修斯战胜了罗马联军，有资本与罗马人再战，却积极主动向罗马人求和。罗马人发现，佩尔修斯比已故的腓力五世更外强中干。罗马联军虽然战败，但不愿意就此停战。他们给佩尔修斯的答复是：唯一可以考虑的，是马其顿无条件投降。

罗马表现如此强硬，主要是因为马其顿王的态度柔弱，而不是罗马军战斗力有多强。实际上，罗马军此时纪律败坏前所未有，士气消沉。他们虐待友好者，把同盟军当作被征服的敌人。罗马人也意识到自身不足，在拒绝马其顿王求和后，更换指挥官，整顿和提升罗马军的战斗力。

① 阿波罗尼亚，马其顿靠地中海的一个城市名字。

公元前170年，曼西努斯接替克拉苏。曼西努斯也是一个庸人。他率罗马联军进攻马其顿军时惨败。罗马人再换军事统帅。公元前169年，菲利普斯接替曼西努斯。菲利普斯雄心勃勃，但依然与其前任是一样的水平。菲利普斯率罗马联军经过拉帕索斯隘路，翻越过奥林波斯山，到赫拉克勒乌姆时，才发现军队严重缺乏补给。

佩尔修斯怯弱无能，得知罗马联军攻入马其顿境内，以为一切都完了，没抵抗一下，就率军逃到彼得那，下令烧毁战船，将一切财物沉入水中。罗马联军前进4天后，实在无法解决补给问题，菲利普斯下令撤退。

佩尔修斯得知罗马联军撤退，才逐步镇静下来，率军从彼得那向南前进，在迪乌姆以南占领伊尔皮乌斯河边的阵地，防御罗马联军进攻。菲利普斯得知此消息，竟然下令放弃进攻马其顿军。佩尔修斯也没率军追击，白白放弃让罗马威望崩溃、摆脱罗马压迫的机会。这次战争就这样戏剧性地结束。

事后，佩尔修斯没反思，罗马人却进行了深入反思。罗马元老院将菲利普斯撤职，选举保卢斯为执政官，并在公元前168年把罗马军指挥权完全交给他。

保卢斯父亲曾担任过执政官，率罗马军出征时战死在坎尼。保卢斯能拒绝金钱诱惑，打仗并不以发财为目的，从不会放纵手下士兵抢掠。他对待战争非常谨慎，要求元老院派代表团去现场调查希腊局势，且代表团成员由他决定。元老院同意。保卢斯派阿赫诺巴布斯等三人去希腊，按照他设定的问题进行社会调查。

阿赫诺巴布斯等三人回来后，向罗马元老院报告希腊的真实情况。元老院听取报告后，对保卢斯刮目相看，授权他亲自选择所辖两个军团的护民官，让他统率由罗马公民和拉丁同盟组成的14000名步兵以及1200名骑兵。

此外，元老院还派出两个军团，每个军团5000名步兵以及200名骑兵，交给司法官加卢斯率领，负责增援伊利里亚的罗马守军。

公元前168年初春，保卢斯启程去希腊前线。他日夜兼程，离开布林底西后5天就到了德尔斐。在德尔斐祭神后，他用5天时间到达伊尔皮乌斯河边前线军营。同时，司法官加卢斯也率两个军团启程前往伊利里亚增援。

一到军营，保卢斯严肃军纪，召集军官开会，要他们提出各自的看法。听完军官汇报后，保卢斯不做任何结论，宣布散会，然后秘密拟订计划。他确定罗马联军下一步战略目标：在陆军正面牵制马其顿军的同时，派出罗马舰队威胁马其顿军北面的交通线，以分散佩尔修斯的注意力；另派一支战斗力较强的军队，向西越过奥林波斯山南坡，取道佩修姆和佩特拉，前去攻击迪乌姆，直达马其顿营地后方。

保卢斯请两个希腊商人做向导，命令司法官屋大维努斯把罗马舰队集中在希拉克兰，并准备1000个人10天的补给量。然后，他命令纳斯卡率领一支精兵，包括8000名步兵和200名骑兵，也向希拉克兰进发。他此举的目的，是为了让佩尔修斯误以为罗马军要在希拉克兰上船，想从海上迂回马其顿阵地背后。保卢斯只把战略目的暗中告诉纳斯卡一人，其他人一概不知道行军目的。为了吸引佩尔修斯的注意力，让纳斯卡一行行军不被马其顿军发觉，保卢斯还告诉纳斯卡，他将亲率军队进攻马其顿军的前哨阵地。

纳斯卡一行出发后，第二天拂晓，保卢斯命令罗马军向设在伊尔皮乌斯河道中央的敌军前哨阵地发起攻击。在战斗期间，佩尔修斯在一边观战，保卢斯在另一边观战，都靠前指挥，鼓舞着各自统率的军队。

远距离作战对马其顿军较为有利，因为他们可以投掷石头，但一到近战，罗马军比较有利，因为他们防御做得好，每个人都有盾牌。差不多到中午时分，保卢斯发出收兵信号。罗马军迅速撤回。佩尔修斯依旧没派兵追击。这一天的战斗就此结束。

第二天，同样的剧情又上演一遍。第三天，保卢斯不再命令罗马军进攻，另派一支军队沿河岸向下游走，装出准备在河口渡河的架势。这样做的目的，是为了吸引马其顿人的注意力，为纳斯卡率罗马军执行迂回战略做掩护。

当晚，纳斯卡率罗马军利用黑夜掩护从希拉克兰向西进发。在行军途中，有个克里特士兵逃走。他跑到马其顿军营地，把罗马军战略迂回的秘密告诉马其顿王佩尔修斯。佩尔修斯吓得出了一身冷汗，派米罗率1万名雇佣兵和2000名马其顿兵，去阻击纳斯卡所部。

发现部分马其顿军调动后，保卢斯就明白大概发生了什么变故，马上率军去接应纳斯卡所部。两支罗马军在迪乌姆以北会合。纳斯卡担心马其顿王佩尔修斯再度乘着黑夜逃走，主张立即率军进攻。保卢斯更有战争经验，没接受他的建议，命令罗马军修筑营地，就地防守。

在修筑营地时，保卢斯向士兵们宣布："明天夜间会有月食发生，时间是自第二时[①]到第四时之间。"为了平息士兵的害怕心理，保卢斯解释说那纯粹是自然现象，并做了相关解释说明。到那个时段，月食真的发生了。罗马士兵都认为保卢斯具有识破天机的智慧，对战胜马其顿军充满信心。

月食出现时，马其顿士兵也都看到了这一幕。不过，他们在心理上产生了极大恐慌，认为出现月食是王国灭亡、民族毁灭的预兆。在马其顿营地，所有士兵都在叫闹喧哗，直到月亮复圆才停止。

月食出现那天下午，罗马军中有一匹马脱缰冲向对岸马其顿军营。有三个罗马人在马后面跟着追。河水刚刚没过三个罗马人的大腿。马其顿军营也看到这一幕。有两个色雷斯籍士兵想去抢那匹马，结果被三个罗马人打死了一个。马其顿军中约800色雷斯兵被激怒，全部出动，为死去的同伴报仇。罗马军不肯示弱，出动一支罗马军对抗。双方冲突眼看就要爆发。

喧闹声把保卢斯引出帐外。他认为，一旦打起来，要召回军队，既不容易又不安全，最好是利用士兵的锐气，把偶发事件变成夺取胜利的机会。他没责怪罗马军官没向他报告就率军去跟马其顿军对抗，立即下令所有军队出营，准备向马其顿军发起进攻。

正好，赶去参加小规模冲突的纳斯卡回来报告：马其顿王佩尔修斯已率军出营，正在布阵，准备进行大决战。一次偶尔的冲突事件演变成双方大决战。保卢斯只好传令各将领，立即布阵，与马其顿军进行决战。

大决战爆发后，马其顿军的攻击速度快得出人意料。他们迅速渡过劳卡斯河，向阿罗克拉斯山麓前进。见马其顿军阵前面伸出的长矛有如刺猬一般，保卢斯不免有点惊恐，但他很快镇静下来，连头盔都没戴，铠甲都没穿，就站在高台

---

① 古罗马采用十二小时纪时法，把一天24小时分为中午和下午两个时段，每个时段由数字12、1、2、3、4、5、6、7、8、9、10、11表示，上午时段由午夜到中午，下午时段由中午到午夜。

上，指挥罗马军摆开军阵迎战。

率先向马其顿军反攻的是由皮里格尼亚人组成的军团。他们处在罗马军阵右端，无法攻入马其顿军用长矛组成的人墙。在关键时刻，萨维努斯抓住一面军旗，使劲投到马其顿军中。皮里格尼亚军团拼命朝着军旗的方向进攻。这引起一场混战。

马其顿军迅速复合长矛组成的人墙，朝皮里格尼亚军团反扑，将其击溃。皮里格尼亚军团漫无秩序地向阿罗克拉斯山逃走。见到这一幕，罗马全军都想退回山坡。军阵中出现大漏洞。在关键时刻，佩尔修斯低劣的军事素质再次彰显出来——他命令马其顿军将方阵向山坡上推进，不去追击已经动摇的皮里格尼亚军团。

保卢斯大吃一惊，随即镇定下来，把兵力分开，命令他们钻入马其顿军阵一切裂缝、缺口中，展开近战。他把命令下达给军官，军官又传达给士兵们。不久，罗马军杀入马其顿军阵中，从侧面和后方攻击，使马其顿军的盾牌保障失效。马其顿军阵的力量和优势全然丧失，被击溃。

见失败不可避免，佩尔修斯率几乎毫无损失的骑兵逃回皮拉，再退到安菲波利斯。罗马军趁机追杀。这一战，马其顿军被杀 2 万人，被俘 6000 人，在追击中被俘获 5000 人。罗马军只损失 100 人左右，大部分为皮里格尼亚人，且以负伤居多。

佩尔修斯逃到安菲波利斯后，失去与罗马军继续作战的勇气，主动向罗马人投降。趁马其顿投降机会，罗马元老院决心把希腊所有城邦，无论敌友，都一劳永逸地解决掉，使他们永远丧失叛变能力。他们宣布取消马其顿国号，再将原马其顿新组织成四个联邦式共和同盟，同盟之间禁止通婚，都不准在国外置产。所有希腊城邦都被解除武装，一切小康阶层以上的人，包括所有官吏在内，都被送往亚平宁半岛当俘虏。

罗马人追诉审问“叛逆”。马其顿人和曾经在马其顿军中服役的其他各城邦人，都一律被“清算”。伊庇鲁斯那些城邦是马其顿的附庸。罗马执政官命令罗马军洗劫伊庇鲁斯共计 70 个城镇，将伊庇鲁斯所有城邦灭掉，把俘虏的 15 万伊庇鲁斯人卖为奴隶。

敌人肃清后，罗马人兼并同盟国。罗马人将亚该亚同盟各城邦共计1万名精英送到亚平宁半岛，不经审问就关了17年之久。欧迈尼斯被迫交出所有领土。罗得岛人也享受相似待遇，被迫交出所有领土。其他的同盟城邦，无论为罗马建立多大功劳，所具有的领土都必须交给罗马，听从罗马人的安排。

通过调整，罗马彻底摧毁希腊原有政治体制，加强了对希腊的控制。公元前152年，觊觎王位的安德里斯库斯试图重建马其顿王国。罗马人将其强力镇压。不久，又有两人冒称佩尔修斯的儿子，接连举兵反罗马统治。罗马军将其镇压，直接灭掉四个共和国，设立马其顿行省。

经过艰苦战斗最终征服希腊人，罗马人在希腊建立直接统治。他们的自信心空前高涨——整个地中海是罗马的，决不允许其他国家存在，希腊城邦如此，迦太基也不例外。

4. 摧毁迦太基城

罗马人彻底征服希腊人，成为东地中海霸主，整个东地中海地区，无论是曾经的敌人，还是曾经的同盟者，都成为罗马的臣民。罗马成为地中海超级军事强国，其他各城邦要么被罗马人直接统治，要么臣服于罗马人，要么附属于罗马的同盟者。

罗马人还没来得及高兴，就发现西地中海被迫臣服的迦太基人复苏了。

趁着罗马人远征希腊的机会，在失去海外殖民地情况下，迦太基人努力发展农业生产，依靠本土资源，成功从战争创伤中复苏。迦太基城又变成一座繁荣的城市，商业也兴旺起来。迦太基人和当地部落频繁贸易往来，和埃及、本都等国重新建立广泛商业联系。

罗马利用东地中海各希腊城邦之间的矛盾，走上向东方扩张道路。罗马军先后征服马其顿、希腊城邦以及叙利亚[1]等，把东地中海沿岸地区纳入版图，确立对地中海四周地区的统治权，却发现西地中海昔日的强敌又复苏——按倒了东地中海的巨人，西地中海又站起一个巨人——罗马人绝不能容忍。

迦太基复苏，罗马人忌恨和不安的情绪蔓延开来。与对外贸易有密切关系的骑士阶层和一部分新贵，绝不允许迦太基人妨碍他们在海外的利益，不允许迦太基人成为贸易竞争对手。

公元前153年，老加图率使团去非洲，负责调解迦太基人和东努米底亚人之间的纠纷，调查迦太基人的社会经济情况。老加图目睹迦太基的繁荣景象，回罗马后，每次在元老院发表演说，都要加上一句："我认为，迦太基是必须摧毁的！"他认为，迦太基经济繁荣，是罗马称霸地中海的潜在威胁。

老加图等人经常在元老院煽风点火。主战派占了上风。在罗马人挑拨下，野心勃勃的东努米底亚首领玛西尼萨企图吞并迦太基领土，经常和迦太基人发生纠纷。如果迦太基人请罗马人调解，罗马人就偏向东努米底亚人；如果迦太基人跟东努米底亚人开战，罗马人就趁机卷入战争，派兵支持东努米底亚人。

公元前150年，玛西尼萨又下令东努米底亚军向迦太基人寻衅。迦太基人忍无可忍，被迫进行抵抗。东努米底亚人被打败，罗马从中找到挑起战争的口实——罗马宣称，迦太基人违背了公元前201年签订的和约，在公元前149年对迦太基宣战。

罗马派出8万步兵、4000名骑兵以及由600艘船舰组成的舰队，在两位执政官率领下，浩浩荡荡地跨过西地中海，攻打迦太基城。

迦太基人见到如此阵势，害怕了，尚未开战就向罗马求和。罗马元老院接受迦太基人的求和请求，责令他们交出300名人质，履行罗马执政官发出的一切指令。

罗马执政官要求迦太基人交出一切武器和军用物品。迦太基人不折不扣地

---

① 公元前192到前188年，罗马军和塞琉古军在希腊、爱琴海和小亚细亚间发生军事冲突，并赢得战争。塞琉古王朝被迫签下《阿帕米亚和约》，割让小亚细亚给罗马，承认罗马在叙利亚的特权，承认罗马在希腊的霸权，使罗马成为地中海唯一的一等强国。

执行了。这令罗马执政官有点意外。因为他们都认为这个条件极其苛刻。他们的目的不是征服迦太基人，而是彻底摧毁迦太基国。如果迦太基人答应罗马的条件，罗马就撤军，那么战略目的就没法实现。于是，罗马执政官提出更苛刻要求，命令迦太基人摧毁迦太基城，在距海不近于 15 千米的内地另建新居民点。

要求一个国家的人亲手摧毁自己的首都，让他们从海洋民族改为陆地民族。这是将迦太基人往死里逼。迦太基人被激怒，杀死主张向罗马投降的元老，决心武装保卫迦太基城——反正罗马人不让他们好好活，他们还不如拼死一搏，或许还有一线生存机会。

迦太基城居民日夜赶造武器，修筑工事，贮存粮食，妇女甚至剪下头发搓成绳索，为防御罗马军进攻所用。罗马军来到迦太基城下时，迦太基城已经稳固地设防。

原本已经投降罗马并交出一切武器和军用物品的迦太基人，转眼间又变成发誓与罗马人拼到底的军队。罗马军包围迦太基城，但城里有充足粮食储备，城外有部分野战军策应，海岸也没完全被封锁住——迦太基人具有坚持斗争的充分条件。迦太基人誓死保卫首都，罗马军连续围攻了两年，都没能攻下迦太基城。

罗马军队已经空前庞大了。为什么花两年还攻不下迦太基城呢？罗马人进行深入反思，坚定攻克迦太基城的决心，先切断迦太基人与外界的一切联系，然后将迦太基人拖到缺乏粮草，最后强攻迦太基城。

公元前 147 年，斯奇比奥 · 埃弥利阿努斯当选罗马执政官。斯奇比奥 · 埃弥利阿努斯被罗马人称为“小斯奇比奥”。

小斯奇比奥亲自率援军来到非洲，统一指挥攻打迦太基城的罗马军。他整顿军纪，下令对迦太基城实行严密的海陆包围，断绝迦太基同外界的联系。没多久，迦太基城里发生饥馑和瘟疫，严重摧毁了抵抗能力。公元前 146 年春，罗马军对迦太基城发起最后攻击。遭到长期围困、弹尽粮绝的迦太基人进行殊死抵抗。双方巷战进行了六天六夜。迦太基王率军退到卫城，放火烧了卫城里的神庙，与之同归于尽。

西地中海强国以迦太基王自焚而消失。罗马军对迦太基采取毁灭性措施。

根据元老院命令，5 万被俘迦太基人被卖为奴隶。迦太基城被付之一炬，大火一直烧了 15 天。随后，罗马人将火烧后的迦太基城夷为平地，用犁耕出沟来，禁止任何人在那里居住。迦太基连遗迹都被摧毁。迦太基文明随之消失，残存的迦太基人永远失去复国的精神依托。那些在战争中站在迦太基一边的其他非洲城邦，也是同样的命运，人口被卖为奴隶，城市被彻底摧毁。

罗马元老院下令，设置阿非利加行省，迦太基故土成为阿非利加行省一部分，属罗马直接统治。罗马成功实现称霸地中海愿望，将地中海变成罗马的内湖。

第四章　争夺小亚细亚

罗马成为地中海霸主后，将目标瞄准小亚细亚。本都也将势力范围伸向小亚细亚。本都王主动向罗马挑战。罗马克服重重危机，成功降服本都。

1. 天上掉下帕加马

罗马成为地中海霸主，接下来便是向东方进军，走向亚洲。罗马进军东方，必须占领帕加马[①]。

在某种意义上讲，罗马人吞并帕加马称不上战争，仅仅算玩砸的和平“遗产接受”而已。帕加马势力小，上层统治者仰慕罗马，曾坚定支持罗马人对希腊马其顿作战。

① 帕加马是安纳托利亚西北部的希腊殖民城邦。在亚历山大大帝东征之后，地中海地区进入希腊化时代，帕加马逐渐变成由独立王公统治的王国。在众多希腊化国家中，帕加马王国是新兴霸权国家罗马最热心的支持者和主要盟友。在第一次马其顿战争和第二次马其顿战争中，帕加马都与罗马人结盟，共同反对马其顿国王腓力五世。在第三次马其顿战争中，帕加马又站在罗马一边反对马其顿国王佩尔修斯。

帕加马位于小亚细亚西北部，最初是亚历山大部将莱辛马卡斯领地的一部分，后隶属塞琉古王朝。公元前3世纪，帕加马从塞琉古王朝分离出来，成为独立王国。帕加马极盛时的领土，北到赫勒斯滂和普洛蓬提海，南到地中海，东邻比提尼亚、加拉太等。帕加马国小但富庶。它有丰富资源、肥沃土地和良好牧场。帕加马城是希腊化商业、手工业和文化中心。帕加马城内有宽阔的街道、富丽堂皇的大理石宫殿和神庙。

帕加马的邻国有比提尼亚、加拉太、卡帕多基亚和本都等小国，也有塞琉古王朝、托勒密王朝、马其顿王朝、罗马等大国。帕加马纵横捭阖于诸强国之间，采取较灵活的外交政策求生存和发展。罗马是帕加马盟友。

帕加马是希腊城邦，但在罗马进攻马其顿时，不支持希腊城邦盟主马其顿，而是毫不犹豫支持罗马；罗马对塞琉古王朝战争时，帕加马也毫不犹豫支持罗马。罗马也曾将侵占塞琉古王朝的一部分领地土地给帕加马。

不过，帕加马人跟比提尼亚人、色雷斯人战争时，罗马却没给予支援。帕加马先后战胜提尼亚人、色雷斯人，但元气大伤，无力同罗马军相抗衡，逐渐变成罗马的附庸国。罗马逐渐干涉其内政外交。

阿塔洛斯三世统治帕加马时期，上层奴隶主已与罗马沆瀣一气。国内外奴隶主双重压迫和盘剥激怒了帕加马下层。帕加马社会动荡不安，奴隶、城市贫民和农民都非常不满。罗马西西里奴隶大起义波及帕加马，帕加马受压迫遭奴役的下层人也酝酿起义。

阿塔洛斯三世一筹莫展，束手无策。为保住奴隶主的财产和地位，阿塔洛斯三世宁愿把帕加马拱手交给罗马，也不愿落到贫民和奴隶手中。公元前133年，阿塔洛斯三世中暑死去。他留下遗嘱，将帕加马馈赠给罗马。这正中罗马奴隶主的下怀。由此，罗马人占领帕加马的激情被激化。公元前132年初，元老院派出五人使团去帕加马“接受遗产”。

对“天上掉下来的领土”，罗马人却无法和平接受。罗马以继承遗产为借口吞并帕加马。阿里斯东尼克举行了起义。

阿里斯东尼克是阿塔洛斯三世的同父异母兄弟。他的生母是以弗所女奴。

阿塔洛斯三世在位时，百般冷遇和欺凌阿里斯东尼克。阿里斯东尼克远离王宫，同贫民和奴隶生活在一起，在帕加马中下层结下良好人缘。将帕加马赠送给罗马，符合奴隶主利益，却危害了广大中下层人民的利益，也危害了阿里斯东尼克的利益——按照规定，他有继承王位资格——眼看到手的王位被罗马人抢走。

大批奴隶、农民和手工业者络绎不绝投奔阿里斯东尼克，一部分帕加马军，包括舰队，也支持并归附于他。阿里斯东尼克宣布继任帕加马王，率起义军占领帕加马城西南约 80 千米的沿海城市廖凯。

为吸引更多帕加马人参加起义，阿里斯东尼克提出社会改革方案，设计建立"太阳国"斗争纲领。他给支持者描绘"太阳国"蓝图，声称在"太阳国"里，没有私有财产，没有暴力，没有剥削和奴役，人们在太阳神恩泽中一起参加劳动，平均分配劳动成果，过着自由、平等、愉快的生活。

阿里斯东尼克的纲领是乌托邦，是针对当时阶级压迫和罗马统治提出的，代表着奴隶和贫民大众的共同理想。帕加马乃至小亚细亚其他国家受苦受难的奴隶和贫民大众，非常向往，纷纷投奔到阿里斯东尼克帐下。一时间，起义军力量迅速壮大。

小亚细亚各国奴隶主惊恐万状，认为帕加马起义军对他们的财产和地位构成严重威胁。小亚细亚西岸的希腊城邦以弗所率先做出反应。以弗所出动强大的商船队和舰队，从海上攻击帕加马起义军。帕加马起义军迎战以弗所人时，因毫无经验，在海战中失败。

为了生存，起义军转向帕加马内地。小亚细亚各城邦奴隶冲破重重阻碍投奔帕加马起义军，许多农民、手工业者和城市贫民也纷纷参加起义军。起义风暴席卷帕加马，波及其他希腊城邦。提阿提拉和阿波利克尼斯被帕加马起义军攻占。

小亚细亚南部城邦卡里亚、哈里卡尔纳索斯的奴隶也在酝酿暴动以响应帕加马起义军。列布克和柯罗奉等沿海城邦的奴隶和贫民杀死奴隶主，参加帕加马起义军。赫勒斯滂对岸城邦色雷斯也支持帕加马起义。小亚细亚许多奴隶是他们的同族人。虽然在不同城邦，但他们遭遇相似，相互支持。一时间，帕加马起义影响到小亚细亚多个城邦。

为了扑灭奴隶起义烈火，帕加马奴隶主同罗马以及邻国统治者勾结起来，共同出兵镇压。比提尼亚、卡帕多基亚、帕弗拉哥尼亚以及本都，先后向帕加马派军镇压起义军。他们这样做，不仅是为了解除起义军对本国的威胁，援助帕加马奴隶主和贵族，还为了博取罗马青睐。本都国王米特拉达梯五世最积极卖力。他亲自率军直逼帕加马城，经过血战攻破城池，屠杀起义军成员。

罗马正被西西里奴隶起义弄得焦头烂额，暂时无法顾及镇压帕加马起义军。罗马得知帕加马起义军声势日甚一日，帕加马及其他小亚细亚各邦奴隶主束手无策，只好派兵。公元前 131 年，执政官普布利乌斯·李锡尼乌斯·克拉苏斯率训练有素、装备精良的罗马军去镇压帕加马起义军。

在小亚细亚登陆后，克拉苏斯率罗马军包围起义军占据的廖凯城。克拉苏斯并没有多少军事才干，率罗马军围困廖凯城达半年之久，都没能攻破。无奈之下，克拉苏斯下令撤围退走。起义军抓住机会袭击罗马军。这支罗马军全军覆灭。克拉苏斯成为起义军俘虏，被杀。

罗马人原以为帕加马人只是闹一闹情绪，不满罗马接管帕加马，一旦罗马军到了，起义军很快就会被镇压。没想到起义军斗志坚定，战斗力也不小。

元老院大为震惊。他们决定严惩帕加马起义军。公元前 130 年，执政官马克库斯·庇尔庇尔努斯又率罗马军渡海进攻帕加马。既然不能和平接受“遗产”，那就派罗马军队武力征服。罗马已决定将帕加马纳入统治范围。

罗马军再次在帕加马登陆，比提尼亚和卡帕多基亚又出兵配合。罗马联军在数量和装备上都占优势，帕加马起义军全力抵抗，最终被击败。阿里斯东尼克被迫命令起义军南撤到斯特拉多尼克。庇尔庇尔努斯丝毫不敢放松，率罗马联军紧紧追击，迅速包围斯特拉多尼克城，断绝城中对外一切联系。

没多久，斯特拉多尼克城内弹尽粮绝。不过，帕加马起义军并没投降，仍在阿里斯东尼克指挥下，忍受着饥饿顽强抵抗罗马军。

庇尔庇尔努斯命令围城的罗马军轮流攻城，斯特拉多尼克城被罗马军攻破，大部分帕加马起义军英勇战死，饿得奄奄一息的阿里斯东尼克也不幸被俘。他被押往罗马，后被勒死在狱中。

还未能彻底镇压帕加马起义军，庇尔庇尔努斯就突然死去。帕加马起义军余部继续进行英勇斗争。罗马军镇压帕加马起义军任务尚未完成，战争还在继续。

公元前129年，曼尼乌斯·阿克维里乌斯统率罗马军再次征战帕加马。曼尼乌斯·阿克维里乌斯是为了赢得战争不择手段的人。在镇压帕加马起义军时，他担心军事手段不奏效，惨无人道地在泉水和井水中放毒药，断绝“太阳国”居民的水源。帕加马起义军不少人中毒而死。罗马军最后取得胜利。帕加马起义军被彻底消灭。

罗马成功兼并帕加马，在其土地上设置亚细亚行省，这里成为罗马奴隶主、高利贷者、包税商追逐利润、榨取民脂民膏的场所和罗马向东方扩张的重要据点。有这个亚洲基地，罗马军干预和侵略亚洲就更方便了。

2. 本都虎口夺食

在兼并帕加马后，罗马在小亚细亚的霸权无人挑战。罗马也陷入内部利益分配斗争之中，暂时停止对外扩张。

罗马人没向外扩张时，却有个国家向罗马发起挑战，想抢走小亚细亚霸权。主动挑战罗马的人是黑海南岸本都国王米特拉达梯六世。

本都国是黑海南岸新兴的希腊化国家。米特拉达梯六世天资聪颖，思想敏锐，从小受过良好教育，喜爱希腊文化艺术，能说22种语言。11岁时，他继位当上本都王，但因年幼，由母后摄政。为躲避母后的迫害，他逃出王宫，在山林中过了7年隐匿生活。在这动荡不定又充满危险的环境中，他成为体力超群，具有狡诈多疑、残酷无情和坚韧不拔多种性格的人。

公元前115年，米特拉达梯六世18岁。他突然回国，发动政变，囚禁母后，杀掉亲兄弟，独揽大权。掌握本都政权后，野心勃勃的米特拉达梯六世便培植亲信，扩充军队，大力对外扩张，想建立包括黑海沿岸和小亚细亚在内的庞大帝国。

小亚细亚早已成为罗马行省，米特拉达梯六世要实现梦想，必须虎口夺食，从罗马手中抢走小亚细亚。

本都曾是罗马盟友，在镇压帕加马反对被罗马兼并起义军中表现积极。罗马对本都比较满意，也没进一步并吞本都。为了实现梦想，米特拉达梯六世不惜一搏。他先吞并小亚美尼亚和科尔奇斯，又以援助驱逐斯基泰人为名，迫使黑海北岸的希腊城邦和博斯普鲁斯王国归附本都。同时，他还积极向黑海西北岸地区渗透。

随着实力增强，米特拉达梯六世试图消除罗马在小亚细亚的影响，把罗马人赶出小亚细亚。原本基本停止对外扩张的罗马与富有侵略性的本都发生冲突了——一个是靠扩张起家的前辈，一个是靠扩张壮大的后起之秀，都想独占小亚细亚。

公元前 106 年，本都王米特拉达梯六世与比西尼亚王尼科梅德斯二世联手，一起瓜分帕夫拉戈尼亚和加拉蒂亚。事后，在卡帕多西亚王位继承问题上，他们发生冲突，明争暗斗，互不相让。因争执不下，他们请罗马元老院来仲裁。

罗马人早对米特拉达梯六世不满。米特拉达梯六世和尼科梅德斯二世请罗马人主持公道。罗马人对公道不感兴趣，但对卡帕多西亚王位感兴趣。罗马元老院既不支持米特拉达梯六世，也不支持尼科梅德斯二世，而是扶植亲罗马的阿里俄巴赞尼斯为卡帕多西亚王。

罗马元老院的举动给了志在必得的米特拉达梯六世当头一棒。米特拉达梯六世发誓，要武力教训罗马人，让自己的代理人当卡帕多西亚王。为对抗罗马，争夺卡帕多西亚，米特拉达梯六世以联姻形式与亚美尼亚国王提格累尼亚二世结盟。

公元前 93 年，提格累尼亚二世率军驱逐卡帕多西亚王阿里俄巴赞尼斯。此举等于直接向罗马宣战。罗马立即派兵攻打亚美尼亚。在罗马军面前，亚美尼亚军不堪一击，一战即败。罗马军趁机进攻幼发拉底河流域，扩展在亚洲的势力范围。

罗马军进攻亚美尼亚时，米特拉达梯六世按兵不动。待罗马军恢复阿里俄巴赞尼斯的王位，回师后，米特拉达梯六世便率军赶走阿里俄巴赞尼斯，进而插手卡帕多西亚的王位继承问题[①]，驱逐尼科梅德斯三世，扶植自己的傀儡为王。

元老院派曼尼阿斯去协助亚细亚行省总督鲁基乌斯解决问题。鲁基乌斯和曼尼阿斯先恢复阿里俄巴赞尼斯和尼科梅德斯三世的王位，然后让他们出兵进攻本都，向米特拉达梯六世复仇。阿里俄巴赞尼斯和尼科梅德斯三世原本就恨米特拉达梯六世，见有罗马人支持，便毫不犹豫地出兵攻打本都。

米特拉达梯六世早已意识到，要实现建立庞大帝国目标，迟早要与罗马人决一雌雄。他对罗马采取阳奉阴违政策，表面上服从忍让，暗中积极备战，与斯基泰人、色雷斯人、萨尔马特人等蛮族结盟。他得知罗马内部矛盾重重，小亚细亚人对罗马暴政强烈不满，尤其是同盟者战争纷乱还未平息，认为时机已经成熟，便向罗马宣战。

由于米特拉达梯六世长期做战争准备，本都军在战争初占绝对优势。本都陆军有 25 万名步兵、4 万名骑兵、130 辆战车；海军有 300 艘装备甲板的舰船、100 艘二列桨船。在小亚细亚，罗马军有 12 万名步兵、1.2 万名骑兵，另加一支驻守黑海出海口的小舰队。另外，罗马盟友尼科梅德斯三世有 5 万名步兵、6000 名骑兵。

在阿姆尼阿斯河畔平原，双方数十万军队展开大决战。

战斗刚开始，在争夺一座小山的混战中，本都军失利，阿基拉斯率本都军向平原撤退，以诱敌深入，让战车发挥优势。按照军事常识，军队作战失利，往平原撤退，无疑是找死，但是，阿基拉斯拥有战车这种唯有在平原上才能发挥战斗力的武器，如果仅仅从一般军事常识去看，那才是真正地找死。尼科梅德斯三世用实践证明了这一点。

尼科梅德斯三世见本都军往平原撤退，认为追杀机会来临，率军穷追不舍。他们追到平原后，本都军使用在车轴上装有镰刀的战车发起反攻。奔驰的战车把尼科梅德斯三世所率的士兵撞倒、碾碎，或斩为两段。一时间，尼科梅德斯三世

---

① 此时尼科梅德斯二世已经去世。

手下死伤无数，血流成河，极为惨烈。在本都军围攻下，尼科梅德斯三世所部大败而逃。

本都军士气大振，米特拉达梯六世乘胜向罗马军发动进攻。鲁基乌斯和曼尼阿斯指挥罗马军进行殊死抵抗，终因兵力不足，惨败溃逃。本都军势如破竹，占领比西尼亚，并于公元前 88 年攻入罗马亚细亚行省。

在本都军追击时，亚细亚行省对罗马暴虐统治不满的人趁机造反。亚细亚行省许多城市把米特拉达梯六世当作救星，以弗所城还举行盛大庆典欢迎本都军。在本都军面前，罗马军节节败退，除西南一隅外，小亚细亚处在米特拉达梯六世控制之下。

为消除罗马影响，吸引广大居民支持，米特拉达梯六世宣布：小亚细亚的希腊化城市独立；释放奴隶；在 5 年内豁免一切赋税。同时，他还大肆屠杀留居在各城市的罗马人和意大利人——被残杀者达 8 万多人，妇女儿童占多数。

随后，米特拉达梯六世把卡帕多西亚、弗里吉亚和比西尼亚并入本都国，将首都从西诺普迁到帕加马城，命令本都军向欧洲进军，占领马其顿，控制了爱琴海上几乎所有岛屿。

在这种形势下，雅典发生反罗马起义，宣布脱离罗马，希腊诸城市纷纷响应。公元前 87 年，罗马的东方属地几乎全部丧失——罗马面临着被赶回亚平宁半岛的危险。这几乎是当年罗马征服马其顿的重演，只不过这次溃败的是罗马人，而乘胜前进的是本都人而已。

面对危机局面，罗马人能扭转乾坤吗？

3. 苏拉征服本都

罗马军在东方战线迅速崩溃，元老院惊慌起来，争论了很久，才确认派苏拉担任统帅，率罗马军前往小亚细亚迎战本都军。

公元前 87 年，苏拉率罗马军在希腊伊庇鲁斯登陆，全力维护罗马在东方的统治。

苏拉是罗马政坛新贵。公元前 138 年，苏拉出身于破落贵族家庭，年幼时一贫如洗，没存身之地。为了活命，苏拉当演员和滑稽小丑，并因此成名。成名后，苏拉一婚娶富家女尼科玻里斯，跻身富翁阶层；再婚娶罗马大祭司女儿麦特拉，重新回到贵族阶层。公元前 111 年，罗马属国努米底亚掀起反抗罗马的朱古达战争。苏拉随同马略一起出战，利用智慧拉拢和收买努米底亚王菩卡斯，一举生擒叛乱头子朱古达。苏拉成为罗马人心目中的英雄。

米特拉达梯六世几乎控制小亚细亚、希腊、马其顿和爱琴海后，罗马人将重任交给苏拉，让他率军出征。

当时，苏拉手中仅有 3 万名步骑兵，没有海军，且缺乏粮饷。经过一番分析，苏拉认为，罗马军已经无力与本都军长期对抗，速战速决，消灭本都军主力才能取胜。

为挽回局势，苏拉精心策划了一场战役，想通过胜利来提升罗马军民的信心，威慑那些动摇的城邦。

苏拉率罗马军登陆后不久，便在比奥提亚与本都和雅典联军大战。米特拉达梯六世一路狂胜，不将年轻的苏拉放在眼里。历史再次给了苏拉自证军事才干的机会。有了苏拉的指挥，罗马军一转颓势，战斗力一下子爆发，让本都和雅典联军根本没心理准备，出乎意料地赢得胜利。

随后，苏拉率罗马军乘胜攻打希腊诸城邦。在罗马军强大攻势下，除雅典外，希腊诸城邦都投降了罗马。罗马军军威大涨。苏拉又趁机率军围攻雅典。罗马军多次进攻，但多次被雅典军击退。

因久攻不下，苏拉下令将雅典城紧紧包围，严密封锁，切断对外一切联系，待到城内的储粮耗尽，再寻机发起攻击。公元前 86 年 3 月 1 日，罗马军发起总攻，成功攻进弹尽粮绝的雅典城。苏拉命令罗马兵肆意屠杀和劫掠。雅典城惨遭空前蹂躏。

攻占雅典城后，苏拉指挥 4 万名罗马军乘胜前进。在喀罗尼亚，他们与阿基拉斯率领前来援救雅典的12万本都军遭遇。罗马军在数量上处于劣势。本都军仗着人多，数次向罗马军挑战。苏拉见地形不利，敌人众多，下令高挂免战牌，避免与本都军交锋，以静制动，寻找最佳时机反攻。

本都军统帅阿基拉斯懦弱无能，见求战不成，便率军后撤。苏拉率罗马军悄悄尾随，寻找有利战机和地势。没多久，阿基拉斯的无能给苏拉创造了一个绝佳机会——一个以少胜多、一举消灭12万本都军的机会。

本都军在一个多岩地区扎营。那里的地势既不利于集中部署，又不利于撤退。这种部署几乎就是给本都军挖坟墓。一直悄悄尾随的苏拉，从本都军扎营地发现了战机。他命令罗马军趁机抢占附近平原，摆好队形，向本都军进攻。

阿基拉斯发现罗马军后，率军仓促应战。因地势狭窄，他无法集中军队。为争取时间，阿基拉斯用骑兵和战车轮番冲击敌阵，试图阻击罗马军，但都被击退。苏拉趁本都军立足未稳，倾全力作战，身先士卒，英勇拼杀，率先击溃本都军两翼。战场胜利天平倾向罗马军。

见战场形势不利，兵力三倍于罗马军的阿基拉斯竟然没意识到只剩下一条路——置之死地而后生，利用本都军人数的优势与罗马军拼命，尚有惨胜的机会，撤退必将全线溃败。他下达了一个令米特拉达梯六世恨不得将他凌迟处死的命令：撤退。

处于不利局面的本都军接到撤退命令，一下子溃散，失去秩序。苏拉趁机率罗马军紧追不舍。在罗马军追击下，拥挤在山谷的本都军大多被砍杀，只有少数四散奔逃而去。战后统计，本都军有11万人被消灭，只有1万人逃出去，而罗马军只损失15人。取得如此战绩，此前一路战败的罗马军充满必胜信心。罗马军士气大振，不久又在奥尔霍门涅斯会战中取胜，迫使本都军退出希腊。

苏拉意气风发，率罗马军三战三胜，准备进军小亚细亚。罗马国内民主派取得胜利，宣布苏拉为“公敌”，弗拉库斯到前线取代苏拉的职务。弗拉库斯率两个军团在希腊登陆不久，因内讧被杀。费姆布里亚接替弗拉库斯职务，率军攻入小亚细亚，占领帕加马城。

小亚细亚人忍受不了繁重的战争负担，不满情绪日益高涨。在亲罗马贵族煽动下，公元前 86 年，以弗所爆发反本都起义。他们发现，原来罗马人残暴，本都人一样让他们不堪重负。

米特拉达梯六世认为，战争形势在逐渐向有利于罗马方向发展。为保住地位和实力，他主动向打败本都军的苏拉求和[①]。由于无力彻底消灭本都，且急于率军回国争夺权力，苏拉同意媾和。

公元前 84 年，苏拉和米特拉达梯六世举行会晤，缔结和约。和约规定：双方停战，和平相处，米特拉达梯六世放弃开战后征服的一切领土，交出舰队，支付战争赔款 3000 他连特白银。

签订和约后，米特拉达梯六世并没按和约规定将卡帕多西亚全部交还给阿里俄巴赞尼斯。因为，议和不久，他就得知苏拉已回罗马城，他部分违约，也不至于苏拉返回惩罚他。

米特拉达梯六世不完全履行和约，给了罗马那些反对议和的人发动战争的理由。驻守在小亚细亚的苏拉副将穆雷纳，原本就不支持议和，得知米特拉达梯六世并没履行和约，立即借口米特拉达梯六世不履行和约，率罗马军进攻本都。米特拉达梯六世不想再开战，派人向罗马元老院提出申诉，未获答复。在无可奈何的情况下，米特拉达梯六世只好派兵应战。

在哈利斯河畔，双方展开激战。出乎意料的是，没有苏拉的罗马军不堪一击。本都军全歼罗马军。穆雷纳只身逃离。赢了这场战争后，米特拉达梯六世认为，此前战败，并非罗马军的战斗力突然提高了，而是本都军统帅阿基拉斯太无能。他这次亲自指挥作战，不就赢得了胜利吗？不过，他并没将战争进行下去的打算，此前几次大失败已经严重耗费国力，就以这次胜利作为讨价还价的资本，接受议和，以换取时间恢复实力。

公元前 81 年，苏拉派人促成米特拉达梯六世与阿里俄巴赞尼斯和解。米特拉达梯六世给足苏拉面子，也获得了实惠——通过与阿里俄巴赞尼斯联姻，保住了卡帕多西亚部分地区。

---

① 虽然此时苏拉已经离职，但米特拉达梯六世只承认他是罗马军主帅，只信服他。

这次战争没给罗马带来任何利益，相反，米特拉达梯六世得到土地，提高了威望，加强了在小亚细亚的地位和影响。这决定了他还会挑战罗马的霸权。

在镇压国内起义和稳定局势后，米特拉达梯六世又积极备战。他囤积粮草，大量招募蛮族人，仿照罗马军编制组建一支有 14 万名步兵、1.6 万名骑兵的本都军。同时，他积极展开外交攻势，拉拢一切可以拉拢的人，除扩大与邻近国家联盟，还与罗马西班牙行省总督塞尔土里乌斯以及地中海海盗订立盟约，共同对付罗马。

公元前 74 年，比西尼亚国王尼科梅德斯三世死去。他留下遗嘱，将比西尼亚王国赠给罗马。米特拉达梯六世担心罗马势力威胁本都，以保卫比西尼亚王位为名，进军比西尼亚王国，向罗马宣战。这次，他亲自指挥本都军作战。

本都军海陆并进。在卡尔西顿会战中，本都军消灭 3000 名罗马兵，打败罗马驻比西尼亚王国的总督科塔。随后，本都军攻入罗马亚细亚行省，占领赫勒斯滂沿岸的大片土地。

前来迎战本都军的是鲁库鲁斯率领的 3 万名罗马步兵和 1600 名骑兵。这支罗马军驻扎在基齐库斯城。米特拉达梯六世率本都军乘胜围攻基齐库斯城，但他犯下一个致命错误，导致最终功败垂成。

米特拉达梯六世轻率地将军营扎在被山河环绕、交通不畅的地方。鲁库鲁斯从中看到战机，趁机派兵切断本都军的补给运输线，进行反包围，并击退本都军多次进攻。就这样，本都军被罗马军紧紧包围起来。

不久，寒冷的冬季到来，本都军要忍耐严寒，还闹起饥荒，许多人饿死，活着的人也以野草充饥，甚至出现吃人现象，瘟疫也流行起来。

见扭转局势无望，公元前 73 年，米特拉达梯六世弃军逃走。鲁库鲁斯趁机率罗马军进攻。本都军主力被消灭殆尽。罗马军再次以少胜多赢得战争，乘势恢复亚细亚行省和比西尼亚，并攻入本都国内。

米特拉达梯六世并未意识到自己惨败是因重复了阿基拉斯犯的错误，也没丢失自己的雄心壮志。公元前 71 年春，他率拼凑起来的 4 万名步兵、4000 名骑兵反攻罗马军，再次被鲁库鲁斯率罗马军击败，被迫逃往亚美尼亚。

鲁库鲁斯率领罗马军队紧追不舍。亚美尼亚国王提格累尼斯二世拒绝交出米特拉达梯六世。罗马军攻入亚美尼亚，打败亚美尼亚军。米特拉达梯六世和提格累尼斯二世慌忙逃走。

罗马士兵对苛严军纪和长期远征不满，拒绝进一步追击本都军和亚美尼亚军。为避免内讧，鲁库鲁斯下令停止进军。几乎同时，罗马民主派得势，元老院下令罢免鲁库鲁斯。米特拉达梯六世趁机率军反攻，夺回本都。罗马军刚刚占领的亚美尼亚和本都又丢失。鲁库鲁斯率罗马军取得的战果化为乌有。

公元前 66 年，元老院授权庞培统率 12 万名步兵和 4000 名骑兵，在追剿海盗后，再登陆小亚细亚，与本都军作战。庞培率军进攻本都时，拿出罗马人最擅长的战术——断其粮道。因缺乏食品，米特拉达梯六世被迫率本都军突围。庞培挥军追击，大败本都军。

米特拉达梯六世再次逃往亚美尼亚。这次，提格累尼斯二世拒绝接纳。米特拉达梯六世只好经科尔奇斯逃到博斯普鲁斯。在博斯普鲁斯，他处死主张与罗马结盟的儿子。

米特拉达梯六世仍企图联合蛮族，越过阿尔卑斯山，突入亚平宁半岛，进军罗马城。为准备远征，他横征暴敛，引起不满，各地不断爆发起义。公元前 63 年，他儿子法那西斯发动兵变。69 岁的米特拉达梯六世众叛亲离，害怕成为罗马俘虏，自杀。

法那西斯将米特拉达梯六世的尸体交给庞培，向罗马投降。本都臣服罗马，成为罗马属国。

第五章　奴隶，财富

罗马侵略扩张的直接动力是掠夺财富。将俘虏的人卖作奴隶，是罗马人获取财富最主要的手段。罗马奴隶越来越多，社会管理压力越来越大，财富差距也越来越大，阶级斗争越来越尖锐。

1. 奴隶就是财富

公元前 3 世纪初，罗马统一亚平宁半岛后，走上海外扩张道路。经过迦太基战争、马其顿战争等，罗马战胜一个又一个强敌，确立地中海霸权。对外扩张取得胜利，罗马掠夺大量财富，侵占大片土地，俘获大批奴隶，为经济发展和经济繁荣提供了有利条件。

奴隶是罗马经济的基石，也是对外扩张的直接动力。罗马常年对外扩张，战俘成为奴隶的主要来源[①]。每赢得一次战争，罗马人就将俘虏卖为奴隶，以奖

① 罗马奴隶来源还有奴隶生育的子女，一些受高利贷重利盘剥沦为债奴的人，在地中海经商时被海盗抢掠押送到奴隶市场兜售的人。

励有战功的人，补充军费。

因为有战俘被卖为奴隶，转化成财富，对参军的罗马公民来说，对外战争是为国出力，也是发财的机会——只要活下来，赢得战争胜利，将会或多或少分得战利品，包括土地和奴隶，保障他们过上相对优裕的生活，拥有较高社会地位。

奴隶主要来源于战俘。军队又不便长期管理战俘。在战争结束后，军队会尽快将战俘卖掉。随着罗马对外战争不断获胜，奴隶贸易迅速发展和兴盛起来。许多城市都有奴隶市场，随时随地进行着大宗奴隶交易。提洛岛是当时的奴隶交易中心。在高峰期，一天之内，那里的奴隶买卖成交高达 1 万人。

大量奴隶流入，罗马拥有了大量廉价劳动力，奴隶制经济高涨。奴隶主使用奴隶创造财富，成本极低。奴隶主拥有众多奴隶，能做许多平民无法无力做的事，与平民阶层的财富差距越来越大。公元前 2 世纪中期，奴隶劳动在罗马社会生产中占据绝对优势，奴隶成为主要生产者。那些平民已经逐渐成为社会边缘人，社会影响力越来越小。

奴隶主是财富主要拥有者。奴隶是财富主要生产者，在农牧业、采矿业、手工业以及服务业[①]方面，都占据绝大多数。奴隶主成为大土地所有者，利用奴隶在大农庄、大果园、大牧场从事生产活动，然后将产品售卖给军队，保障罗马军队的后勤供应，再从军队购买新的战俘做奴隶。

奴隶主积累巨大财富后，受希腊和东方文明影响，迅速形成追求奢侈享乐风气。奴隶主追求提升个人生活品位，需要很多奴隶充当家内仆役，例如需要奴隶担任看门人、厨子、马夫、侍从、理发师，甚至担任教师、乐师、医生等。不仅如此，为追求奢侈享乐，奴隶主还动用大量奴隶修建豪华的住所、娱乐场所、墓地等。这样，大量奴隶又从事采矿业和建筑业等手工业。

奴隶地位十分低下。在法律上，奴隶被视作主人的物品和财产——他们没有独立人格，只是“会说话的工具”，和牲口以及其他财物一样。奴隶主对奴隶可以随意打骂，肆意虐待，甚至操有生杀之权。奴隶没有财产权，也没有家庭权和婚姻权。男女奴隶同居所生子女属于奴隶主财产，也归奴隶主所有。

---

① 此处指家内仆役干的活儿。

奴隶遭受残酷压迫和剥削，生活十分悲惨。奴隶主尽量增加奴隶的劳动量，把奴隶的生活水准降低到只能勉强活命地步，尽可能多榨取奴隶的劳动价值。奴隶一旦生病或年老体衰，奴隶主便把他们变卖或抛弃掉。

奴隶主惩罚奴隶的手段非常残酷。木棍、鞭子、烙铁、脚镣手铐、十字架等，都是常用刑具。家内奴隶待遇稍好些，但他们必须唯命是从，服侍周全，否则，轻则挨打，重则被处死。

野蛮的奴隶制度给奴隶带来无穷无尽的苦痛和灾难，激起了他们的反抗。奴隶反抗斗争形式多种多样，破坏工具和牲畜、消极怠工、逃亡、杀死主人，甚至聚众举行起义。公元前 2 世纪，罗马奴隶暴动和起义便已频繁发生。

除使用大量廉价奴隶外，奴隶主拥有大量土地，也是获得财富的手段。在对外战争中，担任军官、总督的罗马贵族，往往会倚仗权势攫夺巨额钱财和成片土地。他们侵吞国家公地，也不择手段地霸占邻近自由农民的土地。大量土地、资金和奴隶劳动力，是罗马奴隶制大庄园经济的经营条件。

那些没亲自参与战争的富人，也可以通过购买增加土地拥有量。每逢战争结束，一些无法亲自经营的军人往往会卖掉作为战利品分到的土地。一些富人往往趁机低价购买土地。没亲自参与战争的富人往往占绝大多数。公元前 3 世纪，在亚平宁半岛和西西里岛出现的大庄园，公元前 2 世纪末至公元 1 世纪，北非、高卢和西班牙等行省出现的大庄园，都是土地买卖发展的结果。

罗马大庄园规模不尽相等，大的拥有几千尤格[①]土地，小的也有一二百尤格，使用奴隶少的有十几人，多的有上千人。各大庄园经营项目也各有侧重，有的以种葡萄为主，有的以种菜或种橄榄为主，也有的以畜牧业为主，生产谷物的大庄园一般较大，多数集中在西西里岛、北非一带。大庄园生产的物品，除满足奴隶主自身消费外，大多数作为商品出售。对具有商业基因的罗马人来说，这又是一条创造财富的途径。

为保证最大限度地榨取奴隶的剩余劳动，奴隶主贵族精心研究了庄园劳动

① 尤格，罗马时的面积单位，1 尤格约合 1/4 公顷。

组织和管理问题。一年到头，奴隶除了年底年初有两天休假以外，必须拼命干活，没有丝毫闲暇，即使在下雨天或宗教节日里，也不能闲着。这种超乎寻常的剩余价值榨取，让罗马大庄园主、奴隶主尽可能多地拥有了财富。

大庄园生产活动为罗马社会提供了大批粮食和其他农产品，促进了经济发展。奴隶流血流汗、辛勤劳动，推动着罗马物质文明走向发达。

大庄园经济是广大自由农民的噩梦，它的发展以牺牲广大自由农民利益为前提。战乱、赋税和土地兼并，迫使缺乏竞争力的自由农民纷纷破产。由于奴隶市场上充斥着取之不尽的廉价劳动力，奴隶的劳动排斥自由农民的劳动，农民破产后很难重新找到谋生之道，除少数人能以临时雇工身份在庄园找到立足点，大批破产农民不得不流入城市，沦为无业游民，靠国家救济和富人施舍过活。这些游民无产者长久脱离劳动，不惜依附于权贵，充任门客和政治上的捧场人，形成人数众多的寄生阶层，加剧了社会动荡。

公元 2 世纪以后，罗马对外扩张已经达到极限，掠夺战争不像过去那样频繁，奴隶来源大大减少，奴隶价格也日益昂贵。同时，奴隶不断反抗和大批逃亡，也影响了大庄园劳动生产率提高，增加了管理困难，并造成劳动力紧缺，田地荒芜。奴隶制大庄园在经营上再也无利可图，变得难以继续维持，走上穷途末路。一些大庄园主、奴隶主开始释放奴隶，分给小块土地耕种，坐收地租。

罗马奴隶制经济走向繁荣，背后支撑的是罗马不断扩张，不断赢得战争，持续保障廉价奴隶来源，并不是通过改善生产关系提高生产力走向繁荣的。奴隶是战争赐给罗马人的财富，没有战争，罗马就无法保持繁荣，各种社会矛盾就会爆发，社会就会出现问题。罗马最好的生存方式就是不断发动扩张战争，赢得战争。

2. 西西里奴隶起义

罗马不断赢得战争胜利，保障廉价奴隶源源不断，推动了大庄园经济发展。

奴隶制经济高速发展，大规模使用奴隶，又导致大量社会问题出现。这些问题长期得不到解决，最终导致社会动荡。

大庄园经济高速发展是建立在对奴隶最大限度压榨基础上的。这些被压榨的奴隶，大多是战俘。在他们当中，不乏一些敌军将领和久经战场的老兵。他们不缺组织能力，也不缺战斗勇气。一旦压榨超越他们的忍耐极限，他们便会反抗，甚至武装暴动。

西西里岛是罗马谷仓。那里的大庄园经济发展早，从事农业生产的奴隶多。在一些大庄园里，有成千上万奴隶在一起劳动，且大多来自同一民族或城邦，有共同语言和感情。有些奴隶原是贵族或者军事将领，有丰富的组织经验和较强的领导能力。他们组织和发动奴隶反抗斗争，具有天然优势。

奴隶主残酷压迫和剥削奴隶时，根本不管奴隶死活，也没意识到奴隶反抗会造成什么后果。

在西西里岛恩那城，有个庄园主叫达莫披洛斯。达莫披洛斯和妻子加丽达残暴到了无耻的地步。他们不给奴隶们最基本需求的衣食，还驱赶奴隶们去抢劫过往旅客，自己凭空要分抢到东西的一半。逼着奴隶当劫匪，奴隶们内心充满愤怒。这种愤怒积累到一定程度就会爆发。

公元前 137 年夏天，达莫披洛斯逼迫奴隶们出去抢东西。一些奴隶没抢劫到任何东西。达莫披洛斯下令将抢不到东西的奴隶全部扒光，在烈日中暴晒。奴隶们苦苦哀求达莫披洛斯发给衣服。达莫披洛斯更生气，点火将那些奴隶原来穿的破衣服烧掉，还把那些奴隶绑在柱子上毒打了一顿。奴隶们实在按捺不下积压已久的仇恨，决心举行武装起义，杀死奴隶主，解救受苦受难的同胞。

叙利亚籍奴隶攸努斯联络 20 多个勇敢机灵的奴隶，躲过主人达莫披洛斯的监视，秘密到一个牧场聚会，商讨部署起义相关事项。牧奴积极支持他们。不久，他们又争取到达莫披洛斯庄园里的 400 名奴隶支持。他们悄然组织起来了。达莫披洛斯夫妇还浑然不知。

夏收时，奴隶们都在紧张地劳作。攸努斯突然一声令下，奴隶们用手中的锄头、镰刀、斧头、长竿短棒武装起来，去进攻恩那城。在城里奴隶的积极响应下，这支起义军占领恩那城，将达莫披洛斯和妻子抓起来处死。

为了有组织地开展反罗马斗争，起义军进入恩那城后，在剧场开会，建立国家，以奴隶们的故乡叙利亚命名为新叙利亚王国。攸努斯被推选为新叙利亚国王，取国号为安条克，下设有人民议会、人民法庭，由才智杰出的奴隶组成。在三天之内，他们建立了一支拥有6000人的军队，由奴隶担任将军。就这样，叙利亚籍奴隶在西西里岛复国。

西西里岛其他地方的奴隶闻风而动，纷纷响应。在西西里岛西南部阿格立真坦地区，橄榄园主的马夫克里昂，不满主人对他们的残酷压榨，早已经和同伴们做好起义准备。当攸努斯发动起义的消息传来，克里昂率5000奴隶响应起义。克里昂派人与新叙利亚王攸努斯取得联系，表示愿意将两支起义军合并。

为了共同事业的胜利，克里昂听命于新叙利亚王攸努斯，自愿当助手。其他各地奴隶纷纷响应，西西里岛东部和中部许多城市，如墨萨纳、托洛明尼亚、卡塔涅、列昂提尼等都被起义军掌控。起义人数日益增加，竟达到20万人之多。

参与起义的奴隶们打击对象是大庄园奴隶主。起义军所到之处，摧毁大庄园，杀死大庄园主，但对小庄园、小农经济和手工业者却加以保护。因此，起义军得到自由农民的同情和支持。那些手工业者，特别是武器匠，他们继续生产，以保证起义军需要。为减少敌对力量，起义军宽恕了那些曾人道对待奴隶的奴隶主，不杀他们，也不侮辱他们。

起义爆发后，罗马统治者派兵镇压，都被起义军挫败。起义初期，鲁齐·希庇西率装备精良的8000名罗马军，赶到西西里岛镇压，被击溃；公元前134年，富尔维优斯·拉库斯亲率罗马军镇压，又被击败；公元前133年，卡尔普尔尼乌斯·披索率罗马军镇压起义，依然被击败。

罗马军镇压起义军，接连三次失败。奴隶主极度不甘心，不断在元老院制造压力，要求出动更强大兵力镇压。公元前132年，普布里乌斯·路庇里乌斯率大批军队，向起义军猛扑过来。罗马军一举攻下起义军重要据点马尔干提纳。

接下来，路庇里乌斯收买叛徒，又率军攻占托洛明尼亚。一些起义军成员被俘，罗马军先对他们严酷拷打，再将他们扔下悬崖，场面非常惨烈。随后，路庇里乌斯利又率军围困恩那城，企图断绝城内一切供应，迫使起义军投降。

起义军突围时，罗马军趁机进行凶残攻击。起义军伤亡惨重。克里昂英勇战死，两万奴隶阵亡。1000近卫军保护新叙利亚王攸努斯血战到底。攸努斯不幸被俘。起义军得知攸努斯被俘，用剑互相砍杀而死。攸努斯被囚禁在狱中，后被折磨而死。

在攻陷恩那城后，普布里乌斯·路庇里乌斯又派罗马军追击幸存的起义奴隶，血洗西西里岛。

在残忍镇压下，西西里奴隶起义失败。此后，奴隶生存状况更恶化。奴隶反抗的怒火并没熄灭。30多年后，在西西里岛，又爆发了一次大规模奴隶起义。这一次起义是由西西里总督涅尔瓦停止释放奴隶引起的。

公元前113年，朱古达在王位继承战中击败对手，当上努米底亚国王。努米底亚国王是罗马同盟者，王位继承决定权在罗马。罗马元老院不承认朱古达继承王位，于是爆发了数年战争。

战争不久，基姆伯尔人和特乌托涅斯人[①]从北方进攻罗马。罗马频繁进行战争，迫切需要大量军队。许多行省和同盟国的自由民却因债务关系沦为奴隶，不能提供兵源。社会矛盾已经发展到不支持罗马对外扩张的需求。

罗马元老院要求各地支援时，比提尼亚国王尼科美德斯答复说，为满足罗马包税人的勒索敲诈，国内壮丁都被卖为奴隶。其他同盟国也给出同样的答复。元老院无可奈何，命令各行省总督对奴隶及其家族进行审查，凡出身于自由民家庭的奴隶，一概予以释放，让他们参加罗马军，为国效力。

这道命令本想缓和社会矛盾，解决兵源枯竭问题，没想到成为激化社会矛盾的导火索。西西里行省总督涅尔瓦接到命令后，释放了800名奴隶。后来，他接受奴隶主贿赂，便停止审查，不再释放符合释放条件的奴隶。希望获得自由的奴隶们得到消息，压制不住心中怒火，愤然举行起义。

公元前104年，西西里岛西部赫拉克里亚城附近，在萨维阿斯领导下，80

---

① 基姆伯尔人和特乌托涅斯人，都是日耳曼族的部落之一。

名奴隶揭竿而起，宣布起义。许多奴隶积极响应。萨维阿斯是享有盛名的占卜师，具有较强号召力。起义队伍迅速壮大。他将起义军带到卡普里恩山上，修筑防御工事，建立根据地，并击溃涅尔瓦派来镇压的罗马军。

不久，在利里拜乌姆城附近，雅典尼奥率奴隶起义，迅速发展到 1 万多人。为抗击共同敌人，两支起义军在西西里岛西部特里奥卡拉城会师，融合成一支强大军队。同时，还有大批农民投靠起义军，起义军力量不断壮大。他们在特里奥卡拉城建立国家，共推萨维阿斯为王，号为“特里丰”，公推雅典尼奥为起义军总司令，下设议事会，作为共商大计的机构。他们还在王宫旁开辟一处广场，作为群众集会场所。许多重大事情都在广场征求意见，才最后形成决议。

为了提高起义军战斗力，萨维阿斯下令从起义军中挑选出强壮者组成军队，最终组成 2 万名步兵和 2000 名骑兵。军队被分为三部分，每一部分设置一位司令官。三位司令官各自率领军队，分头在西西里岛进行征战，然后在约定时间、地点会合，布置新的战斗任务。这一战术效果明显。奴隶主们吓得惶惶不可终日。

起义军深入农村开展斗争，发展力量。他们打击大庄园主，保护农民和手工业者利益。涅尔瓦无力镇压奴隶起义，只好向罗马元老院求助。公元前 103 年，元老院不顾北方日耳曼人进攻威胁，授权执政官李锡尼乌斯·路库鲁斯率 1.7 万名罗马军，投入西西里战场，全力镇压起义军。

李锡尼乌斯·路库鲁斯所部在起义军面前不堪一击，迅速战败。李锡尼乌斯·路库鲁斯被召回罗马，送交法庭判处流放。第二年，元老院又派盖乌斯·塞尔维里乌斯率罗马军到西西里岛镇压起义军。盖乌斯·塞尔维里乌斯的结局也不例外。

起义军四处活动，捣毁大庄园，袭击军政机构，毁坏驿站，切断西西里各处交通，使城乡之间失去联系。罗马军在西西里岛寸步难行。遗憾的是，起义军在击败盖乌斯·塞尔维里乌斯所部不久，起义军首领萨维阿斯不幸病死。不仅如此，起义军面临粮食缺乏的困境也越来越严重。

局势朝着有利于罗马军的方向发展。罗马军战胜基姆伯尔人和特乌托涅斯人，集中力量全力对付起义军。公元前 101 年，曼尼乌斯·阿克维里乌斯率罗马军再次进攻起义军。

在墨萨纳附近，罗马军和起义军发生激战。在战斗中，起义军首领雅典尼奥与罗马执政官曼尼乌斯·阿克维里乌斯进行单独决斗。在这次罕见的单挑中，雅典尼奥在阵前被杀。起义军的士气受到影响，被罗马军击败。

奴隶起义军残部败退至特里奥卡拉。罗马军乘胜追击，围攻特里奥卡拉。不久，特里奥卡拉陷落，无数奴隶被俘后活活钉死在十字架上。有1000名起义军战士侥幸逃亡。在沙提鲁斯领导下，他们继续战斗了很长时间。曼尼乌斯·阿克维里乌斯欺骗起义军，说赦免他们无罪。起义军受骗归附后，被卖到罗马城做角斗士。他们发现受骗后，不愿自相残杀以供奴隶主取乐，在上竞技场之前相互砍死。

西西里岛反抗奴隶主起义，就这样悲壮地消失在历史中。

3. 格拉古兄弟改革

罗马赢得对外战争，奴隶源源不断，大庄园经济迅速发展，奴隶主或大庄园主成为最大受益者，自由农民和普通市民却从战争中收益很少，甚至根本利益严重受损。奴隶主或大庄园主基本上不亲自服役，即使参军服役，也多担任军官，或者高级别士兵，相对安全得多。那些自由农民和普通市民，冒着生命危险打仗，却从战争中收益很少，甚至不得不借债度日，最终因还不起高利贷，沦落为社会无产游民或者他人的奴隶。

奴隶对奴隶主和庄园主深恶痛绝，自由农民和普通市民也强烈不满。罗马军战争稍微失利，就会面临招募不到士兵的窘境。这种窘境愈来愈严重，后来到了非改革不可的地步。

格拉古兄弟进行相关改革，对历史的发展产生深远影响。

提比略·格拉古和盖乌斯·格拉古是西班牙总督格拉古的儿子。他们幼年丧父，但在科内莉娅抚养下，受希腊文化和民主思想熏陶，勤奋研习文学、哲学和雄辩术，具备杰出演说才能。不仅如此，他们好多家族成员身居要职。

提比略·格拉古年轻时进入军中服役，参加过远征迦太基战争，在摧毁迦太基城最后一战中建立功勋。公元前 137 年，他出任财政官，率罗马军转战西班牙。在征途中，提比略目睹农田里大批奴隶在耕作，几乎看不到干活的自耕农。他意识到自耕农没落了。

在战争中，罗马军团兵力不足，得不到补充。提比略·格拉古调查研究后，发现根源在于自耕农失去土地，沦为游民，自由农民寥寥无几，土地和财富都集中在奴隶主手中。他认为，为了长治久安，非进行改革不可。于是，他从元老派变成改革派，积极准备进行改革。

在改革派支持和平民拥戴下，提比略·格拉古在公元前 133 年当选保民官。就职后，他立即签署克劳狄乌斯等人提出的土地法案。

法案限制公地占有额和分配超占土地，规定：每户家长所占公地以 500 尤格为限，如有儿子，则长子、次子可各占 250 尤格，但每户占田总额不得超过 1000 尤格。所占公地永久所有，免交租金。超占地以偿付地价为条件收归国有，划成 30 尤格的份地，分给贫穷农民。此项份地要交纳少量租金，世袭占有，不得出卖或转让。土地分配由每年选举一次的三人委员会主持办理。坎帕尼亚肥沃的土地不在此法案计划之内。

提比略·格拉古事先不征询元老院的意见，将法案直接提交平民大会。为争取法案通过，提比略·格拉古在平民大会上发表演说。他动人心弦、感人肺腑的言论，深合民意。民众齐声拥护土地法。

此法案虽然温和、委曲求全，但它触动了奴隶主、大庄园主的利益，遭到贵族地主，特别是元老院保守势力的仇视和反对。他们造谣惑众，说提比略·格拉古意图制造国家混乱，拉拢另一个保民官奥克塔维乌斯，唆使他运用否决权，阻止法案通过。

奥克塔维乌斯占有大片公地，既重私利，又经不起权贵利诱，不顾民心向背和提比略再三劝告，行使否决权，致使公民大会被迫休会。

反对派的破坏和人民的拥护都推动了提比略·格拉古采取激烈和坚决措施，即命令奴隶主无偿交出违法超占土地。同时，他颁布法令：在法案表决前，禁止所有行政长官处理公务，封闭国库所在地萨杜尔努斯神殿，从而停止国家机构正常运作。

提比略·格拉古仍对反对派存有幻想，以弥补损失方式拉拢奥克塔维乌斯，遭到失败。他只好召集公民大会，提出违背公民利益的保民官能否继续任职问题，并付诸表决。表决结果一致要求罢黜奥克塔维乌斯，并通过土地法。同时，公民大会选出提比略、阿庇乌斯·克劳狄乌斯和盖乌斯组成的三人委员会。

土地分配法案实施困难重重，因公地的情况年久失察，奴隶主们化公为私多方隐瞒，且一部分农民无力置备工具、种子等生产资料，即使分得土地也实同没有。以大祭司长纳西卡为首的反对派多方作梗，从中破坏，拒绝批准给予提比略·格拉古必要经费，还利用无赖之徒指控他废黜奥克塔维乌斯是侵犯保民官的神圣权利。

公元前 133 年夏，帕加马国王阿塔洛斯三世临死前立遗嘱，将帕加马赠给罗马。这件事在罗马也引起激烈争论——不是要不要帕加马的问题，而是如何分配“天上掉的馅饼”。提比略·格拉古为代表的改革派与元老院展开激烈争论，遭到攻击。

提比略·格拉古不甘示弱，决定竞选连任下一年度保民官，提出缩短兵役期限，授予公民有权上诉法官的判决，以及在只有元老才能充任法官之外，增加同等数目骑士阶层出身的法官等一系列新法案。他的目的在于削弱元老院特权和扩大改革派支持群体。 不过，根据公元前 180 年颁布的《维里乌斯法》规定，同一人两次担任高级长官，必须有一个间隔时期，即不得连续两年选举同一人担任高级长官。反对派在选举前以“连任保民官出乎常规”为借口，大造提比略欲施暴政的舆论，还暗中策划寻衅闹事。

与此同时，城市平民改革积极性因提比略·格拉古扩大改革范围而有所降低，农民忙于收获，无暇入城开会。形势发生不利于提比略·格拉古的变化。选举日当天，反对派混入人群，造成纷扰，迫使会议中断。第二天，公民们在原地集会，元老院也在忠诚女神庙聚会。大祭司长纳西卡率一群元老、门客、家奴冲入会场，操起板凳等疯狂砸打提比略·格拉古。

提比略·格拉古及其拥护者300余人被打死。事后，反对派不顾盖乌斯·格拉古领回死难者遗体的要求，在夜间把提比略·格拉古以及其他死难者的尸体投入台伯河。同时，在波庇里乌斯主持下，改革派遭到迫害，或放逐或处死，一些人甚至被关在放进毒蛇的笼子里。

改革派人士英勇殉难，改革运动并未停止。公元前124年12月10日，盖乌斯·格拉古出任保民官。盖乌斯·格拉古经常怀着哀恸之情发表演说，回顾哥哥提比略·格拉古的悲惨遭遇，痛斥权贵违反祖宗律例残杀保民官，以激发民情，准备改革。为惩治扼杀改革凶犯，他在公民大会上弹劾波庇里乌斯，导致波庇里乌斯被放逐。

盖乌斯·格拉古改革面临三大问题：土地问题、政治民主化问题、授予意大利人公民权问题。盖乌斯·格拉古把三大问题提上日程，将其结合起来，从公元前123年开始，在两届保民官任期内分阶段地陆续提出并实施一些法案：土地法、粮食法、审判法、军事法、筑路法、卸任执政官治理行省法和亚细亚行省包税法。这些法案带有改善自由民权利和限制贵族特权性质，比提比略·格拉古改革涉及范围更广、更全面。

公元前122年，盖乌斯·格拉古连任保民官。随后，他提出两项更加激进的新法：殖民法和公民权法。殖民法是土地法的必要补充。罗马不断建立殖民地，如何管理殖民地，殖民地土地属于谁，如何分配殖民地利益，必须法律做出明文规定。关于公民权法案，包括两个方面，一是授予拉丁同盟者以罗马公民权，一是给意大利同盟者以拉丁公民权。

两项法案顺乎历史潮流。罗马公民怀恋故土又坚守特权，导致两项法案无法通过。反对派趁机施展诡诈手段，利用另一个保民官德鲁苏斯提出的乍看起来更加激进诱人的法案，以取悦和笼络公民们，从而破坏盖乌斯·格拉古的威信。

德鲁苏斯提出在意大利建立12个殖民地，向每一殖民地遣送3000名贫民，免除分给公地农民应交租金。但意大利已无可供殖民的土地。关于公民权问题，德鲁苏斯只提出禁止罗马军事长官用棍棒责打拉丁人法案，回避实质问题。一些人不明真相，轻信欺骗，对盖乌斯·格拉古新法表示怀疑和不满。

公元前 122 年春，盖乌斯与另一个保民官弗拉库斯被派到迦太基筹建殖民地。他们主张在迦太基故地划定殖民地，安置 6000 名公民，每人至多分配 200 尤格土地。反对派造谣滋事。同时，反对派乘盖乌斯外出之机，安排执政官人选，准备再次扼杀改革运动。

盖乌斯在迦太基故土驻留了 70 天，完成筹建事宜，将新建殖民地命名为朱诺尼亚，然后匆匆返回罗马城。

返回罗马城后，盖乌斯·格拉古提出更激进的公民权法案，即授予意大利同盟者罗马公民权。大量意大利人涌入罗马城支持盖乌斯·格拉古。元老院授权执政官法尼乌斯，派兵将一切非罗马人逐出罗马城，命令意大利同盟者在会议期间不得在离罗马城 40 斯塔狄昂①范围内出现，更不得进入罗马城。

盖乌斯·格拉古束手无策，法案终被否决。此举损害了盖乌斯·格拉古的威信，加上反对派在选举中舞弊，他在第三任保民官竞选中失败。相反，公元前 121 年宿敌奥庇米乌斯却当选执政官。奥庇米乌斯着手废除盖乌斯·格拉古推出的法案。

反对派利用讨论迦太基殖民地问题机会挑起事端。保民官卢福斯提出取消迦太基殖民地法案。为此，罗马人在卡皮托里乌姆召开公民大会。集会时，反对派有人称“盖乌斯党人为流氓”，并做出侮辱手势，蓄意激怒改革派。在盛怒之下，盖乌斯·格拉古的支持者刺死了那个人。

元老们借机做哀兵姿态，陈尸广场，举尸游行。执政官奥庇米乌斯以挽救罗马、镇压僭主为名，命令元老、骑士率门客武装占领卡皮托里乌姆山丘。第二天早上，改革派也占据阿芬丁山丘。

盖乌斯·格拉古还幻想和平解决争端，拒绝武装对立，派人到元老院议和。执政官奥庇米乌斯不顾信义，扣押使者，下令进攻阿芬丁山。改革派经不住有组织的武装袭击，迅即溃散。盖乌斯·格拉古逃到台伯河对岸。追兵迫近，盖乌斯·格拉古不甘被俘，命令随从奴隶杀死他。奴隶杀死盖乌斯·格拉古后自杀。

格拉古兄弟为了改革，被反对派先后杀害。不过，历史前进的车轮谁都挡不住。自由民主导的改革失败，那些权利意识觉醒的同盟者却起来继续斗争。

---

① 40 斯塔狄昂，约合 70 千米。

第六章　罗马公民权的分配

罗马的公民权是一种身份，更是一种权力，附有很多资源。罗马势力范围越来越大，统治人口变多，越来越多的人重视公民权。贵族、平民、同盟者，甚至奴隶，为争夺自身权力斗争得头破血流。

1. 争取罗马公民权

同盟搭伙搞扩张，在打败对方后，迫使对方签订和约，成为同盟或者从属国，是罗马不断赢得对外战争的法宝。而管理同盟者的法宝是分而治之。

在 200 多年里，通过政治法律影响和经济文化交流，亚平宁半岛各城邦逐渐拉丁化、罗马化。不过，在社会地位上，各城邦的人和罗马人俨然两个等级。同盟者用生命和鲜血协助罗马开疆拓土，却分不到一尤格“公有地”，却没权参与罗马政治生活，更无权问津各级官职。他们遭到罗马人的歧视和压迫。

同盟者认为，这一切不平等待遇根源就在于他们没有罗马公民权。罗马是小城邦时，各城邦居民并不十分青睐罗马的公民权。罗马人也经常将公民权惠赠盟友，拉拢同盟者搭伙扩张。罗马征服亚平宁半岛各城邦、独霸地中海后，同盟者降到隶属地位，罗马公民权的价值越来越彰显，罗马人也非常吝啬罗马公民权。

罗马公民权能带来巨大政治利益和物质利益。一些在战争中同样出力的同盟者城邦人迫切要求获得罗马公民权。罗马人把公民权看作禁脔，拒绝和同盟者分享。

同盟者城邦的人采取种种手段获得罗马公民权，导致罗马“非法移民”越来越多。罗马人也采取措施维护公民权。公元前286年，罗马监察官发现有1.2万“非法移民”，将他们全部赶走。公元前187年、前177年、前172年、前168年，罗马多次采取措施，限制外来移民。公元前126年，罗马人颁布“潘努斯法”，从罗马城驱逐所有同盟者城邦的移民。

排外政策激起了同盟者城邦人不满。他们转而公开向罗马人要公民权。罗马个别有远见的民主派领袖主张向同盟者城邦人授予公民权，扩大统治基础，有利于罗马的巩固和发展。元老派不愿意。在民主派与元老派斗争中，争取同盟者的罗马公民权也逐渐成为重要内容。

公元前125年，保民官福尔维乌斯·弗拉库斯首次提出向同盟者授予公民权议案。保守势力坚决反对，议案没有通过。同盟者得知消息非常气愤。弗列盖列城还爆发起义。罗马元老院派兵将起义残酷镇压。公元前122年，民主派领袖、保民官盖乌斯·格拉古又提出公民权议案。大批同盟者涌入罗马城，支持盖乌斯议案，但被执政官法尼乌斯派兵驱逐，议案再次遭到否决。

公元前100年，保民官萨杜尔尼努斯与军事领袖马略结盟，强行通过共同拟订的土地法案。该法案计划将阿非利加和那旁高卢等行省的公有地分给马略老兵[①]，包括服役的同盟者城邦人。这一措施变相把罗马公民权授予了那些同盟者城邦的人。

不过，萨杜尔尼努斯的努力失败。同盟者城邦人的幻想再次成为泡影。公元前95年，苛刻严厉的《李锡尼穆西乌斯法》剥夺了同盟者城邦人已“非法”获取的公民权，再次将罗马城内同盟者城邦的人驱逐出去。

---

① 马略老兵，此处指坚决支持马略的那些军人。

民主派领袖相继失败和遇难。同盟者在心理上受到创伤。不过，他们对罗马当局仍然抱有一线希望，在罗马贵族中找到一个新的同情者——保民官李维·德鲁苏。

公元前91年，保民官李维·德鲁苏提出试图调和各方利益的议案：将司法权归还元老院，同时在元老院增加300名骑士出身的成员；向贫穷公民廉价售粮，并分配坎帕尼亚和西西里剩余的公有地；授予同盟者城邦人罗马公民权。事与愿违，这份议案招致罗马人普遍反对。

在议案即将付诸表决时，李维·德鲁苏被无名刺客暗杀。同盟者城邦人通过合法途径获得罗马公民权的最后希望也随着李维·德鲁苏死去而被埋葬。同盟者城邦人绝望地拿起武器，以马尔西人为核心，皮凯努姆人、皮里根尼人、维斯提尼人、玛鲁西尼人、萨姆尼持人、卢卡尼亚人和阿普里亚人等，组成秘密反罗马联盟。他们互相交换人质，商定同时发动起义。

公元前91年底，罗马大法官塞尔维利乌斯获悉，同盟者城邦阿斯库鲁姆正和邻近城邦交换人质，便赶到那里，向集会市民发表威胁性训话，结果激起市民公愤，被当场打死。随后，阿斯库鲁姆长官尤达西略命令关闭城门，将住在城内的罗马人统统处死。阿斯库鲁姆起义爆发，随即蔓延到邻近地区。

马尔西人带头向罗马宣战，参加反罗马联盟的各城邦、公社纷纷响应。除伊达拉里亚人和翁布里亚人外，几乎所有亚平宁半岛同盟者都卷入起义。

即使在此时，同盟者还是派代表向罗马元老院提出呼吁。罗马元老院拒绝这种用剑强逼的请求，勒令同盟者城邦人放下武器。同盟者战争不可避免地爆发。

同盟者诸城邦既然已向罗马宣战，便不再乞求罗马公民权，组建起新联盟共和国。新国家定都于起义地区心脏——皮里根尼人的城市科芬尼乌姆，命名为“意大利”。这个新国家授予所有起义同盟者城邦人公民权。新国家按照罗马模式组建：由选自各起义城邦的500名成员组成元老院，作为国家领导核心；在起义领袖中选出2名执政官和12名大法官，授予他们军事、行政和司法权力；同盟者城邦公民大会预定在首都召集；萨伯利安各族通用的奥斯坎语与拉丁语共同成为新国家官方语言。

起义军有10万之众，无论是统帅指挥才能，还是士兵素质及武器装备，都不次于罗马军。同盟者诸城邦长期作为辅助军队随同罗马军征战，对罗马军事力量熟谙深知。起义中心距离罗马城相当近，对罗马构成了严重威胁。

起义地区广大，但许多效忠罗马的要塞据点散布其间。起义者不得不将对罗马要塞围攻战与各自领土保卫战结合起来。罗马军被迫同时与遍布各地的起义者作战。起义者没能集中兵力进攻罗马城。罗马军也难以一举扑灭起义。

同盟者起义军分为南北两部分，罗马军不得不分路迎战。从皮凯努姆和阿布鲁滋河到坎帕尼亚北界，说拉丁语城邦的起义军首领昆图斯·西罗。负责镇压的罗马军统帅是茹提略·卢普斯。南方战区包括坎帕尼亚、萨姆尼乌姆、卢卡尼亚和阿普里亚。起义军首领是巴比乌斯·穆提鲁斯。负责镇压的罗马军统帅是路西乌斯①。

整个亚平宁半岛都陷入同盟者战争中，罗马能出动的将领全部出动。罗马军统帅配有副将，负责指挥特定地区战争。按照罗马传统，两位执政官是率军出征统帅，其他诸如盖约·马略、庞培·斯特拉波和苏拉等著名罗马将领，都以副将身份随军出征。

战争第一年，即公元前90年，起义军在南北战区都占明显优势。他们重点围攻境内罗马军要塞，并在许多地方突破了罗马军防线。

在南方战区，斯卡托率起义军大败路西乌斯所率的罗马军，占领维那弗伦。爱塞尔尼亚的罗马军闻风而降。姆彭尼乌斯率在卢卡尼亚活动的起义军，重创普布利乌斯·克拉苏所部罗马军，占领要塞格罗门敦。巴比乌斯·穆提鲁斯率起义军击败波波那所部罗马军，率军攻占坎帕尼亚。诺拉、庞贝等城市拱手投降。许多罗马士兵阵前倒戈，被解放的奴隶纷纷加入起义军。

在北方战区，尤达西略率领的一路起义军，和拉夫伦率领的一支起义军，联合击败庞培·斯特拉波所部罗马军，将他围困在费尔姆。随后，北方起义军抽出一部分兵力，前去支援南方。尤达西略率起义军突入阿普里亚。卡努辛、维努西亚等城市倒向起义军。

---

① 全名路西乌斯·科尔涅利乌斯·苏拉（公元前138—前78年），古罗马著名统帅，奴隶主政治家，第一位终身独裁官。他开创军事独裁先河，为罗马帝国的建立奠定基础。

同盟者城邦起义军取得一连串胜利。仍然忠于罗马的伊达拉里亚人和翁布里亚人动摇起来。个别公社归附起义军，大多数在犹豫观望中。起义的同盟者城邦派使节向本都国王米特拉达梯六世寻求援助。

罗马面临同盟者与本都人内外夹击。罗马元老院意识到事态严重，宣布处于紧急状态。罗马元老院评估一番后，广泛采用马略军事改革创建的募兵制，雇用众多被军饷和劫掠机会吸引来的流氓无产者，将大批蛮族人编入军队，投入各个战场，甚至破例招募被释放的奴隶。

将蛮族人征召进入罗马军，如同饮鸩止渴，为日后罗马的危机甚至亡国埋下了伏笔。因为，同盟者城邦人是罗马开疆拓土的重要贡献者，利用“外人”来对付“亲人”，会导致罗马统治者丧失人心。

在继续加强军事镇压的同时，罗马元老院迫于本都人咄咄逼人的气势，对同盟者采取让步政策。公元前 90 年底，执政官路西乌斯·尤利乌斯·恺撒提出议案，向所有仍忠于罗马的同盟者授予罗马公民权。议案通过并成为《尤利乌斯法》，向亚平宁半岛各城邦公布。这对广大同盟者来说，是平息起义的根本之策，对参与起义的同盟者来说，无疑是釜底抽薪。

《尤利乌斯法》有效地制止了同盟者起义进一步扩展。那些忠顺罗马的人更加忠顺，那些动摇的人坚定了，那些反对者情绪缓和下来。始终忠于罗马的伊达拉里亚人和翁布里亚人率先获得罗马公民权。

公元前 89 年初，罗马元老院又颁布《普劳提乌斯·帕皮利乌斯法》。该法案宣布：凡是在 60 天内放下武器，并向罗马长官登记申请的同盟者，都可以得到罗马公民权。这旨在瓦解起义军阵营。

在招抚投降者的同时，罗马军对顽抗的起义军进行更残酷镇压。得到大量补充的罗马军调整战线，在南北战区同时进攻，夺取战争主动权。在北方战区，伊达拉里亚人和翁布里亚人奉命伏击了马尔西人组成的 1.5 万人的起义军。

波尔西乌斯·加图率罗马军进一步进攻马尔西人。马尔西人奋起抵抗。在福兴湖战役中，波尔西乌斯·加图阵亡。斯特拉波统一指挥北方战区的罗马军。经过一番调整后，罗马军又与起义军在阿斯库鲁姆周边展开大战。转战在阿普里亚的尤达西略率皮凯努姆军回救。阿斯库鲁姆城下一战，起义军损失惨重。尤达西略率少数队伍冲入城内。罗马军围攻阿斯库鲁姆城。在坚守数月后，尤达西略见局势变得无望，下令处死亲罗马分子，然后自尽。

罗马军占领放弃抵抗的阿斯库鲁姆城后，把守城将领和坚定反罗马的市民全部处死，没收他们的财产，然后将其余居民驱赶出城。阿斯库鲁姆是同盟者在北方的堡垒，它的陷落引起了亚平宁半岛中部起义军全线崩溃。

苏尔皮西乌斯率罗马军降服玛鲁西尼人，并进一步降服马尔西人。维斯提尼人和皮里根尼人则投降斯特拉波。起义者首都“意大利”再次改名为科芬尼乌姆。同盟者首脑机关在公元前 88 年初迁到萨姆尼乌姆的爱塞尔尼亚。成功镇压亚平宁半岛中部起义军后，庞培·斯特拉波在罗马城举行盛大凯旋式。

苏拉接替路西乌斯·恺撒统率南方战区的罗马军。苏拉率罗马军进入坎帕尼亚，相继攻克斯塔比埃、赫库拉纽姆和庞贝诸城。在诺拉城下，苏拉率罗马军取得一个胜利。不久，他率罗马军击溃以善战著称的萨姆尼特军主力，攻克萨姆尼特军首府波维亚努姆。与此同时，阿普里亚也被罗马军队攻占。

公元前 88 年初，罗马只剩下亚平宁半岛南部战事尚未结束，但坎帕尼亚、诺拉城、阿普里亚、维努西亚等重要城市，都掌握在罗马人手中。此外，罗马人切断了萨姆尼乌姆和卢卡尼亚 - 布鲁提伊之间的联系。

同盟者起义的“灵魂”是马尔西人首领昆图斯·西罗。北方战区的起义被镇压下去后，昆图斯·西罗撤到萨姆尼乌姆，与穆提鲁斯共同领导起义军，以爱塞尔尼亚为中心，坚持抗击罗马人。

昆图斯·西罗号召全亚平宁半岛奴隶起义，敦促本都王米特拉达梯六世出兵救援。昆图斯·西罗率起义军一度收复波维亚努姆，甚至模仿罗马人举行了盛大的凯旋仪式。遗憾的是，昆图斯·西罗在阿普里亚一次血战中战死。在萨姆尼乌姆和卢卡尼亚 - 布鲁提伊等地，零星起义军一直坚持战斗到公元前 82 年。

诸城邦同盟者反罗马战争具有划时代意义。战争后，罗马的政治面貌和制度发生变化，罗马成为全亚平宁半岛统一的单一国家，各城邦都降为普通自治市，罗马城成为国家首都。这扩大了罗马统治基础。

2. 为独享权利而死磕

在同盟者战争中，无论是罗马元老院贵族，还是代表自由民的民主派，根本利益一致，但他们之间的矛盾并没有消失。在同盟者战争快结束时，围绕任命本都战场统帅问题，元老院和民主派之间斗争再度凸显。

本都军进攻给罗马造成很大威胁。为对付本都军，罗马制定有条件给同盟者罗马公民权法案，实现瓦解并消灭同盟者起义军目的。在同盟者起义军势力衰弱时，罗马元老院决定出兵打击本都军。在谁出任统帅上，元老院与民主派斗争尖锐。

元老院贵族推举苏拉。苏拉凶残而狡猾，忠实拥护贵族政治。骑士、新公民、城市平民反对苏拉担任统帅，一致推举马略。两派都希望自己所推举的人担任军队统帅。最终，在元老院贵族支持下，苏拉当选执政官，取得军队统率权。随苏拉出征的骑士、新公民、城市平民心里都不乐意。

公元前 88 年，苏拉刚离开罗马城，到坎帕尼亚去，保民官卢福斯就提出法案，建议把新公民分配到 35 个特里布斯[①]，把远征东方的军队交给马略指挥。卢福斯不顾元老院种种阻挠，依靠新公民和马略老兵支持，强行通过法案。

苏拉得知消息，立即返回罗马城。在挨斯揆林门广场附近，两派发生激烈冲突。经过交锋后，苏拉率军占领罗马城。马略及其同党战败，逃往努米底亚。保民官卢福斯被杀，头颅被挂在他曾发表演说的讲坛上。罗马军攻进罗马城内，砍杀罗马合法选出的保民官，这是罗马历史上首次军事将领武力征服保民官，为后来军事将领干政开了不好的先例。“从此以后，廉耻心和法律、制度或国家对

① 特里布斯是罗马早期的平民会议，后指代罗马地方组织单位。

于暴行都失去了约束力。”[①]

苏拉控制罗马城后，宣布卢福斯主持通过的法案无效，迫使公民会议通过几项反动法令：“恢复贵族占优势的百人团会议[②]；从大土地所有者中间选出300人补充到元老院，并规定任何法案不经元老院批准不得提交百人团会议；取消保民官的否决权。”这些措施旨在恢复元老院的权力，巩固贵族豪门的势力，从根本上剥夺数百年来平民斗争得到的权利，打击刚刚获得政治权力的新公民，为社会矛盾再次激化埋下祸根。

稳定政局后，苏拉又率军去攻打本都。败逃的民主派趁机在罗马城活动。他们由秘密暗杀发展到公开暴动，结果遭到元老派残酷镇压。

城内骚动并没停止，平民不满情绪与日俱增。公元前87年，在平民和骑士阶层支持下，苏拉政敌秦那当选为执政官。秦那是民主派代表，在平民中享有威信。执政后，他提出新改革法案：把新公民分配到35个特里布斯；大赦苏拉政变期间被宣布为公敌的人。

在法案投票表决时，民主派和元老派发生冲突，有1万人死亡。这不亚于一场中等规模战争的死亡人数，充分说明投票表决就是战争。

为了有效地同元老派进行斗争，秦那以执政官身份到加普亚和其他一些同盟城邦，去募集军队和金钱。那些城邦的居民刚刚获得公民权，苏拉的反动措施引起他们强烈不满。在秦那鼓动下，他们积极出钱出人。在很短时间内，秦那就募集到一支由同盟者居民组成的军队以及大量军费。

流亡在非洲的马略听到秦那募军的消息，带同党和500名奴隶，乘船到伊达拉里亚。在伊达拉里亚，他聚集了一支6000人的军队。随后，马略率军与秦那所部会合。

两军会合后，他们分三路包围罗马城，切断罗马城的粮食供应。秦那派人在罗马城附近宣传，投降过来的奴隶，都可以获得自由。许多奴隶得知消息，纷纷前来归附。马略所部更加壮大。元老院贵族感到胜利无望，粮荒又威胁着罗马

---

① 见阿庇安著《罗马史》下卷，商务印书馆1976年版。

② 百人团会议，也就是森都利亚会议。

城，不得不屈服。

公元前 87 年 6 月，马略率军进入罗马城。苏拉的追随者和一些元老院贵族逃之夭夭。没来得及逃跑的，多被杀死。苏拉被元老院宣布为公敌。他的房屋被拆除，他的财产被没收。

马略控制元老院后，宣布恢复卢福斯的法案，取消部分债务，增加粮食分配。亚平宁半岛新公民被分到 35 个特里布斯中去，各城邦也按照罗马组织形式进行改组。

公元前 86 年，马略去世；公元前 84 年，秦那也去世。民主派核心人物相继死去。

罗马与本都的战争以本都王米特拉达梯六世自杀而结束。公元前 83 年，苏拉率 3 万名步兵、6000 名骑兵和众多战舰，在东南部勃隆度辛登陆。失势豪门贵族纷纷前来投奔苏拉，包括梅特拉斯、庞培和克拉苏等人，都率军前来与苏拉所部会合。

苏拉率军回师的消息传来，马略党成员惊恐万状。执政官诺巴那斯和琉西阿斯·西庇阿急忙派人到各地募集军队和军饷。在城乡广大平民支持下，他们募集到 10 万大军，加上原有军队，兵力达到 20 万人。然而，这些临时拼凑起来的军队，人数众多，但人员素质差，装备差，组织涣散，纪律不严，无法和苏拉手下久经沙场的老兵相对抗。多次交战，马略党属下军队多次被打败。

公元前 83 年，苏拉率支持元老派的罗马军和诺巴那斯率支持民主派的罗马军，在卡西利农决战。面对苏拉手下久经战场的老兵，诺巴那斯率领的临时组织的军队不堪一击。一战下来，诺巴那斯手下 6000 人被杀，而苏拉手下仅伤亡 70 人。

苏拉和梅特拉斯率领罗马军向替隆进军。西庇阿率领另一支支持民主派的军队向苏拉和梅特拉斯所率罗马军进攻。西庇阿手下的士兵不愿内战，要求议和。苏拉利用西庇阿手下士兵失败后的厌战情绪，巧妙地派人打入其内部进行分化瓦解。结果，西庇阿所率的军队全部投降。

苏拉所率的军队节节胜利，战争不断向前推进。

公元前 82 年，卡波和盖乌斯·马略一起当选执政官。盖乌斯·马略是马略的儿子，被人称作小马略。小马略勇敢而坚毅，深受民主派和马略老兵拥护。年仅 20 岁的小马略积极备战，下决心把反苏拉战争继续下去，直至彻底击败支持元老派的军队。

公元前 82 年春，在伊西斯河畔，卡波率支持民主派的军队和梅特拉斯率支持元老派的军队发生激战。支持民主派的军队溃逃。接着，两岸村镇纷纷倒向，支持梅特拉斯。与此同时，小马略率另一支军队，在一个叫圣湖的地方与苏拉所率军队遭遇。小马略所率的军队一触即溃，有 5 个大队[①]步兵、2 个大队骑兵投降苏拉。

小马略率残部逃往普勒尼斯特城。苏拉率军紧紧追赶。为了防止苏拉率军乘势冲入城内，普勒尼斯特城守军未开城门，用绳子把小马略拉到城上。留在城下的小马略所率的士兵遭到了屠杀。特别是萨谟尼安人，他们始终不向罗马人屈服，被苏拉手下全部杀死。苏拉所部肃清外围残敌后，对普勒尼斯特城形成包围之势。

小马略感到突围无望。他知道，罗马城不久也要被苏拉占领，就秘密写信给罗马城里的马略追随者。罗马城内不少贵族被捕杀，尸体被抛进台伯河。

苏拉得知消息，非常恼怒。为了挽救罗马城里的亲信，苏拉留下一支军队继续围攻普勒尼斯特，亲自率军急速向罗马城进发。沿途城镇不战而降，苏拉率军马不停蹄地赶往罗马城。罗马元老院惶恐不安，开门迎接苏拉所率的军队。马略的追随者纷纷逃跑。

苏拉率军进城后，召开人民会议，说明自己率军进城的目的，要居民振作精神，不要担惊受怕。此举旨在稳定民心，解除后顾之忧。安抚完毕，苏拉离开罗马城，又率军去攻打普勒尼斯特城。

公元前 82 年秋，执政官卡波派马喜阿斯率领 8 个军团[②]去支援普勒尼斯特。在途中，马喜阿斯所率军队遭到苏拉爱将庞培所部罗马军伏击，除一个军团投降外，其他的都被歼灭。马喜阿斯只身逃走。不久，萨谟尼安人、琉卡尼亚人等部族集结 7 万大军去援救小马略，也遭苏拉所部罗马军截击，无法靠近普勒尼斯特城。

---

① 大队，罗马军的每个大队约有 500 人。

② 军团，罗马军的每个军团约 4500 到 6000 人。

支持民主派的军队接连失利，卡波灰心丧气，弃军逃往阿非利加行省。萨谟尼安人因无法突破苏拉所部的防线，便挥师西进，直取罗马城。苏拉闻讯，立即率军尾随。

公元前 82 年 11 月 1 日晚，支持民主派的罗马军和支持元老派的罗马军在科林门外激战。双方都为自己的梦想和所支持的政治派别而拼命。一夜之间，双方死亡的人达 5 万。最终，苏拉所率的军队获胜。

苏拉下令把马喜阿斯、卡赖那斯的头挂在普勒尼斯特城墙上。普勒尼斯特人看到他们的头，知道支持民主派的军队战败，外援无望，便将普勒尼斯特城献给苏拉。小马略藏在地道中，不久在绝望中自杀。

苏拉和马略追随者之间的斗争结束。这次内战虽然很短，战争之残酷却是空前的。死于这次战争的有 10 万人之多，亚平宁半岛血流成河，田园荒芜，民穷财尽，给罗马人带来空前灾难。

在平民和奴隶的血泊上，苏拉建立独裁政权，总揽全国军政和司法大权，成为罗马历史上首位无限期独裁官。

独裁官无限期标志着共和政体的基本原则已被废除。

3. 角斗士造反

罗马将地中海变为内湖后，扩张战争渐少，新奴隶来源随之减少，原来的奴隶遭受剥削更重。罗马内部争权夺利斗争此起彼伏，民主派和元老派斗争、同盟者斗争……国力内耗严重，一些奴隶也趁机进行武装反抗。一个叫斯巴达克的奴隶举起了反罗马旗帜。

斯巴达克是色雷斯人。公元前 80 年，在色雷斯与罗马战争中，斯巴达克被俘虏。起初，斯巴达克被安排在罗马辅助军队中服役，后因多次逃亡，被卖为奴隶。

斯巴达克魁梧英俊、臂力过人，在卡普亚一所训练角斗士学校做角斗奴。

角斗奴遭受非人待遇。罗马人以角斗奴互相残杀为乐，角斗奴们对此无比愤慨。斯巴达克决定率同伴逃出牢笼。

斯巴达克对众角斗奴说："与其以生命在剧场里冒险，不如为自由而去担当风险。"在斯巴达克鼓动下，200 名角斗奴愿意参加暴动。谋划泄露后，斯巴达克当机立断，提前行动，在公元前 73 年春末率 70 余名角斗奴，手持刀叉，以迅雷不及掩耳之势杀死卫兵，逃出城市，躲进维苏威深山。起义者推选斯巴达克为首领，高卢人克利克苏斯和日耳曼人恩诺马乌斯为副将，组建起义军。

起义军在维苏威扎寨初期，罗马元老院并未当多大个事。奴隶逃亡司空见惯。元老院正苦于内忧外患，无暇顾及镇压几十个人的起义。

起义军因利乘便积聚力量。在短短几个月里，他们缴获当地驻军大量武器，从附近庄园、城市补充了大批给养。起义军纪律严明，深得奴隶与贫民欢迎和支持，队伍迅速壮大，很快发展到 1 万多人。

起义军日益壮大，愈来愈多的奴隶主惶恐不安。元老院决定派兵消灭斯巴达克起义军。公元前 72 年春，元老院派克劳狄乌斯率罗马军征剿起义军。

克劳狄乌斯率 3000 名罗马军抵达维苏威山后，切断起义军退路，将起义军围困在悬崖峭壁之上，企图逼迫他们投降。起义军因地制宜，用山上的野葡萄藤编成绳梯，沿着绳子下到山脚下，绕至敌后，突袭敌人，出奇制胜。这一战打击了罗马军的嚣张气焰，提高了起义军的士气，显示了斯巴达克的卓越军事才能。

斯巴达克深谋远虑，因势利导，趁机扩建武装。他吸收前来投奔的坎帕尼亚奴隶和破产农牧民，将起义军编成投枪兵、主力兵、后备兵和骑兵。

同年秋，斯巴达克率起义军浩浩荡荡从坎帕尼亚向亚得里亚海挺进。罗马元老院闻讯，派瓦里尼乌斯率临时凑集的两个杂牌军团约 1.2 万人去截击。斯巴达克采用分进合围战术，运筹帷幄，寻找罗马军薄弱环节，集中精兵逐个击破。

交战开始，斯巴达克先派出精兵杀向副将傅利乌斯所率的 2000 名罗马军，获得胜利后，回转杀向前来增援的另一副将科辛纽斯所部罗马军。科辛纽斯所部全军溃败，本人也葬身沙场。

瓦里尼乌斯见此情景，旋即改变战术，收缩兵力，将起义军逼到一荒无人烟、崎岖难行的山区。他命令士兵在起义军前方修垒挖堑，扎营下寨，企图困死起义军。因连续作战，起义军人人力尽筋疲，兵器损耗甚巨，粮食殆尽，气候变冷，形势十分危急。尽管如此，他们临危不惧，“宁肯死于刀剑，也不死于饥饿”，积极筹划突围。斯巴达克意识到敌强己弱，强攻必败，便巧施计谋。在一个夜间，他让士兵和平素一样在营地点起篝火，制造在宿营的假象，然后率起义军神不知鬼不觉地沿山路突围出去。第二天，瓦里尼乌斯才得知起义军突围，气急败坏率军追击。

斯巴达克预料到瓦里尼乌斯会率军追击，在成功突围后，命令起义军择有利地形，设下埋伏，待敌出现。瓦里尼乌斯所率罗马军被打得措手不及，溃不成军。瓦里尼乌斯也险些被俘。元老院想让瓦里尼乌斯率罗马军挽回维苏威败局，以壮军威，结果却适得其反，损将折兵。

不过，在大败瓦里尼乌斯所部罗马军后，起义军首领在战略上产生分歧。斯巴达克主张率起义军立即北上，尽快翻越阿尔卑斯山出境。克利克苏斯坚持起义军继续与罗马军斗争。双方谁也无法说服谁，最终，克利克苏斯与斯巴达克分道扬镳。

起义军分裂，不仅削弱了军力，涣散了军心，给了罗马军可乘之机。公元前 72 年冬，林图鲁斯和格里乌斯分别率罗马军围堵起义军。在阿普里亚加尔干诺山附近，格里乌斯所率罗马军围攻克利克苏斯所率起义军。虽然克利克苏斯及其部下顽强抵抗，终因寡不敌众，一败涂地，起义军三分之二战士英勇献身。余众突围北上，重归前来援救的斯巴达克所部。

斯巴达克率起义军向东南迂回，准备穿越亚平宁山脉北上，打开通向阿尔卑斯山的道路。他下令烧掉所有无用的东西，杀死所有战俘，屠宰驮兽，轻装前进。一路上，他们前有林图鲁斯在翁布里亚集结的几万罗马军截击，后有进入萨姆尼乌姆山区，准备切断起义军退路的格里乌斯所部罗马军尾追。起义军陷入前后夹攻的被动局面。

斯巴达克率起义军机智灵活地在亚平宁山脉活动，甩掉尾追的罗马军。他率起义军集中全力猛攻林图鲁斯所部罗马军的阵地，成功粉碎林图鲁斯的截击计划。接着，起义军旌旗回转，扑向尾追的格里乌斯所部罗马军。格里乌斯所部罗马军被打个措手不及，招架不住，一败涂地。起义军成功摆脱被动局面。

随后，起义军进行短期休整、扩充，人数达12万人。起义军沿着亚得里亚海岸向北挺进。经过20天急行军，起义军进入山南高卢。山南高卢总督卡西乌斯企图凭借穆提那的坚固防线和手中1万精兵截击。起义军势如破竹，夹攻罗马军，攻克穆提那城。

过穆提那后，起义军朝思暮想的阿尔卑斯山出现在眼前。此刻再没敌人阻截，只要翻过高山，起义军成员就能回到各自的国家，实现北上计划。就在这时刻，起义军突然改变出境计划，烧毁一切多余物质，杀掉多余马匹，急转回师，挥戈南下，攻击罗马境内的城市。

在南下途中，起义军在皮凯努姆遭遇林图鲁斯所率罗马军和格里乌斯所率罗马军联合堵截。一场激战后，罗马军丢盔卸甲，辙乱旗靡。起义军以排山倒海之势向南推进。元老院担心起义军直捣罗马城，宣布全国处于紧急状态。

为保住罗马城，克拉苏率罗马军迅速抵达皮凯努姆，扼守通向罗马城的咽喉之地。进攻罗马城的要道被封锁，斯巴达克认为进攻罗马城的时机尚不成熟，便准备去西西里，联合那里的奴隶，一起反罗马。于是，他率起义军加鞭直指亚平宁半岛南端。

克拉苏急令副将穆米乌斯率两个罗马军团追击，拖住起义军。穆米乌斯利令智昏，求战心切，在跟踪起义军时非常冒进。斯巴达克抓住穆米乌斯的弱点，将计就计在亚平宁峡谷设下埋伏。结果，起义军击败穆米乌斯所部两个罗马军团，歼敌7000余人，飞速穿过萨姆尼乌姆、卢卡尼亚，向南部海滨挺进。

为挽回败局，克拉苏用十一抽杀律①整饬军纪，将罗马军中杀死近4000人。同时，罗马元老院采取措施，迅速扩军。克拉苏手中兵力迅速增至10万人。

---

①十一抽杀律，罗马军团中对叛乱或者大规模临阵脱逃的军队施以集体惩罚的一种手段。要被处以十一抽杀律的军队将被分为每10人一组进行抽签，抽出一人处死，方法通常是用石头砸死或者用棍棒打死。幸存者将只能在罗马军队驻地外过夜而不能受到罗马军队的保护。同时其口粮也不再是小麦，而变为了通常是用以喂食牲口的大麦。

斯巴达克率起义军日夜兼程，马不停蹄，到达墨萨纳海峡，准备渡海去西西里岛。为解决运输问题，起义军曾与西西里的海盗达成协议，租用他们的船只。为阻止起义军进入西西里岛，西西里行省总督维里斯收买海盗，让起义军无法获得船只。斯巴达克曾试图以木筏强渡，但因水势凶猛，风浪太大，渡海不成。起义军滞留在亚平宁半岛最南端。

南下出境计划彻底破产，斯巴达克不得不率起义军重新北上。在起义军南下时，克拉苏制订将起义军困死在亚平宁半岛南端的计划。在起义军到达墨萨纳海峡边后，克拉苏并不率罗马军进行追击，下令士兵在布鲁提伊半岛最狭窄地带挖出深宽各 4.5 米、长 50 千米的深沟，在沟边筑起土墙堤坝。起义军三面临海，一面遭罗马军坚固的防线，陷于进退维谷境地。

公元前 72 年底，罗马局势急剧好转。在西线，庞培率罗马军战胜西班牙各族起义军；在东线，卢库鲁斯率罗马军击退本都军和北方部族军队；在国内，三年粮荒也已结束。面对种种利好，元老院决定调回罗马军主力镇压起义军。卢库鲁斯和庞培各自率军迅速回国，赶往亚平宁半岛南部，配合克拉苏所部作战。形势对起义军更不利。

罗马军三大主力合围起义军，斯巴达克意识到处境危险，主动提出谈判，遭到克拉苏断然拒绝。斯巴达克只好率起义军向克拉苏所部的防线发起一次又一次冲锋，企图在另外两支罗马军赶到前突围。克拉苏早看破企图，命令罗马军借助防御工事抵抗，但决不走出工事追击。起义军几次突围，接连失利，损失 1 万多人。

时至隆冬，起义军的给养耗尽，如果不能冲破封锁，便是坐守待毙。斯巴达克并不气馁，积极寻找进攻的时机。在一个风雪交加的晚上，斯巴达克率三分之一步兵巧妙用树枝、柴草、泥土和敌人的死尸填平一段壕堑，在骑兵掩护下，火速越过防线。这部分步兵成功突围后，攻击罗马军背后，其余起义军趁机冲出包围。

克拉苏困死起义军的计划落空，担心起义军进攻防备虚弱的罗马城，写信给元老院，催促卢库鲁斯和庞培率军前来支援。

斯巴达克率起义军进入卢卡尼亚后，准备到布隆迪西乌姆港，从那里东渡亚得里亚海出境。康尼格斯和卡斯都斯反对此决定，公然率 1.23 万起义军脱离主力。克拉苏抓住机会，率罗马军在鲁干湖畔全歼康尼格斯和卡斯都斯带走的起义军。

得知此消息，斯巴达克预感局势严重，立即率领起义军主力撤退到伯特利亚山中。副将坤图斯和财务官斯科洛得知此消息，误以为起义军败退，率6万罗马军尾追。斯巴达克将这支罗马军引诱到卡鲁恩特河谷，凭借山地有利地形，一举击溃他们。罗马军战死1万多人，斯科洛身负重伤，险些被俘。

克拉苏好大喜功，认为建功立业时机已成熟，不愿意与卢库鲁斯分享战功，急于同起义军交战。斯巴达克率起义军回头跟他对阵，他趁机精心部署12万罗马军，进行大决战。公元前71年春，在阿普里亚境内，斯巴达克率起义军与克拉苏所部罗马军进行生死大决战。

战斗异常残酷，从清晨直杀到黄昏，战场上死伤枕藉，血流成河。斯巴达克始终临危不惧，率军冲杀在前，寻找克拉苏决战。克拉苏并不亲自出阵与斯巴达克对战，充分利用数量优势，指挥罗马军不断围攻起义军，耗费起义军的战斗力。

起义军威武不屈，置生死于度外，顽强地抗击12万罗马军围攻。由于众寡悬殊，起义军愈来愈力不从心，被迫分散突围，以求保存力量。

在关键时刻，斯巴达克的大腿不幸被罗马军百夫长佛里克斯的投枪刺伤。斯巴达克翻身落马，被罗马军团团包围。面对群敌，斯巴达克毫不惧色，像一头愤怒的雄狮，一手举盾，一手挥剑，不停地还击，英勇地战斗到生命的最后一息。

斯巴达克死后，战局急剧恶化。这一仗，起义军阵亡6万人，绝大多数起义军战士战死，只有少数战士突围出去，躲进深山老林。克拉苏丝毫不放松，率12万罗马军加紧围剿。起义军大部分战死，有6000人不幸被俘。克拉苏嗜杀成性，在卡普亚到罗马城沿途竖立十字架，将这些俘虏全部钉死在十字架上。

斯巴达克起义军主力失败后，余部仍旧在各地坚持斗争。其中，一支起义军余部与罗马军进行了约10年斗争后被剿灭。

斯巴达克起义后，罗马人逐步调整统治方式。奴隶主也开始调整，采用隶农制剥削形式，尽量购买不同种族的奴隶，重视使用家生奴隶，允许和鼓励奴隶成家生育子女。罗马奴隶制生产关系得到一定程度调整。

第七章　极端民主的终点

共和时期，罗马对外战争和内部斗争一直不断。通过长期斗争，民主派战胜元老派，将代理人推上元首位置。随着个人声望越来越高以及元首的权力越来越大，罗马不可避免地葬送民主制，走向帝国独裁。

1. 结“三头同盟”

斯巴达克起义被镇压后，罗马民主派（马略党）和元老派（苏拉党）之间的斗争又激烈起来。骑士阶层利用广大平民对元老派统治的不满，再次掀起民主运动。不过，这次与马略党推行的民主运动略有不同，即民主派有军事强人盖乌斯·尤利乌斯·恺撒（路西乌斯·恺撒的儿子，后简称恺撒）。对元老派来说，这次内斗会更危险。

恺撒出身于一个破落的贵族家庭。他是马略内侄，秦那女婿。他年轻时就同情民主派。苏拉当权后，强令恺撒与秦那的女儿离婚。恺撒不从，受到迫害，跟苏拉代表的元老派结下仇怨。在元老派得势期间，恺撒长期躲避在外，在罗得斯岛学习修辞学和哲学。他有非凡抱负和志向，善辞令，工于心计，各方面的才能都卓著。为追求荣誉，他不惜耗尽家财支持民主派。元老派掌权，罗马政治腐败，贪污盗窃成风，各行省总督横征暴敛。公元前 77 年，年仅 24 岁的恺撒揭露马其顿行省总督高耐留斯贪污，一举震惊了罗马政界，也赢得了平民和中小奴隶主的欢心。为博取名声，他经常在演说中赞扬民主派的功绩。他声望逐渐提高，成为民主派新首领。他控告元老派，重新竖立被苏拉拆除的马略像和胜利纪念碑，赢得中小奴隶主支持。

见民主派得人心，庞培和克拉苏的政治态度也在发生变化。庞培是贵族，大土地所有者，政治上属于顽固守旧派。投靠苏拉门下后，庞培先后到阿非利加和西班牙打击马略派，协助克拉苏镇压斯巴达克起义，双手沾满奴隶和平民的鲜血。克拉苏残酷镇压斯巴达克起义，成为著名大贵族和大富翁，所拥有的财产价值相当于罗马当时一年的总税收。民主运动日益高涨，庞培和克拉苏都见风使舵，转向支持民主派。当然，他们并不真心支持，只是为保护自己的利益和争取更大利益。

在取得西班牙战争胜利和镇压斯巴达克起义后，庞培和克拉苏都没遵循惯例遣散军队，而是以军队为后盾，向元老院施压，以竞选下一届执政官。为了拉选票，他们宣布执政后将取消苏拉颁布的法律，给民主派和平民阶层“画饼”。

公元前 70 年，庞培和克拉苏如愿当选执政官。为实现诺言，讨好民主派，他们下令恢复苏拉执政前的法令：恢复公民会议和保民官的权力；清洗元老院中的苏拉一党；决定法庭由元老、骑士和富裕平民共同组成。

罗马人内战时，对地中海的控制力度减弱。海盗猖獗起来。过往船只被海盗骚扰，亚平宁半岛的粮食供应紧张，粮价上涨。各阶层都迫切要求打击海盗。公元前 67 年，元老院授权庞培率 12 万名步兵、5000 名骑兵和 500 艘战船去围剿海盗。庞培的军事才干得到充分发挥，没多久就剿灭地中海海盗。

公元前 66 年，庞培又被受命率罗马军与本都交战。庞培军事才干再一次得到充分发挥。经过三年苦战，在公元前 63 年，庞培逼死本都王米特拉达梯六世，降服本都国，征服巴勒斯坦和叙利亚，在小亚细亚、叙利亚等地建立行省。

庞培把东方新建各行省包税权交给骑士。从此，他成为罗马最有势力的军事强人——既拥有强大的军队，又拥有数个行省收税的权力。

公元前 63 年，保民官罗路提出一项法案，建议在各行省出卖公有土地和矿山等，用这笔资金在亚平宁半岛购买土地，再加上坎帕尼亚的公有土地，分给最贫困的公民。元老派在公民大会中阻止法案通过。

喀提林发现用立法手段达到目的无望，密谋组织农村平民起义。事情泄露，以西塞罗为首的元老派，借此机会杀死喀提林等参与密谋的民主派人士。恺撒没参加这次起义，但在元老院坚决反对处决策划起义的喀提林等人，在民主派中获得很高声望。

公元前 62 年，庞培从东方回到罗马城。他原以为元老院会为他准备凯旋仪式，热烈欢迎他归来，没想到他的战绩以及在东方实行的种种措施引起元老派的不安和仇视——各行省的包税权一直都是元老贵族的禁脔，庞培却擅自授予手下骑士，想不引起仇视都难。

为了削弱庞培的势力，元老派拒绝把“份地”分给庞培所部的退伍者，元老院拒绝批准庞培在东方颁布的所有有利于骑士的法令。

庞培率军浴血奋战，挽救了罗马，为罗马扩张了领土，因没完全顺着元老贵族的意愿，就被排挤和限制。庞培及手下极为愤怒，发誓支持恺撒竞选执政官，要限制和打击元老贵族。

此前，庞培和克拉苏倾向民主派，出发点是保住既得利益，如今，他们和恺撒立场几乎一致，要打击那些保守的元老贵族。有共同目标后，恺撒决定协调行动，维护共同利益，打击共同敌人。

为竞选下一届执政官，恺撒和庞培、克拉苏秘密结盟。他们任何一方都无力单独掌权，只有联合起来，才能同元老贵族相抗衡，才能最大限度实现自身利益。公元前 60 年，“三头同盟”结成。“三头”虽然各自怀有野心，但都和骑士有联系，都敌视元老贵族。一旦军人联合起来，元老贵族将会毫无还手之力。

公元前 59 年，恺撒当选为执政官。在人民会议支持下，恺撒通过几项法案：批准庞培在东方各行省的措施；降低包税人承包金的三分之一；给退伍军人和最贫困公民分配土地；规定行省总督的年俸限额，严禁总督肆意勒索等。

恺撒离任执政官后，出任高卢行省总督。为控制罗马局势，以防不测，恺撒把女儿嫁给庞培，提拔克罗狄为保民官，让他充当政治代理人。

恺撒的军事才干丝毫不亚于庞培。三年后，高卢成为罗马的行省——此前几百年，罗马人一直希望征服高卢，但一直没实现。恺撒花三年时间就实现了数百年的梦想。恺撒的实力和声望大幅提升。

庞培原以为恺撒只不过是个有威望的政客，没军事才干，也没军事实力。他没想到恺撒在高卢战争中表现惊人。庞培深感不安，开始接近元老派，公开召回被克罗狄放逐的西塞罗。这种跟民主派作对的举动，导致“三头”之间关系不稳。

为维持同盟关系，公元前 56 年冬，恺撒、庞培和克拉苏在路卡城会晤，商讨新盟约。与上次结盟不同的是，元老院 200 多位贵族也参加会议，虽然他们仅仅是旁听，没发言权，更没有决定权，但彰显了对元老派的尊重和关照。

路卡会议是权力再分配会议。经过激烈斗争，“三头”最后达成一项重要的协议：恺撒在高卢的权力延长 5 年，并有权将属下军队扩充到 10 个军团，等到公元前 48 年便出任执政官；庞培和克拉苏出任公元前 55 年的执政官，任满后，克拉苏出任叙利亚行省总督，庞培出任西班牙行省和阿非利加行省总督。

路卡会议并没有解决“三头”之间的矛盾，只划分了势力范围。他们各自代表的阶层利益不同，注定最终会矛盾激化。路卡会议后不久，恺撒如约去了高卢。克拉苏不等任满便离开罗马城，前往叙利亚行省。庞培任满后，没离开罗马城，派副将代理他出任西班牙行省和阿非利加行省总督——这明显破坏了约定，引起民主派反对。

公元前 53 年，克拉苏在同帕提亚战争中战死。在“三头”中，克拉苏没党派支持，是唯一能调和恺撒和庞培矛盾的人。“三头”只剩恺撒和庞培，恺撒有民主派支持，庞培与元老派结盟，两派相互对立，战争将不可避免。

2. 恺撒当了老大

公元前 53 年，保民官克罗狄被庞培的亲信迈罗杀害，激起平民和奴隶暴动。唯一执政官[①]庞培借机残酷地镇压暴动，实行一系列旨在打击恺撒的措施，企图

① 正常情况下，罗马有两名执政官，此时另一个执政官处在缺任状态。

撤销恺撒的职务。恺撒宣布与庞培决裂。元老院也趁机宣布恺撒为“公敌”。恺撒手里掌管军队，还有民主派支持，有广大中小奴隶主、平民支持。双方撕破脸后，展开了战斗。

公元前 49 年 1 月 10 日，高卢总督恺撒率罗马军渡过卢比孔河。他的战略意图是率一支精锐军队秘密渡河，以迅雷不及掩耳之势直捣罗马城，出奇制胜，一举歼灭庞培及其同党。当时罗马城的兵力空虚，庞培提前得知消息，立即带一部分元老贵族和亲信逃出罗马城。恺撒所部扑了空。

恺撒率罗马军跟踪追击。3 月初，在勃隆度辛，两军发生了几次小规模的战斗。双方互有胜负。庞培在勃隆度辛的兵力有限，不敢和恺撒所部继续较量。一天黄昏，趁着浓雾，庞培率亲信和贵族偷偷渡过茫茫的亚得里亚海，跑到希腊去了。得知此消息，恺撒只好率军返回罗马城。

罗马城笼罩在恐怖气氛中。苏拉时代的恐怖情景，贵族们记忆犹新。他们害怕历史悲剧重演。恺撒向罗马城进军时，贵族们提心吊胆，惶惶不可终日。出乎他们意料的是，恺撒率军进城后，对政敌采取比较温和的政策，向市民保证，决不滥杀无辜，无条件释放俘虏。

恺撒此举赢得一部分元老派和大土地所有者的好感，也得到骑士和平民拥护。恺撒任命马尔库斯·埃米利乌斯·雷必达负责罗马城的治安，任命保民官马克·安东尼统管亚平宁半岛所有的军队。从此，亚平宁半岛处于恺撒强有力控制之下。

随后，恺撒开始收拾庞培及其追随者。为了解除东征庞培的后顾之忧，在公元前 49 年夏，恺撒向西班牙行省进军。该行省在庞培的副将培特利阿斯和阿夫累尼阿斯控制之下，兵力雄厚。恺撒先征服他们，是打败庞培的基本保证，也是避免遭东西夹击的举措。

在埃布罗河以北伊列尔达城附近，两军几次遭遇。恺撒所部因兵力不足，给养困难，气候恶劣，加上对地形不熟悉，不断遭袭击，损失较大。不过，培特利阿斯和阿夫累尼阿斯所部的给养也越来越困难，并准备撤退。恺撒决定坚持下去，以寻找击败对手的机会。

恺撒的坚持赢得了最终胜利。等到对手撤退时，恺撒抓住时机，切断他们的退路。对手非常惊慌，是战还是和，在内部发生严重分歧：阿夫累尼阿斯主张让出西班牙，将军队带到庞培那里去；培特利阿斯坚决反对，主张抵抗到底。

正当举棋不定时，恺撒切断了他们的水源，迫使他们和谈。谈判结果是，西班牙行省让给恺撒，恺撒允许他们带军队到庞培那里去。恺撒尚无实力消灭阿夫累尼阿斯和培特利阿斯，如此做出的是最有利决定。丢城失地的阿夫累尼阿斯和培特利阿斯到庞培那里，也未必再获得信任。如果恺撒对他们逼得太紧，结局只会是鱼死网破。

夺得西班牙行省后，恺撒下令取消庞培征派的税赋，发还庞培派没收当地居民的土地，有的城市居民还被赐予罗马公民权。因实行得民心的措施，恺撒在西班牙行省的统治迅速巩固下来。

公元前 49 年 11 月，恺撒率军回师罗马城。公民大会选恺撒为独裁官，不久改为执政官。在短时间内，恺撒实行了几项有利于平民的措施：把谷物分配给饥饿的公民；用自己亲信取代原来的各行省总督；除杀害克罗狄的凶手迈罗外，允许一切流亡者回国。

在巩固统治地位后，恺撒便筹划与庞培进行决战。两个当时最杰出军事强人决斗，成为罗马历史上最精彩的一笔，也影响着罗马历史走向——恺撒赢，罗马则由民主派当政；庞培赢，罗马则由元老派专制；两人长期势均力敌，罗马将分裂。

庞培早料到与恺撒之间的决战不可避免。恺撒向西班牙进军时，庞培便在积极备战。他依靠东地中海沿岸各行省支持，聚集了大量人力和金钱，大力扩建海军。到公元前 49 年底，庞培拥有 11 个军团步兵、7000 名骑兵和 600 多艘装备完整的战舰。

此外，庞培还有爱奥尼亚、马其顿、伯罗奔尼撒、彼奥提亚等行省居民组成的辅助军，以及克里特的弓箭手、色雷斯的投石手、本都的标枪手，兵力十分强大。庞培手下的海军还控制着亚得里亚海和巴尔干半岛西部沿岸。

恺撒想战胜庞培非常不容易。不过，无论庞培的势力多强大，恺撒都下决心将他消灭。作为民主派代表，恺撒不允许庞培这个元老派继续控制罗马，哪怕是一部分也不行。

公元前 49 年 12 月，恺撒率一支罗马军到勃隆度辛，准备从那里东渡亚得里亚海，向希腊进军。当时，恺撒身边只有 5 个军团兵力，既无军粮，又无战舰，渡海十分困难。恺撒一向用兵神出鬼没，善于用奇袭消灭敌人。为了迅速渡海，他做了鼓舞人心的讲话，激励将士们克服困难。当他们正要渡海时，海上突然刮起风暴。他们被迫停止渡海。直到第二年，即公元前 48 年 1 月 1 日，风暴才停息。

风暴过后，恺撒又迅速组织渡海，没有战舰，就用商船代替，船只太少，就分批抢渡。经过努力后，恺撒率罗马军顺利渡过亚得里亚海。庞培根本没想到恺撒所部在风暴后，在缺乏船只情况下，能全军渡海，没做认真防备。结果，恺撒所部罗马军不费一兵一卒就占领伊壁鲁斯的俄利康和伊利里亚的阿波罗尼亚，夺取了大量军需物资。

夺取初步胜利后，恺撒又率罗马军马不停蹄，日夜兼程前进，想一鼓作气拿下提累基阿姆城。提累基阿姆城是庞培所部罗马军的军需重地，有大量的粮秣和军械。恺撒占领提累基阿姆城，庞培所部罗马军就势必陷入困境。庞培得知消息时正在马其顿。他顾不了什么，马上率罗马军驰援提累基阿姆城。他不让手下吃饭睡觉，日夜兼程，最终抢在恺撒前面到达提累基阿姆城，夺得主动权。恺撒偷袭提累基阿姆城的计划落了空。

庞培兵多粮足，占据有利地形，又有一支强大的海军封锁海面，在和恺撒所部几次遭遇战中连战连胜。恺撒兵力不足，远离后方，海上运输线又被切断，给养困难，士气低落。为改变不利局面，恺撒下令实行战略撤退，退到达帖撒利法萨卢城。达帖撒利法萨卢城已有他派出的一支军队在征粮，且便于得到援军和给养。

经过 7 天急行军，恺撒率罗马军到达帖撒利法萨卢城附近。庞培发现恺撒没有援兵、缺乏军需，想避免决战，通过一段时间把恺撒所率罗马军拖垮，但身边目光短浅的显贵们却力主决战，嘲笑庞培想做阿伽门农①，通过拖延时间延长对

① 阿伽门农，是希腊迈锡尼国王，希腊诸王之王，阿特柔斯之子。特洛伊战争中希腊联合远征军的统帅。

显贵们的统治权。

庞培优柔寡断，在乎别人对他的看法，听到那些讥讽言论，便改变主意，率罗马军赶往法萨卢，与恺撒所部速战速决。

公元前 48 年夏，恺撒和庞培率各自的支持者，在法萨卢决战。庞培手下的军队在数量上占优势，约有 4 万多人。恺撒手下只有 2 万多人，但大多是能征善战的老兵，战斗力比较强。

两军摆开阵势。庞培把亚平宁半岛的士兵安排在前面，分左、中、右三列，每列之间保持一定距离，每个行列两翼配置骑兵，在行列中间安置弓箭手、投石手、标枪手，各同盟者的辅助军摆在后面。恺撒也把手中的军队分成左、中、右三路，亲自站在右翼第 10 军团中间指挥。第 10 军团是精锐军队，战斗力非常强。为对付第 10 军团，庞培调来一支骑兵，想利用人数优势来包围它。见庞培调整部署，恺撒也调来 3000 名勇敢善战的步兵，埋伏在第 10 军团附近，以应突变。

大决战一开始，双方先投标枪、射箭弩，接着是骑兵互相厮杀。庞培利用骑兵数量优势，包围恺撒手下第 10 军团。在千钧一发之际，恺撒一声号令，3000 多名精锐步兵突起，犹如下山猛虎，个个手执长矛，向敌人猛刺过去。庞培的骑兵抵挡不住，狼狈而逃。恺撒乘势指挥第 10 军团从侧面袭击庞培所部左翼。

庞培那些失去骑兵保护的步兵陷入混乱，纷纷逃跑。中路和右翼见左翼军队惨败，也转身而逃。当兵的大多数是平民，他们本质上是在为大奴隶主卖命，在危急关头，保命是他们的当务之急。开始，他们还能保持队形慢慢退却，有的还尽力抵抗。没参战的辅助军，在一旁吓呆了。他们慌乱逃跑，一边跑，一边大声喊叫："我们被打败了！"没多久，庞培手下 4 万多人全线崩溃。

战斗结束时，庞培统率的罗马军有 6000 名士兵和 10 余名元老被杀，其余人全部被俘。辅助军的伤亡不计其数。恺撒统率的罗马军 1200 人伤亡。这一仗，庞培被彻底打败。

庞培战败后，逃往埃及。埃及国王托勒密十二世担心恺撒趁机率罗马军攻打埃及，等庞培一到，便派人刺死他。恺撒借口托勒密十二世杀害庞培，率领罗马军队赶到埃及，控制埃及王宫，推翻托勒密十二世，把倾心依附于他的王后克娄巴特拉扶上王座。恺撒认为，庞培是罗马人，即使有罪，也应该由罗马人来治罪，轮不到埃及国王托勒密十二世将他杀死。罗马军册立埃及新王，埃及成为罗马属国。

接下来，恺撒率罗马军战无不胜，攻无不克。他率罗马军出征本都，只用5天时间就征服本都，结束战斗。随后，他又率罗马军征服小亚细亚。公元前46年，他率罗马军先后征服阿非利加和努米底亚王国。公元前45年，他又率罗马军去西班牙消灭了庞培两个儿子的反叛。在短短4年时间内，恺撒一路战胜强敌，消灭了庞培所部，恢复了罗马在东方的统治，扩张了罗马在东方的领土，让罗马走出内战阴影，再次强大起来。

恺撒率军回到罗马城，受到隆重欢迎。他被推举为终身独裁官、终身保民官和终身监察官，集军、政、司法权力于一身，成为神圣不可侵犯的人物，被冠以“元帅”“祖国之父”称号。在罗马人一片欢呼声中，罗马共和制名存实亡了。

在独裁期间，恺撒实行一系列改革。他改革元老院，将元老增加到900人。不少非元老出身的奴隶主，甚至被释放奴隶也被选进元老院，使元老院成为顺从恺撒的咨询机关。同时，他增加官吏数目，安排大量亲信就任政府要职，加强对政府部门控制。

在行省管理方面，恺撒也进行改革：他把8万退伍军人、破产公民和释奴分配到行省殖民地；削弱行省总督权力，只让行省总督掌管行政管理权和司法权，另派副将统辖各行省驻扎的军队；对犯有贪污罪的总督，给予严厉制裁；扩大公民权，不少行省城市市民获得罗马公民权；行省直接税由国家派奴隶或释奴监督征收，其他赋税仍由包税人征收。

这些措施加强了恺撒专制统治，也扩大了统治基础，为建立中央集权帝国准备了条件。不过，恺撒改革不彻底。公元前44年3月15日，受元老派支持的布鲁图、喀西约等人在元老院议事厅刺杀恺撒。恺撒辉煌的一生结束。罗马未来又充满变数。

3. 后三头同盟

布鲁图、喀西约等人认为，他们结束独裁者的生命，立下大功劳，人们会向他们欢呼致敬。事实相反，下层平民虽然不满恺撒，但他们更痛恨元老院贵族——恺撒改革，动了各阶层利益，对他们利益损害是局部的，而元老院贵族对他们利益损害是全面的。许多退伍军人还在罗马城等待分到土地。得知恺撒被杀，他们高呼要为恺撒复仇；平民和被释放的奴隶也起来响应。罗马城陷入空前混乱之中。

执政官马可·安东尼（以后简称安东尼）是恺撒的亲密战友，具有丰富的经验和卓越的军事才能。在同庞培所部作战中，安东尼立下过汗马功劳，深得恺撒赏识。在恺撒执政期间，安东尼同为执政官。骑兵统帅雷必达也是恺撒部将。他从城外调来一个军团，准备与安东尼一起为恺撒复仇。因力量不足，安东尼没同意。

为防止事态扩大，安东尼在泰拉斯神庙召开元老会议。在会议上，有些元老公开袒护凶手，攻击恺撒为暴君，称赞布鲁图为“诛杀暴君者”，要给予奖赏。安东尼坚决反对这种言论。他说：“如果宣布恺撒为暴君，公开赞扬凶手，那么就要宣布恺撒制定的一切法令无效。这样做，不仅会激起退伍军人的愤慨，还会招致刚刚获得公民权的人和各行省的上层分子不满。那样做，对我们也不利。我们都从恺撒那里得到过好处，很多人的官职都是恺撒任命的。”

一部分元老院贵族赞同安东尼的说法。最终，元老院贵族达成协议：既不宣布恺撒为暴君，也不惩罚凶手。

终身独裁官、终身保民官和终身监察官恺撒被刺杀，不了了之，引发一些人不满。恺撒改革虽然让一些人不满，但得到他好处的人更多。公元前 44 年 2 月 20 日，恺撒的遗体火葬。那天开始，平民和退伍军人一再暴动。安东尼派兵镇压。此时，安东尼已经从原来的民主派变成货真价实的元老派代理人。

元老院对安东尼非常满意，特别允许安东尼拥有私人卫队。安东尼趁此机会征集军队，扩充个人实力。不少恺撒军团的将校被安东尼召到部下，但看到安东尼镇压平民运动，停止分配给退伍军人土地，便纷纷离开了。

正当平民和退伍军人无所依从时，一个叫盖维斯·屋大维的青年贵族给他们带来希望。屋大维是恺撒姐姐的外孙，曾做过骑兵队长。恺撒在遗嘱中收他为义子，立为继承人。恺撒遇难时，屋大维在阿波罗尼亚城接受训练。经过一段时间的军营生活，屋大维锻炼了坚韧不拔和吃苦耐劳的精神，培养了军事才能，加强了他和恺撒部下之间的联系。

恺撒遇刺后，屋大维作为遗嘱中指定的接班人，要巩固合法地位，就必须为恺撒报仇。于是，屋大维打着“为恺撒报仇”的旗号回到罗马城。许多士兵、平民和被释放奴隶，从四面八方涌来，投到他麾下。利用恺撒的声望，屋大维大力收揽人才，扩充实力。只有 19 岁的屋大维很快成为左右罗马政坛的新星。

不过，屋大维回罗马城加深了恺撒派内部的裂痕。起初，安东尼根本没把屋大维放在眼里，且一再蔑视他。屋大维的声望越来越高，安东尼日益感到不安。安东尼把屋大维看成潜在威胁，拒绝交出他义父的那份遗产，反对他当选保民官，用种种威胁手段打击他。安东尼的做法，没削弱屋大维的影响，却遭到士兵和平民反对。士兵和平民将屋大维当作希望和救星，更坚定地支持他。

屋大维也不会善罢甘休。他充分利用恺撒的金钱和影响，拉拢群众，煽动人们对安东尼的不满。结果，许多人叛离安东尼，投向屋大维麾下。

安东尼和屋大维之间矛盾公开化，元老院想趁机得渔翁之利。元老院贵族代表西塞罗善于投机和钻营。他对屋大维实力壮大感到不安，对实力雄厚的安东尼更胆战心惊。虽然安东尼很多时候倾向元老院，但他的实力太过强大，且有背叛恺撒的前科，让元老院贵族不放心。他们想打击安东尼，拉拢屋大维，等待两败俱伤后，将两人一起消灭。

公元前 44 年，安东尼率罗马军攻占山南高卢。元老院乘机宣布安东尼为公敌。元老院派布鲁图和喀西约到东方各行省去征集军队，同安东尼所部对抗；授予屋大维副执政官权力，让他出兵山南高卢，同安东尼所部作战。出于策略需要，屋大维决定暂时与元老院妥协。他想利用元老院提供的金钱积极扩充实力，先打击安东尼所部，然后寻机对付元老院贵族，实现独裁。

公元前43年初，在高卢穆提那城附近，屋大维率罗马军和安东尼所部罗马军展开激战。屋大维所部获得胜利。安东尼率残部退入那旁高卢，与驻扎那里的雷必达所部会师。雷必达所部实力较强。安东尼和雷必达在军事上结合，屋大维所部不敢贸然追击。

穆提那战役刚结束，元老院就剥夺了屋大维的军事指挥权，也不为他举行凯旋仪式。屋大维借助元老院发展自己势力的计划落空。此后，屋大维多次要求担任执政官，都遭拒绝。屋大维对元老院越来越不满。他决心学苏拉那样，率军进罗马城，对元老院进行武力威慑。于是，他率8个军团直逼罗马城。元老院见此架势，立即表示屈服。屋大维当选执政官。

屋大维兵不血刃地实现目标。不过，形势不容乐观。与元老院关系密切的布鲁图、喀西约在东方行省已经召集20个军团的兵力。屋大维虽然占领罗马城，但如果20个军团支持元老院，向罗马城进军，那么屋大维也没把握取胜。

屋大维部下和安东尼部下多数都是恺撒老兵。他们不愿互相残杀，便派代表出面调停，促成屋大维与安东尼和解，联合起来为恺撒报仇。无论是屋大维，还是安东尼，都不敢拒绝调停。因为那样将失去军心，迅速沦落为失败一方。元老院是他们共同的敌人。元老院有20个军团兵力支持，屋大维和安东尼不联合起来，结局将是被元老院掌握的军队各个击破。

一番调停后，公元前43年10月，安东尼、屋大维、雷必达各自率5个军团，在波罗尼亚附近会晤。经过两天磋商，三方结成联盟。三方协议规定：建立一种新的具有执政官权力的行政长官制度，安东尼、屋大维、雷必达担任行政长官，任期5年。他们还确立了各自的势力范围：安东尼据有山南高卢行省和山北高卢行省；屋大维统辖阿非利加行省、撒丁尼亚行省和西西里行省；雷必达统治西班牙行省；亚平宁半岛由三人共同治理。

随后，他们在罗马城实行恐怖政策，宣布公敌名单——有的是杀害恺撒的凶手，有的是他们的政敌或私敌，有的只是一般富豪，有的是元老院中有名望的贵族。奴隶告发被宣布为公敌的人，可获得自由和奖赏。结果，有300个元老院贵族和2000名骑士被杀。

许多贵族和大土地所有者逃出罗马城，有的逃到西班牙，投到绥克斯都·庞培[①]麾下；有的逃到希腊，加入布鲁图、喀西约一伙。有的奴隶趁机逃亡，有的奴隶拿起武器，成群结伙到处攻击大土地所有者。公敌政策打击了大土地所有者，削弱了贵族势力，也引爆了新内战。

公元前42年秋，安东尼和屋大维出兵希腊。10月，罗马远征军先遣队到达巴尔干半岛色雷斯的腓力比。腓力比在爱琴海北岸，离海约12千米，坐落在一个小山上，城东有一山峡，叫萨彼尼亚山峡。该峡是欧洲通向亚洲的重要道路，东西交往必经之地，地势十分险要。罗马远征军先遣队的任务是夺取腓力比，扼守萨彼尼亚山峡。

布鲁图和喀西约得知安东尼、屋大维进军巴尔干半岛后，为阻止他们占领腓力比，立即率军离开小亚细亚，进入色雷斯，向腓力比急速增援。因萨彼尼亚山峡已被安东尼、屋大维所部先遣队抢占，无法通过，他们便在当地向导带领下，通过崎岖山路，绕道赶到腓力比。

腓力比北面有两座小山，一南一北，相距不远。两山之间就是欧洲通向亚洲的要道。两山之南是沼泽地，一直延伸到海边。布鲁科、喀西约见两山形势险要，命令军队在那里扎营。布鲁图率罗马军驻守在北山，喀西约率罗马军防守南山。安东尼、屋大维见对手已占据有利地形，只好在两山以西安营扎寨。三个军营形成鼎足之势。

安东尼和屋大维企图速战速决，布鲁图和喀西约则长期拖延，避免作战，以饥饿消耗对手。双方在腓力比博弈一段时间后，安东尼设计逼迫喀西约率军出战。喀西约所部战败，他本人心灰意冷，命令手下持矛把他杀死。

布鲁图坚持既定拖延策略，任凭对手如何叫阵，就是闭营不出。最终，他

① 绥克斯都·庞培，是已故庞培的儿子，也称小庞培。

架不住部属的要求，被迫同意出战。安东尼和屋大维早做好准备。布鲁图所部又大败，自杀而死。布鲁图手下军队投降安东尼和屋大维。

腓力比战役结束后，安东尼去了小亚细亚行省，筹集奖励士兵的金钱；屋大维回罗马城，给士兵分配土地。

屋大维回罗马城后，发现形势依然十分严重。17万老兵急于获得土地，常常掀起骚动，分配土地工作刻不容缓；16个城市将要失去土地，那里的富人反对没收他们土地，要求各城市平均分摊，并要求赔偿失去土地人的损失。地中海又控制在小庞培和布鲁图、喀西约旧部手中，亚平宁半岛粮食来源被切断，陷于饥荒之中，局势一片混乱。

屋大维当机立断，决定牺牲富人利益，满足士兵要求，将16个城市的土地分给士兵。屋大维赢得老兵支持，控制了局势，却触犯了另一部分人利益。

安东尼弟弟执政官琉西阿斯·安东尼以及安东尼妻子福尔维亚对屋大维非常不满。为打击屋大维，恢复贵族势力，公元前41年冬天，他们团结贵族和失去土地的富人，进行反屋大维叛乱。

琉西阿斯手下有17个军团的步兵，屋大维在加普亚只有4个军团，他的部将萨尔维丁那率6个军团正开往西班牙行省。在一天夜里，琉西阿斯率军一举攻占罗马城。负责镇守罗马城的雷必达作战失利，被迫逃到屋大维那里。

屋大维派人传令萨尔维丁那率军返回亚平宁半岛。琉西阿斯率军在半路截击萨尔维丁那所部，但没成功，只好率军开往罗马城北面的培鲁西亚。琉西阿斯所部刚到培鲁西亚，屋大维便率军尾随而来，将培鲁西亚包围起来。琉西阿斯所部几次突围，都没有成功，损失极为惨重。突围失败，培鲁西亚所部遭粮荒，走投无路，在公元前40年2月，率部向屋大维投降。

此时，屋大维握有40个军团兵力，实力非常雄厚，处于优势地位。安东尼并不甘拜下风，他在亚平宁半岛有一支5万人的军队，联合小庞培和布鲁图的旧部，在海上力量占据优势。

罗马公民饱受战争之苦，强烈反对新内战，老兵不愿战事再起，从中调停，屋大维、雷必达和安东尼才又实现和解。公元前40年10月，三方在勃隆度辛订立协定。

屋大维、雷必达和安东尼再一次确定势力范围：安东尼管辖亚得里亚海到幼发拉底河之间所有行省和岛屿，负责对帕提亚人作战；屋大维统治亚得里亚海以西到大西洋沿岸之间地区，负责同小庞培所部作战；阿非利加行省归雷必达管理。

4. 屋大维夺取最终胜利

公元前 39 年春，在反战运动压力下，屋大维、安东尼和小庞培也曾一度妥协，划分各自势力范围。到公元前 38 年，屋大维所部就和小庞培所部打起来了。

小庞培所部占据着西西里行省。他起用奴隶为海军将领，拥有了一支相当强大的海军。战争初期，双方海军数次交战，都是小庞培所部取胜。屋大维所部海军战败后，又遭风暴袭击，战船所剩无几，水兵都葬身鱼腹。

屋大维只好休战。他利用休战的时间赶造船只，训练水兵，总结经验教训，研究作战计划。他意识到自己的优势在陆战，决定扬长避短。

公元前 36 年 7 月，屋大维所部和小庞培所部再次大战。为了发挥己方优势，屋大维决定让步兵渡过海峡，在西西里岛上进行陆战。根据安排，雷必达率 70 艘战舰、1000 艘辎重船和 12 个军团步兵，从非洲渡过地中海，在西西里岛西端利利俾一带登陆。屋大维率军从亚平宁半岛出发，在西西里岛东北部丁达里斯登陆。以丁达里斯为桥头堡，屋大维抓紧时间从亚平宁半岛运来 21 个军团步兵和 2 万名骑兵。

在西西里岛东西两边，两支强大的军队对小庞培所部形成夹击之势。接下来几次陆战，小庞培所部罗马军连连失利，处境越来越困难。

为发挥己方海军优势，转败为胜，小庞培主动向屋大维发起挑战，约定在海上决一雌雄。在西西里岛，屋大维有庞大的步兵撑腰，有恃无恐，欣然接受挑战。他并不是不知道海军是己方的弱项，而是已经发明了一种武器，有待在战场上检验。他想在海战中使用新武器，一举击败小庞培所部海军。

公元前 36 年 9 月，在西西里岛西北面水域，双方展开海战。战争一开始，屋大维所部的罗马军使用一种“钳子”式武器，把双方战舰拉在一起，使海战变成近距离肉搏战。屋大维所部不擅长海战的短板被补齐，而善于陆地近战的优势得到发挥。小庞培所部海军大败，28 艘战舰沉没，其他战舰大部分或被烧毁，或被俘获。

小庞培见败局已定，换上公民服装，带着仅有的 17 艘船只去投奔安东尼，但不久被安东尼杀死。小庞培雄心勃勃地为父亲报仇，没想到在战场上败得那么惨，最终莫名其妙地死在盟友刀下。

西西里海战刚刚结束，屋大维和雷必达就为争夺西西里行省统治权发生冲突。屋大维不愿意与雷必达兵戎相见，决定以最小成本击败他。屋大维采取煽动、收买手段瓦解雷必达的势力。雷必达麾下将士纷纷叛离，不战即溃。雷必达见势孤力单，无法重整旗鼓，只好向屋大维屈服，宣布退出政界。

西西里战役使庞培势力永远消失。亚平宁半岛粮食供应得到保障。屋大维的势力也进一步强大，有 45 个军团步兵、2.5 万名骑兵、4 万名轻装兵、600 艘战舰，牢牢控制着亚平宁半岛和西地中海。

屋大维回到罗马城后，采取了几项措施：豁免农民所欠的国家租税，免除农民赋税；把原小庞培所部的 3 万名奴隶交还原主，处死找不到主人的 6000 名奴隶；剿灭长期以来横行于亚平宁半岛的“盗贼”。

除奴隶以外，这些措施照顾到所有阶层的利益，深得大土地所有者欢心。元老院贵族立即从屋大维的敌人变成追随者，在罗马广场为屋大维立黄金塑像，并在像上刻下铭语：“他恢复了陆地和海上长期以来被破坏了的和平。”此外，元老院还主动授予屋大维终身保民官。

相对应的是，安东尼的声望却在不断下降。公元前 31 年，安东尼到埃及后，和埃及女王克娄巴特拉正式结婚，全力发展在东方的势力，把利比亚、叙利亚、腓尼基、西里西亚、阿尔明尼亚[①]以及尚未征服的帕提亚等地，赠给埃及女王克娄巴特拉及其子女。埃及是罗马属国，但毕竟是独立于罗马之外的国家。安东尼此举无疑是出卖罗马领土。罗马大奴隶主强烈不满。

安东尼的愚蠢举动无疑是在帮助屋大维。原来尚有一部分贵族支持安东尼，如今再也没有人支持他。公元前 32 年，屋大维公布安东尼的遗嘱——安东尼决定死后不葬于罗马，而葬于埃及亚历山大城，再次宣布对埃及女王及其子女的赠予。元老院和人民会议据此宣布剥夺安东尼的权力，撤销他东方罗马军统帅的职务。

公元前 31 年，屋大维率罗马军讨伐安东尼。当时，安东尼手下有 10 万名步兵、1.5 万名骑兵、500 艘战舰。屋大维手下有 8 万兵力，400 艘战舰。相比之下，安东尼兵力多些，且在主场作战，有一定优势。但是，屋大维所率罗马军在道义上占优势，且人人为杀卖国贼而斗志高涨。

公元前 31 年 9 月 2 日，在希腊西海岸的亚克兴，屋大维所率的罗马军和安东尼所率的罗马军展开海战。双方都志在必得。屋大维所率的罗马军在气势上略胜一筹。在战争最激烈时，埃及女王克娄巴特拉认为安东尼所率罗马军已无胜利希望，竟然私自率军逃回埃及。安东尼所率罗马军见此，以为战败，也跟着逃跑。

安东尼无法控制溃逃中的军队，只好也尾随埃及女王克娄巴特拉逃往埃及。见主帅逃跑，安东尼所率的罗马军纷纷投降屋大维。原本占优势的安东尼就这样一下子失去与屋大维争霸的本钱。

屋大维所部罗马军将安东尼所部打败，却没将安东尼捉住或者杀死。这始终是一个大隐患。公元前 30 年夏，屋大维率罗马军进攻埃及，志在彻底消灭安东尼，统一分裂的罗马。

在亚历山大城附近，安东尼试图率军抵抗，但他已经不得人心，残部又投向屋大维。在绝望中，安东尼和埃及女王克娄巴特拉一起自杀。趁此机会，屋大维将埃及并入罗马，设立行省。罗马内战结束，领土进一步扩张，国力发展到一个新高度。

---

① 阿尔明尼亚，亚美尼亚的旧译。

5. 共和国的葬礼

几十年来，罗马实行没收财产的恐怖政策。屋大维从埃及带回巨额财富，有充裕的资金奖赏军士，广济平民。他宣布大赦天下，取消内战期间所下达的一切非常规指令。没收财产的恐怖政策随即成为历史。此举赢得各阶层拥护。

这一年底，屋大维又和阿格里帕一起当选为下一年度执政官。在罗马，两个执政官共同执政已经20多年未见。原本，屋大维是罗马内战的最终胜利者，是罗马唯一执政官；如今，他力图通过恢复传统两个执政官共同执政，使罗马人相信“和平”已经到来，恢复共和传统行动已经开始。

为加强和巩固新政权，屋大维大力提倡古代纯朴敦厚的风俗，与当时流行的放荡淫恶风俗斗争。他颁布一系列法律，力图恢复日渐崩溃的家庭，提高生育率。这些法律起到一定效果，罗马人口出现增长，但风俗的改变收效甚微。屋大维也曾三次离婚，他女儿和孙女都因生活放荡而遭放逐——罗马人长期建立在掠夺财富和剥削奴隶基础上的生活，形成放荡淫恶的风俗，不是一时半会儿改变得了的。

在复古旗号下，从公元前28年开始，屋大维又改组元老院。那些声名狼藉的元老贵族，那些按出身地位不堪列于最高阶层的人，都被屋大维清除出去。元老院的元老贵族从1000人减少到800人。屋大维名列首位，成为首席元老。

通过一系列努力，屋大维认为地位已经稳固。在公元前27年1月13日，屋大维在元老院发表演说，宣称他要放弃一切权力，把共和国交还给元老院和罗马人民，他将作为一个普通公民退隐山林。

屋大维投石问路，激起巨大反响。元老贵族们惴惴然如履薄冰，弄不清楚屋大维此举究竟是何用意，不敢表达真实想法。为安全起见，他们纷纷恳求屋大维收回成命，以免国家和人民重遭劫难。这正是屋大维所渴望见到的场景。

经过一番紧急磋商和劝说，屋大维最终答应为全体罗马人利益而继续执政。公元前 27 年 1 月 16 日，元老院授予屋大维“奥古斯都”① 称号，同时在元老会堂中设置一面金盾，镌文称颂屋大维拯救罗马人的丰功伟绩。

屋大维的演说，以恢复共和国名义，为早已死亡的共和国举行了最后葬礼。元首政治登上罗马历史舞台。屋大维崛起时是代表民主派利益的，与苏拉、恺撒相比，大多数罗马人并不将他当作独裁君主，而是将他当作共和的传统化身。罗马人热烈拥护屋大维为奥古斯都，当罗马至高无上的统治者，维护他们内心所期待的民主，事实上却是亲自在愉快中将民主埋葬了。

极少数罗马人不拥护利用民主热情当上独裁君主的屋大维。他们想方设法阻止屋大维实现独裁目标，只不过阻挡不了历史潮流。公元前 23 年，共和分子法尼乌斯·卢弗斯拉拢包括执政官瓦罗·穆列那在内的一些人，一起策划刺杀屋大维。事情泄密，参加者都受到严厉惩罚。

屋大维突然惊醒，发现自己全身心为罗马的和平与稳定而付出，却依然被一部分人嫉恨。他萌发以退为进想法。公元前 23 年 7 月，屋大维主动辞去已担任 9 年之久的执政官职务。

元老院把担任执政官看作政治生活中的最高荣誉。元老贵族对屋大维长期霸占执政官职务，虽不敢怒形于色，但私下也早有微词。屋大维主动辞职，他们非常高兴和满意，选择尊重屋大维的意愿。

早在公元前 36 年，屋大维已成为终身保民官。从公元前 23 年起，保民官职务被看成他年复一年当选的职务。因为终身保民官职务，屋大维辞去执政官职务，也并没失去对内政事务的控制权。他主动辞职的行为，从心理上赢得了罗马人的好感。屋大维有独一无二的威望，虽然不担任执政官，但仍然有不可忽视的影响力。

辞去执政官职务不久，屋大维就恢复他早在三头同盟时期就行使过的干预行政官员选举的权力。他有权接受或拒绝候选人名单，以此确定官员候选人，以使选举流于形式，巩固他至高无上的权力。他还恢复三头同盟时期所惯用的宣誓

① 奥古斯都，原意为神圣伟大，至尊至圣。屋大维被罗马元老院尊号“奥古斯都”。后来，奥古斯都在罗马变成皇帝的代称。

仪式：所有当选官员在就职时必须庄严宣誓：无论过去或将来都恪守奥古斯都的一切指令。他还获取以个人名义同外国签订条约的特权，无须提交元老院或罗马公民大会批准。罗马俨然成为屋大维个人的天下。不难看出，屋大维辞去执政官只是表面上交出权力，显示他推崇民主，而后又采取措施进一步强化他的权力——他比以前任何时候都独裁。

屋大维以退求进策略再次取得成功。尽管他一再声称自己是普通民选官员，他的权力是元老院和罗马人民授予的，服从于法律的最高权威；尽管他所拥有的各种特权，如果一项项分开来看，都可以找到先例，但从整体上看，他的地位和权力已经远远超过同僚，与共和国的传统格格不入——元首政治——无论从哪方面来看，罗马都像帝国而不是共和国。

屋大维强化个人权力并未到此为止。在罗马政坛上，他的独裁意愿越来越浓。公元前 18 年，屋大维第二次对元老院进行改组。他把元老人数进一步削减到 600 人，且规定成员名单由元首亲自确定。这意味着元老院不仅人数变少，且已经变成听命于奥古斯都的机构，听话的贵族有机会谋得职位，不听话的贵族根本就与元老无缘，无论曾经地位多高或者多富有。改组后，元老院的权限大大削弱。

与此同时，一个对元首负责、唯元首之命是从的执行委员会诞生，并逐渐成为核心权力机构。执行委员会成员包括代表屋大维治理各行省的总督、财务督察使以及他们手下的文职官员。这些“钦定”官员年复一年地行使其职权，经验丰富，且领取丰厚报酬。从此，职业官员取代共和时代经常改选的官员，奥古斯都有了比以往任何时候都强大的执行机器，有了实施独裁统治得心应手的工具。

在对外政策上，屋大维也进行了多种改革。他调整行省制度和统治行省居民的政策，除埃及、叙利亚、西班牙和高卢仍归奥古斯都直接管辖外，其他行省都归元老院派的总督管辖，但派遣军队、征收军税、管理地产的权力都归奥古斯都。在行省中，奥古斯都还设立自治市，取消行省直接收税的包税制。他还把公民权授予各行省上层分子，让大批退伍老兵移居各行省，推进各行省罗马化，加强罗马对地方的统治。

屋大维改组元老院时，也采取许多加强控制军队的措施。他宣布裁军，将罗马军裁减至28个军团，维持在20万至25万人。除城防军和近卫军，亚平宁半岛没有正规军，各军团全部驻在其他行省。他用从埃及带回的大量战利品赏给士兵，保证给退伍军人土地，不再没收其财产。他严肃军纪，要求士兵绝对服从，对违反的人处鞭笞乃至死刑。罗马军对屋大维的向心力大大加强。

公元前12年，退出政界出任罗马最高祭司团祭司长的雷必达病故。雷必达死后，屋大维独一无二的权威进一步突出。罗马人并没意识到这有什么不好，而是对屋大维更崇敬。人们从各方汇集到罗马城，推选屋大维任最高祭司团祭司长。屋大维当仁不让地兼任祭司长，成为罗马宗教组织首领。

到此时，屋大维已经将军权、政权、立法权和宗教权集于一身。罗马任何一个官员，相比屋大维，都是难以望其项背。

公元前2年，屋大维又被罗马元老院、骑士和平民一致宣布为“祖国之父”。共和的幻想被独裁的现实彻底征服。奥古斯都元首政治最终冲破它前进道路上的一切障碍确立下来。从此，罗马人不需要再选执政官、保民官、祭司长等官员，只需要一起听命于元首。罗马存在752年的共和制度，最终在“民主派英雄”屋大维手里正式结束。

屋大维成为罗马帝国第一个皇帝，是罗马走向新时代的标杆性人物。

第八章　皇帝传承游戏

元首独裁制弊端很快给罗马帝国带来负面影响。罗马帝国宫廷丑剧迭出，内部动乱不断，最终军事强人成为皇帝。罗马皇帝传承颇有特色，一方面推崇威权主义和专制主义，一方面遗有“民主之风”，对皇位“择贤立之”。

1. 令人失望的继任者

罗马实行元首制后，最高统治者不用选，各级官员也不用选。国家元首即皇帝，帝位是世袭的，皇帝在世时指定继承人，元老院和公民大会在皇帝死后走个形式承认就行。不过，事情并没那么顺利。元首独裁制弊端很快就带来了负面影响。屋大维之后的几位皇帝都残暴，给罗马带来一场又一场血雨腥风。

在政治上，屋大维毫无疑问是成功的，但在家庭生活中，他却是毋庸置疑的失败者。这种失败影响罗马帝位继承，也影响罗马历史方向。

屋大维没有儿子，只有个女儿叫朱里亚·恺撒里丝。屋大维的亲外甥玛尔凯路斯娶了朱里亚。屋大维最初中意的继承人是玛尔凯路斯。公元前 23 年，玛尔凯路斯死于食物中毒。朱里亚改嫁给屋大维的心腹马尔库斯·阿格里帕，生下三个儿子与两个女儿，依次为盖乌斯·恺撒、路西乌斯·恺撒、维普撒尼娅·朱里亚、大阿格里皮娜、波斯图姆斯·阿格里帕。马尔库斯·阿格里帕死后，屋大维领养了盖乌斯·恺撒、路西乌斯·恺撒，计划将他们作为继承人培养。

与此同时，屋大维对继妻莉薇娅在前一段婚姻所生的尼禄·克劳狄乌斯·杜路苏斯·日耳曼尼库斯与提比略·克劳狄乌斯（后简称提比略）也非常重用，收为养子，派他们率军去日耳曼建功立业。他们率罗马军征服了一大部分的日耳曼部落。

公元前12年，马尔库斯·阿格里帕死后，提比略跟妻子离婚，迎娶朱里亚。提比略分担奥古斯都的保民官职权，但不久就退隐。公元前9年，尼禄·克劳狄乌斯·杜路苏斯·日耳曼尼库斯死去。公元前4年和公元前2年，盖乌斯·恺撒、路奇乌斯·恺撒分别死去。提比略被召回罗马城，与波司图姆斯·阿格里帕共同成为屋大维的继承人。

提比略娶了波司图姆斯·阿格里帕的生母朱里亚，却容不下波司图姆斯·阿格里帕。公元14年8月19日，屋大维死去。他的继子提比略继承帝位，他的外孙波司图姆斯·阿格里帕被放逐，不久后被处死。提比略继承养父的权力后，建立罗马历史上的朱里亚·克劳狄王朝，其中，朱里亚意为继任皇帝和屋大维的家系，克劳狄意为继任提比略的家系。

提比略很小就随母亲莉薇娅与屋大维一起生活，是从宫廷环境中长大的专制统治者。提比略青年时就荣宠加身，出任执政官，妄自尊大又残忍凶狠。他头脑里丝毫没有古典公民的政治观念，推崇血腥暴行和偏爱腐化荒淫生活。

为巩固统治地位，提比略也学屋大维一样，软硬兼施，缓和皇帝与元老院之间的矛盾，压制公民大会，提高元老院地位，即取消公民大会的选举权、立法权，把那些权力交给元老院。这赢得了元老贵族们的欢呼，也进一步肃清了公民大会的政治影响，铲除了民主共和政治最后的土壤，为他实施独裁扫清了障碍。

任何对皇帝的非议，提比略都严厉制裁。对一切反对皇帝的行为，他都坚决镇压，无论是贵族，还是公民，或者是奴隶，只要触犯这一条，概莫能外。

在提比略统治下，元首顾问会成为固定机构，经常处理国务事件，权力明显增大。同时，提比略进一步从亲信骑士、侍从，甚至被释奴隶中选任官员，让亲信包揽政事，管理皇室事务，逐渐形成独立于元老院等机构以外的宫廷官僚体系。

提比略也意识到自己不得人心，担心自己的安全，时刻提防被人暗害。他特别宠信近卫军，给他们优厚待遇，把近卫军都集中到罗马城和皇帝行宫周围，通过他们日夜值班放哨来加强安全。近卫军受提比略特别宠信，很快成为提比略阴谋暗害最喜欢用的工具。后来，宫廷政变不断出现，近卫军扮演着决定皇帝废立的角色。

提比略对他人过于残暴，与之相处久了，近卫军中也有人怨恨他。公元37年，近卫军在卡普里岛行宫杀死提比略。提比略侄子日耳曼尼库斯①和屋大维外孙女生的儿子卡尼古拉②继位为皇帝。

卡尼古拉自幼在罗马军中长大，受军队拥戴。但是，他当皇帝后，暴虐得骇人听闻。近卫军又于公元41年将他杀死，册立他叔叔克劳狄乌斯③为帝，即克劳狄乌斯一世。

克劳狄乌斯一世娶卡尼古拉姐姐、亲侄女阿格里皮娜④为妻子。这种近亲结婚是罗马帝国“保证皇室血统纯洁”“肥水不流外人田”的常见做法。

克劳狄乌斯一世是罗马近卫军选出的皇帝，有统治经验、有作为，也一度

---

①日耳曼尼库斯，此处指尼禄·克劳狄乌斯·杜路苏斯·日耳曼尼库斯的儿子。

②卡尼古拉是第三位皇帝，是一位恶名昭彰的暴君，荒淫失德，嗜好杀人，长期与妹妹保持着不伦之情，心理和精神上都极度不正常，奉自己为神明，最后人神共愤，在位不过4年，28岁时被当年曾经拥立他的护卫所杀。

③即提比略·克劳狄乌斯·尼禄·日耳曼尼库斯（公元前10年—公元54年），称为克劳狄一世，又译克劳狄乌斯一世。他是罗马帝国朱里亚·克劳狄王朝的第四任皇帝，公元41—公元54年在位。他的统治力求各阶层的和谐，凡事采取中庸之道，修补了卡尼古拉时期皇帝与元老议员之间的破裂关系，提高行省公民在罗马的政治权力，并兴建国家的实业。

④阿格里皮娜，全名尤利亚·维普桑尼亚·阿格里皮娜，奥古斯都外孙女大阿格里皮娜的女儿，罗马皇后，暴君尼禄的母亲，克劳狄乌斯一世第四任妻子。她是罗马帝国早期的、著名女性人物，也是古代世界最有名的投毒者之一。

给罗马带来稳定和发展的希望。

克劳狄乌斯一世进行机构改革，把皇家办公厅转变为中央政权管理机构，分为三处：秘书处掌管外交、军政和内务，财务处掌管财政，司法处掌管法律、申诉事务。元老院和其他旧官署的行政职权几乎都移交给了直属于皇帝的官僚机构。直属于皇帝的官僚机构往往以皇帝宠信的被释奴隶为核心官员。这加强了皇帝对贵族的管控。因为那些被释放的奴隶会因天壤之别的生活而死心塌地忠诚于皇帝；贵族享有经济和政治的特权，授权被释放的奴隶掌管国家政权，可以很好地监督和制约贵族。

除加强皇帝独裁权，克劳狄乌斯一世还积极扩大统治基础。他进一步将罗马公民权广泛授予各行省居民，允许高卢贵族担任高级官员、进入元老院，大力提拔骑士，扩建奥斯提亚海港。无论从当时还是后来看，站在独裁者立场上看，这是恩威并施，有奥古斯都屋大维当年的风采。如果这些政策能长期执行下去，皇帝权力将会再次被巩固。

阿格里皮娜对克劳狄乌斯一世不感兴趣，对罗马的前途和未来也不感兴趣，对权力却有着天生的狂热。克劳狄乌斯一世当皇帝太贤能，政事处理得井井有条，阿格里皮娜即使当上皇后，在军政大事上也插不上手。阿格里皮娜心里异常不舒服。她起歪心思，秘密搞阴谋。公元 54 年 10 月，在一场家庭晚宴中，克劳狄乌斯一世因食物中毒而死。

事后，阿格里皮娜将与前夫所生的儿子尼禄①扶上皇位。她幻想晋级当皇太后，垂帘听政，直接掌控罗马军政大权。

阿格里皮娜想得很美好，做事也很毒辣，但到死时才发现自己其实很天真。尼禄远远超过她的想象。尼禄荒淫无耻史无前例，在当皇帝后，首先将屠刀砍向母亲阿格里皮娜以及他的几个兄弟。阿格里皮娜想左右罗马军政大权，没想到连皇太后封号都没捞到，就成为儿子的刀下鬼。阿格里皮娜毒死丈夫，却被儿子下毒手，令人侧目。

---

① 尼禄，全名尼禄·克劳狄乌斯·恺撒·奥古斯都·日耳曼尼库斯（公元 37 年 12 月 15 日—公元 68 年 6 月 9 日），罗马帝国第五位皇帝，朱里亚·克劳狄王朝最后一位皇帝。

尼禄沉迷淫乐，骄奢无度，残忍凶暴，且非常自恋。他沉溺于观看各种演出，常以天才艺术家自居，经常登台演戏，不务政事。

不仅如此，尼禄还喜欢将赏赐金钱当作娱乐。他身边的近卫军和近侍，谁能逗他开心，不管是荤的素的，不管是无意的有意的，他都随手一挥，赏赐大量金钱。尼禄身边近卫军和近侍的心思都不在护卫上，而是成天揣摩皇帝的心思，想方设法让皇帝开心。

尼禄不务国事，极力挥霍，很快导致国库空虚，财政日益紧张。他想都不想，下令加税。那些溜须拍马的官员巴不得加税，以便抓住机会敲诈勒索民众。这一命令传达到各地，各地民众愤怒了。

尼禄根本不了解民情，也不在乎什么民情，只要自己开心，一切都是可以牺牲掉的。公元 64 年，罗马城内发生大火，连续烧了 6 天，全城 14 区有 10 区焚毁殆尽，民众死伤无数。作为皇帝，尼禄不派人去救火，却登楼观火，饮酒作乐，左抱右拥，不时被大火中惨遭烧伤人的挣扎号叫逗得哈哈大笑。

于是，有流言说尼禄为毁掉民房建造新宫而故意纵火。尼禄意识到流言传播对其不利，立即大肆捕杀有嫌疑的人，采取暴力手段压制和恐吓民众，不准传播流言。这种暴政使公民忍无可忍，沸腾的民怨激起各地反抗浪潮——西部不列颠女王鲍狄卡举行起义，杀死罗马殖民者数万人；东部巴勒斯坦犹太人也揭竿而起，全歼耶路撒冷罗马驻军；西班牙高卢也燃起反抗烽火……

罗马帝国陷入分裂。尼禄一下子变成孤家寡人，众叛亲离，连他经常赏钱的近卫军和已经没什么权力的元老院，都陆续宣布他为祖国之敌。外有反军进逼，内有近卫军背叛，尼禄走投无路。公元 68 年 6 月 9 日，尼禄抽出长剑，在脖子上一抹了之。

尼禄死后，各行省的罗马军团纷纷拥立自己的指挥官为皇帝。打了一年多内战后，东部各行省奴隶主和多瑙河军团拥立的皇帝韦帕芗[①]取得胜利。韦帕芗

---

① 韦帕芗（公元 9—公元 79 年），又称韦斯巴芗，古罗马弗拉维王朝第一位皇帝，统治罗马期间为公元 69 到公元 79 年，也是罗马四帝之年最后一位皇帝。他出身行伍，在夺得皇位后，积极与罗马元老院合作，致力改革内政，结束纷扰的四帝之年，并让自己子嗣顺利继承皇位。

建立弗拉维王朝。

在元老院认同下，在民主派真心拥戴下，屋大维当上罗马元首，并在调整各阶层各地利益过程中将共和制改为帝制，当上罗马首位皇帝。令人遗憾的是，他的继承者却非常凶残腐化，宫廷丑剧迭出，内部动乱不断。罗马帝国最终到了军事强人当皇帝阶段。

2. 不在意耶路撒冷的愤怒

韦帕芗登上历史舞台，建立新王朝，实现罗马帝国首次王朝更替，影响着罗马历史方向。

韦帕芗粗鲁勇猛，粗中有细，处世不择手段，精明强干，善于在危机中寻找生机。他称帝时，各行省叛离，军纪败坏，财政拮据。继位后，他将复杂的事简单办，采用武力镇压和紧缩开支的政策。他首选的武力镇压目标，是巴勒斯坦犹太人起义。

为顺利实现目标，韦帕芗将这一重任交给儿子提图斯·弗拉维乌斯·维斯帕西亚努斯（此后简称提图斯）。

公元 67 年，韦帕芗曾奉尼禄的命令率 5 万罗马军征讨犹太人，但未获得成功。他内心有很大遗憾。做皇帝后，他命令提图斯率罗马军全力镇压巴勒斯坦犹太人起义，以此立威。

公元前 63 年，庞培率罗马军反击本都军。本都王米特拉达梯六世战败，走投无路，自杀而亡。本都成为罗马附属国。庞培挟战胜本都的余威，率罗马军在东方扩张。他先将叙利亚变为罗马行省，然后率罗马军进攻犹太王国。

当时，犹太玛卡贝王朝的希尔卡努斯和阿里斯托布路斯正在争夺王位。庞培支持亲罗马的希尔卡努斯登上王位。拥护阿里斯托布路斯的民众拒绝服从希尔卡努斯统治。他们武装起来，占领耶路撒冷神殿，与新国王希尔卡努斯形成对抗。庞培派罗马军帮希尔卡努斯去围剿那些武装起来对抗国王的犹太人。在苦战三个月后，罗马军攻破耶路撒冷神殿，将反对者镇压了下去。

庞培出手帮助犹太王希尔卡努斯，根本目的是趁机扩张罗马领土。在镇压反对者后，庞培进一步加强控制希尔卡努斯，把犹太国大部分领土并入罗马叙利亚行省，只留下巴勒斯坦中部、佩列阿和加利利。随后，庞培任命犹太王希尔卡努斯为祭司长，负责统治犹太国。犹太国世俗政权掌控在安提帕特尔手中，希尔卡努斯早已经变成傀儡。

公元前 57 年，罗马把犹太王希尔卡努斯管辖的地区分为 5 个自治公社，剥夺希尔卡努斯的世俗权力，仅仅保留他在宗教方面的权力。犹太人先受本都人压迫和剥削，本都灭亡后，又受罗马人压迫和剥削，民众不满情绪日益增长。

罗马人不管犹太民众是否满意。克拉苏率罗马军出征帕提亚时，肆意劫掠耶路撒冷神庙及其宝库。这事激化了犹太人和罗马人之间的矛盾。公元前 52 年，犹太人举行起义，但遭罗马军镇压，有 3 万多人被卖为奴隶。犹太人不得不忍气吞声，继续接受罗马的压迫和剥削。

罗马国内斗争激化后，犹太人介入恺撒与庞培之间的斗争。此前受庞培打压的阿里斯托布路斯和两个儿子都支持恺撒。公元前 48 年，恺撒所部罗马军在埃及亚历山大里亚城被起义军包围时，安提帕特尔也给了恺撒所部帮助。他们想感化罗马人，让罗马人对犹太人好一点。

恺撒在脱险之后，为报答犹太人，豁免了他们应交纳的全部赋税，把加法城归还给他们，保证犹太人内部自治和宗教信仰自由，允许犹太人重建庞培挖掉的耶路撒冷城墙。同时，恺撒命令犹太人保卫国界，承担与此有关的开支。

此后，在对待罗马人态度上，犹太国内不同势力一直存在着分歧和斗争。公元前 40 年，帕提亚军进攻罗马叙利亚行省，还攻下犹太国，掳走犹太王希尔卡努斯。

恺撒被刺后，安东尼支持安提帕特尔儿子希律为犹太统治者。公元前 37 年，安东尼率罗马军击败帕提亚军，占领耶路撒冷，扶植希律为王。公元前 30 年，屋大维继续承认希律的地位，将庞培在公元前 63 年从犹太国划出的大部分城市交给他管辖。公元前 4 年，希律死去，罗马趁机将犹太王国分为三部分，分别交给希律的儿子安提帕斯、阿尔赫拉乌斯和菲利浦统治。其中，阿尔赫拉乌斯的统治不得人心。

公元 6 年，屋大维废黜阿尔赫拉乌斯，在他的统治区设置犹太行省，派总督治理。不过，在犹太行省内部，保留了犹太人的自治权。公元 34 年，菲利浦死去，他的统治区并入罗马叙利亚行省。公元 37 年，罗马又将这一地区交给菲利浦的侄子阿格里帕，让阿格里帕以犹太王的名义管理。

公元 39 年，阿格里帕又领有安提帕斯的故有统治区。公元 41 年，克劳狄乌斯一世将犹太行省并入犹太王国。公元 44 年，阿格里帕死去。罗马又将犹太王国重新改为犹太行省。

公元 66 年，犹太人在恺撒列亚发动起义。恺撒列亚是犹太人和非犹太人杂居城市。受过希腊文化教育的非犹太人向尼禄的亲信加鲁斯提出申诉，要求在恺撒列亚的非犹太人在享有公民权方面占据优势。加鲁斯表示支持。

在恺撒列亚，犹太人与非犹太人爆发冲突。一些犹太人离开恺撒列亚，躲避冲突。罗马统治者强迫他们必须返回恺撒列亚。这无疑是将犹太人往死里逼。公元 66 年 8 月 6 日，在恺撒列亚街道上，犹太人与非犹太人发生冲突，曾经离城的犹太人被杀。这一事件激起犹太人在耶路撒冷起义。

犹太教吉拉德派领导了起义。吉拉德派力图推翻罗马人统治，还想消除大地主、高利贷者和犹太教僧侣的压迫。这一派中，激进分子被罗马人称为西卡里，意为“凶手”，西卡里主张用恐怖手段跟罗马人斗争。

西卡里主要成员是奴隶、贫苦农民和城市下层居民。布鲁斯推行歧视犹太人的野蛮政策。犹太人中较富裕的中间阶级也参加了起义。起义者首领是吉斯卡拉·约翰和吉奥拉的儿子西门。

耶路撒冷爆发反罗马起义时，拥有任命耶路撒冷神庙祭司长和管理神庙宝库权力的犹太国王阿格里帕二世在城里。阿格里帕二世企图说服犹太人不要反罗马起义，失败后，又试图用武力制止起义，还是没得逞。受压迫犹太人的情绪被进一步激怒。

起义军杀死在神庙附近堡垒中人数不多的罗马军，然后围攻王宫。王宫卫队主动投降起义军，被获准安全地撤走。驻在王宫中的罗马军抵抗一阵子后，挡不住起义军猛攻，不得不投降。起义军将投降的罗马军全部杀掉。随后，犹太起义军占领耶路撒冷，将驻守在耶路撒冷的罗马军全部消灭。

耶路撒冷起义胜利的消息传遍犹太王国。各地起义者深受鼓舞。不过，在犹太人起义顺利发展时，许多犹太人和非犹太人杂居的地区，诸如大马士革、阿斯卡隆、斯基托波尔等地，都发生了犹太人和非犹太人之间激烈的冲突。

驻叙利亚行省的罗马军统帅加鲁斯得知耶路撒冷城起义的消息，立即率罗马军前去镇压。他掌管 2 万名罗马兵，1.3 万名各附属国兵，还有为数众多的叙利亚辅助军，军事实力远远比犹太起义军的强大。

罗马军一举攻占加法城，屠杀所有居民。公元 66 年 9 月，加鲁斯率罗马军攻入耶路撒冷。在神庙和王宫坚固城墙面前，加鲁斯所率罗马军一筹莫展。不知什么原因，加鲁斯下令撤围后退，甚至命令抛弃辎重和殿后军队。这是一个谜。或许连加鲁斯本人也不知道原因。

罗马军突然撤退，犹太起义军死里还生。他们又控制了巴勒斯坦大部分地方，只有部分希腊移民城市在坚守。

公元 67 年 2 月，尼禄派韦帕芗率罗马军镇压犹太人起义。韦帕芗率约 5 万名罗马军向巴勒斯坦进军。他采取步步为营战略，尽量不使军力过于分散，以免遭到起义军袭击和分割包围。他先消耗起义军，再消灭起义军。到公元 68 年夏天，罗马军才四面包围耶路撒冷。

罗马军没急忙进攻，步步为营。犹太起义军紧绷的神经松下来，内部斗争也尖锐复杂起来。高级僧侣和法利赛派[①]要求与罗马媾和。贵族把政权交给由高级僧侣组成的议事会，企图瓦解起义军。吉拉德派分为以约翰和西门为首的两派，彼此之间不断斗争。内部分裂严重削弱了起义军力量。

这时，罗马局势变幻临时救了犹太起义军。韦帕芗率罗马军围攻耶路撒冷

---

① 法利赛派，当时犹太教的一个派别。

时，收到皇帝尼禄自杀的消息。按照罗马法律，皇帝死亡，前线军事统帅的权力随之终止，需要等新皇帝重新授权。韦帕芗下令停止军事行动，观察时局变化。犹太起义军又迎来一段和平的时光。

没多久，韦帕芗得知各行省军事将领拥兵自立。别人拥兵自立，他也可以。不过，韦帕芗没着急宣布自立，而是先通过进攻犹太起义军展示实力，让元老院相信他的实力，从而争取到元老院支持。

公元 69 年 6 月，韦帕芗率手下精锐进攻犹太起义军，展示他的实力。这一支罗马军行动迅速，战斗力强，一举攻占赫布隆，表现令人惊叹。趁此机会，在军队拥护下，韦帕芗宣布自己为罗马皇帝。

为了掌控整个罗马，韦帕芗率手下精锐军杀回罗马城。另一部分军队，他交给大儿子提图斯·弗拉维乌斯·维斯帕西亚努斯统率，继续驻扎在东方。提图斯暂时没率军进攻耶路撒冷，而是率军到叙利亚行省，然后转到埃及行省，随时做好从海路撤回亚平宁半岛、支援韦帕芗所部的准备。

韦帕芗成功打造了“强人形象”。在进军罗马城过程中，他武力征服和收买元老贵族相结合，取得很好效果。公元 69 年底，争夺罗马皇帝宝座的斗争结束。韦帕芗当上皇帝，立即命令提图斯率军返回巴勒斯坦，结束犹太战争，恢复对犹太人的统治。提图斯深深明白此战的意义，执行起来不敢有丝毫马虎。

提图斯率罗马军进攻耶路撒冷。据守耶路撒冷起义军物资的匮乏，受到饥饿威胁。他们仍然英勇战斗，顽强抵抗。在大敌当前时，西门和约翰结束内讧，重归于好，联合抗击罗马军。

在西门和约翰领导下，犹太起义军多次打退罗马军进攻，多次获得胜利。提图斯决心在巴勒斯坦建立大功，不惜代价消灭犹太起义军。罗马军无论是数量，还是战斗能力，都占绝对优势。犹太起义军取得的一些小胜利根本无法摧毁罗马军主力。提图斯率罗马军一次又一次发起猛烈进攻。

公元 70 年 8 月，犹太起义军固守的地方接连失陷。罗马军攻入耶路撒冷城内。犹太起义军与罗马军进行巷战，誓死抵抗，顽抗一个月之后，以失败告终。西门和约翰都被俘。提图斯率罗马军以胜利者姿态进入耶路撒冷城内。

埃列阿查尔[1]率犹太起义军余部在马赫拉和马萨达继续战斗。提图斯继续率罗马军紧追不舍。直到公元 73 年，被罗马军围在马萨达的犹太起义军在杀死妻子儿女后集体自杀。犹太人反抗罗马暴虐统治斗争，被罗马军扼杀在血泊之中。

公元 71 年，提图斯返回罗马城时，韦帕芗特意下令举行凯旋仪式。被俘的西门被处死，约翰被终身监禁。提图斯成功镇压犹太起义军，稳定了罗马在东方的统治，为他父皇韦帕芗解决罗马面临的困局做出了巨大贡献。

在西部，韦帕芗也派人成功镇压高卢等地起义。罗马统治恢复稳定。尼禄荒淫暴虐导致的危机，被韦帕芗解除。弗拉维王朝得到巩固。

在财政方面，韦帕芗紧缩宫廷开支，同时也广辟税源。罗马的苛捐杂税名目繁多，甚至上厕所也要收税。提图斯都觉得有些税收过分苛刻。但是，为解决财政危机，韦帕芗丝毫不觉得有什么不妥，令各地继续收税。

在提高与加强行省地位方面，韦帕芗有较大贡献。他知道，武力解决各行省分裂问题后，如果各行省对罗马没向心力的话，以后迟早还会出现分裂。他决定让各行省奴隶主的上层分子参与元老院。

公元73年，韦帕芗下令改组元老院，从各行省奴隶主上层选出优秀分子，让他们加入元老院，同时将西班牙和高卢等行省千余家富户迁入罗马城，授予许多西班牙城市居民公民权。韦帕芗清楚地认识到，罗马必须进一步获得各行省奴隶主的支持，真正成为整个地中海奴隶主阶级的统治机构，而不仅仅局限于罗马的奴隶主阶级。统治基础扩大了，各地对罗马皇帝的忠诚度也会加强。

当然，所有措施的核心是加强专制皇权。韦帕芗知道，无论罗马治理得多好，如果皇帝的权力削弱了，那么一切治理会变得毫无意义。他迫使元老院通过《全权法》，让元首获得最广泛的权力；同时整顿军队，严肃军纪，规定各

① 埃列阿查尔，加利利人犹大的孙子。

地驻军在同一个行省内招募，然后轮流在本省之外的各行省驻扎，消除割据分裂的土壤。

经过一番努力，罗马稳定了下来，避免了分裂，还在一定程度上有所复苏。罗马帝国第二王朝进入发展壮大时期。

3. 五贤帝时代

韦帕芗死后，提图斯[①]继位当皇帝。提图斯有较丰富的军政经验，继续承平之治。他在位三年便死去，弟弟图密善[②]继位。

图密善在父兄庇荫下长大，庸碌无为，却刚愎自用，特别喜欢彰显本事，突出他的才干能超越父兄。他以主上和神自居，改革罗马货币，大兴土木，大规模重建被破坏的罗马城市，在日耳曼黑森林地区修建日耳曼长城，巩固罗马边境的防御。此外，他还主导了对不列颠和达契亚的战争。图密善在位期间，阿古利可拉率罗马军取得格劳皮乌斯山战役胜利，成功将罗马的势力范围扩张到苏格兰。不过，罗马军两次征战达契亚，都失败。

图密善推崇威权主义和专制主义。他在位时期，罗马的宗教、军事和文化宣传都助长了民众对皇帝的崇拜。他自我感觉进一步膨胀，自我任命为终身监察官，试图控制公众和个人的行为及道德。他的一举一动，受民众和军队的欢迎与尊敬，却成为元老贵族心目中的暴君。公元 96 年，罗马贵族发动政变。图密善死于政变之中。

---

① 即提图斯·弗拉维乌斯·维斯帕西亚努斯，罗马帝国皇帝，公元 79 到公元 81 年在位。

② 图密善（公元 51 年 10 月 24 日—公元 96 年 9 月 18 日），原名提图斯·弗拉维乌斯·多米提安努斯，又译作多米提安。罗马帝国第十一位皇帝，弗拉维王朝第三位也是最后一位皇帝，公元 81 年 9 月 13 日，罗马帝国皇帝，图密善之兄提图斯去世，图密善遂被近卫军宣布为皇帝。公元 96 年 9 月 18 日，图密善在一场阴谋中被刺杀，终年 44 岁，弗拉维王朝终结。

图密善死后，罗马刮起一股民主之风。元老院宣布图密善为人民公敌，推举元老贵族出身的涅尔瓦[①]为皇帝。他们希望拥立德高望重的人当皇帝，开辟贤主之治。当然，罗马不可能再回到共和国，他们寄托于选出圣贤的皇帝，领导罗马继续实行帝制。

贤德的涅尔瓦做了两年的皇帝（公元 96—公元 98 年）死去。他没将帝位传给儿子，而是"择贤立之"，以顺应罗马人渴望贤主的愿望。他传位给身边有经验的助手、继子图拉真[②]。图拉真贤能，是元老院贵族心目中的"最佳元首""最佳首领"，当了 20 年皇帝（公元 98—117 年）后，也学涅尔瓦"择贤立之"，传给助手、继子哈德良[③]。哈德良获得世人好评，当了 22 年皇帝（117—138）后，也模仿前辈"择贤立之"，传位给助手、继子安敦尼·庇护[④]。安敦尼政绩斐然，当了 24 年皇帝（138—161）。按照老规矩，安敦尼"择贤立之"，传位给助手、继子马可·奥勒留[⑤]。马可·奥勒留当了 20 年皇帝（161—180 年），死后却一改

① 涅尔瓦，全名马库斯·科克乌斯·涅尔瓦·恺撒·奥古斯都（公元 30 年 11 月 8 日—公元 98 年 1 月 27 日），原名马库斯·科克乌斯·涅尔瓦，中文又译作内尔瓦、尼法王。罗马帝国第十二位皇帝，安敦尼王朝第一位皇帝，五贤帝时代第一位皇帝，公元 96 年 9 月 18 日到公元 98 年 1 月 27 日在位。

② 图拉真（公元 53 年 9 月 18 日—117 年 8 月 9 日），罗马安敦尼王朝第二任皇帝，罗马五贤帝之一，公元 98 到 117 年在位。他在位期间，对内巩固经济和社会制度，对外发动战争，立下显赫战功，将罗马帝国疆域扩张到历史最大范围，曾经建立"图拉真纪功柱"记载自己功绩。他功绩卓著，获得罗马元老院赠予的"最佳元首""最佳首领"称号。

③ 哈德良，全名普布利乌斯·埃利乌斯·哈德良（公元 76 年 1 月 24 日—138 年 7 月 10 日），罗马帝国安敦尼王朝的第三位皇帝，五贤帝之一，117 到 138 年在位。他博学多才，个人爱好也很丰富。在位期间，他停止东方战争，与帕提亚国王缔结和约，改革官僚制度和法律。此外，他还在不列颠岛北部建造横贯东西的"哈德良长城"，以预防蛮族入侵。

④ 安敦尼·庇护，全名恺撒·提图·埃略·哈得良·安敦尼·奥古斯都·庇护（公元 86 年 9 月 19 日—161 年 3 月 7 日），他与涅尔瓦、图拉真、哈德良以及马可·奥勒留并称五贤帝。五位帝王统治时期给罗马带来一段黄金时期和空前繁荣。

⑤ 马可·奥勒留（121 年 4 月 26 日—180 年 3 月 17 日），全名马尔克·奥列里乌斯·安敦尼·奥古斯都。罗马帝国政治家、军事家、哲学家，罗马帝国五贤帝时代最后一位皇帝（161 年 3 月 8 日—180 年 3 月 17 日在位）。马可·奥勒留是罗马帝国最伟大的皇帝之一。他曾以希腊文写成哲学著作《沉思录》，在西方文明中具有独特地位。

近百年传统，让儿子康茂德[①]即位。康茂德当了13年皇帝（180—192年），变成“另一个尼禄”，最终被推翻，终结了罗马“帝位禅让”的黄金时代。

帝制和共和制是相对立的。在近百年间，罗马却巧妙地将帝制和共和制的优点成功结合在一起——为保证帝制，为保证皇帝是“择贤立之”，前任皇帝顺利地将帝位传到后一任，后一任与前一任皇帝没直接血缘关系。在实现帝制前提下“择贤立之”，吸取了共和国时代民主的优点，保证了罗马百年繁荣。马可·奥勒留将皇位传给儿子康茂德，破坏“择贤立之”传统。康茂德走上尼禄的老路。罗马也由此进入衰败时期。

“择贤立之”能够持续下去，最关键人物是图拉真。图拉真认可禅让制，将帝位传给哈德良。他所做一切都立足于罗马的长期利益考虑。他出生于西班牙伊塔利卡，在军队中成长，后来成为军团指挥官，公元91年当选执政官。

为稳定局势，涅尔瓦考虑到图拉真与军队关系密切，将他当作左膀右臂，又收为养子，立为皇储。历史证明，涅尔瓦确实慧眼识英雄，有知人用人之明。

图拉真军功卓著，享誉罗马帝国，且有丰富政治经验，善恤民情。他一继位就受朝野欢迎，在执政期间，又较妥善地化解了诸多矛盾。

图拉真关怀穷苦民众，发放救济粮，免税减赋，创建慈善机构，由元首办公处拨出基金救助孤儿，资助贫民子女，同时大修公共设施，在罗马城和各行省扩建增修道路、港口、桥梁、引水道等，对行省的管理也注意发展经济与维持社会稳定，选任官员侧重才学。

图拉真积极对外扩张，罗马领土在他在位期间达到了顶峰。图拉真派罗马军进攻达西亚[②]。达西亚人抵抗罗马军非常顽强，罗马军曾多次远征失败，这一

---

①康茂德，即鲁基乌斯·奥雷里乌斯·柯莫杜斯·安东尼努斯（161年8月31日—192年12月31日），又译为柯摩达、科莫德斯、高摩达、柯姆德斯，公元2世纪末罗马帝国皇帝，180年3月17日到192年12月31日在位。罗马帝国安敦尼王朝第七位皇帝，也是最后一位皇帝。康茂德是哲学家皇帝马可·奥勒留的儿子，却是“另一位暴君的典范”，结束了过去帝国五贤君时代的繁华，为罗马三世纪危机埋下了伏笔。康茂德遇刺身亡后，罗马帝国再次陷入混乱内战之中。

②达西亚，古代东欧游牧民族，主要生活在多瑙河以北，按照塔西陀《日耳曼尼亚》的记载日耳曼人分布在莱茵河以东和多瑙河以北，达西亚属于日耳曼部族，也称达契亚、达基亚，主要在今罗马尼亚。101到106年，罗马皇帝图拉真曾二次兴兵攻打多瑙河下流的达西亚人，推翻达西亚国王戴凯巴路斯统治，把达西亚变为罗马的一个行省，并将大批罗马士兵和贫民迁移到那里去屯垦。

次也不例外。得知罗马军失利，图拉真下决心消灭达西亚，亲率20万罗马军，经过5年苦战，将达西亚人彻底征服，新设达西亚行省。

赢得达西亚战争后，图拉真又将目标瞄向东方，派罗马军冲过传统的幼发拉底河界，对帕提亚发起强势进攻。经过几年战争，罗马军占领帕提亚首都泰西封。帕提亚损失惨重，残余势力撤入东部山区。把两河流域置于罗马统治下，是罗马统治阶层多年的梦想。图拉真率领罗马军实现这个夙愿，威望也达到了顶峰。

图拉真大奏凯歌时，犹太人起义、塞浦路斯人起义浪潮汹涌。图拉真急忙抽兵镇压，不幸病死在途中。面临亡国的帕提亚人又有了生存的机会。

为镇压各地起义，继位的哈德良转攻为守，主动与帕提亚和解，退出两河流域。在西陲，他也采取守势，在不列颠岛上修造边墙，即哈德良长城[①]。

哈德良对外表现柔和，并不胆小怕事。他想优先镇压各地起义，保住罗马最基本利益。在保护最基本利益前提下，他丝毫不柔和，表现得极其强硬和狠辣。

131年，哈德良宣布，禁止犹太教徒举行割礼和阅读犹太律法，在耶路撒冷建立罗马神庙，把犹太居民赶出耶路撒冷。耶路撒冷是犹太教的发源地，是犹太人心目中的圣城。罗马人摧毁他们的宗教和家园。犹太人忍无可忍，再度爆发起义。

在有“星辰之子”之称的西门[②]领导下，犹太起义军发展到20多万人。他们占领罗马殖民地，杀死殖民者。对犹太人起义，哈德良丝毫没有犹豫，立即派军进行镇压，且对他们采取残酷政策。

犹太起义军是由非职业军人组成，战斗力远远不如正处在顶峰时期的罗马军，作战谋略也相差甚远。双方苦战3年后，罗马军将起义军镇压下去，共计毁

---

① 哈德良长城，是位于不列颠岛上的古长城，是罗马在占领不列颠时修建的，从建成后到弃守，它一直是罗马帝国的西北边界。哈德良长城包括城墙、瞭望塔、里堡和城堡等，完整地代表罗马时代的戍边系统。哈德良长城与安敦尼长城、日耳曼长城共同组成古罗马长城体系。

② 西门，此处是人名，犹太起义军领导者。

灭了 50 个犹太城市和 1000 余个村庄，共计屠杀 58 万人。

见犹太人不屈服，哈德良决定斩草除根，将当年罗马军在迦太基城的一幕搬到耶路撒冷城重演一遍。135 年，哈德良下令彻底破坏耶路撒冷城，把遗址翻耕成农田，不留下一点遗迹。他还下令将残存的犹太人卖为奴隶。从那一刻开始，巴勒斯坦田园荒芜，庐舍为墟。犹太人背井离乡，流散异地，长期漂泊。

在内政方面，哈德良却非常温和贤明，继续执行图拉真的政策。他在位 22 年间，罗马城和各行省的建设颇具成效，罗马工程技术与建筑艺术达到鼎盛——到处高大精美的建筑无不彰显罗马的强大与繁荣。

哈德良改变了罗马官僚的制度——元首办公处的官员全由骑士担任。当时，骑士已成为出任公职的基本资格。原来凭财产多取得做官资格已无效，皇帝先指定有服役资历的人为骑士，然后让他担任官职。元首顾问会也正式成为中央政权官僚机构，成员有元老、骑士、法学家，实行官阶官俸制。他还命令法学家按皇帝的意旨编撰《永久敕令》，作为帝国法律的基础。至此，罗马的国家体制已经非常完备。

安敦尼接替哈德良当皇帝时，他的历史任务已变成将罗马的繁荣持续下去。

安敦尼深知作为守成皇帝该做些什么。他治世以守成务实为特色。对外，他采取收敛防御政策，以求边境安宁无事，对内保持与元老贵族良好关系，加强对行省监督和管理，又整理财政，兴修道路，促进各行省经济繁荣和商业发展。

安敦尼当皇帝期间，罗马既无外战又无内战，是历史上少有的和平时期。他也是罗马历史上乃至世界历史上少有的成功守成皇帝，赢得历史学界称赞。当时，除奴隶外，罗马上下，无论是贵族、骑士，还是平民，都过着极其奢侈的生活，已经丧失积极进取精神，尤其是军队，长期没打仗，战斗力急剧下降。

马可·奥勒留也是靠"择贤立之"上位的。他的"贤"，既不是政治才干，也不是管理才干，更不是军事才干，而是哲学研究造诣——消极颓废哲学的造诣。

历史证明，让一个哲学家管理一个庞大帝国，这种贤才"专业不对口"，并不是急需人才。马可·奥勒留当皇帝后，罗马四境多事，内部紧张，危机四伏。

在东方，帕提亚恢复实力，屡屡主动进攻罗马帝国，侵占领土；在北方，蛮族又乘虚而入。罗马需要果断的军事统帅当皇帝，重振罗马军威，将来犯敌人打败、赶走。哲学家皇帝马可·奥勒留向往哲学沉思与宁静研究。军旅忙碌生活打扰他，令他非常苦恼。

马可·奥勒留信奉的消极颓废哲学，也对他治国产生负面影响。经过一番深入哲学思考，马可·奥勒留确立“以蛮治蛮”战略。他认为，让听命于罗马的蛮族人去打击进攻罗马的蛮族人，罗马只要出点钱，就可坐收渔翁之利，就可解决边疆危机。172 年，他允许一支日耳曼部落定居多瑙河南。这是蛮族定居罗马境内的开始，也是罗马走向衰败的开始。

马可·奥勒留另一失败策略，是废除“择贤立之”传统，将帝位传给儿子康茂德。康茂德不仅不贤能，相反暴虐淫逸，行为举动令人瞠目结舌，给人的第一感觉就是“尼禄再世”。许多罗马人认为康茂德是罗马的灾星。192 年，康茂德在元老院和近卫军联合组织的宫廷政变中被杀。

随后，无论是元老院或近卫军所支持的新皇帝，都不能控制帝国局面。一些行省的军队各自拥立长官为皇帝，各方刀兵相见，内战再次爆发。潘诺尼亚总督塞普蒂米乌斯·塞维鲁[①]最终成为内战胜利者。塞维鲁王朝随后建立。

罗马帝国新王朝建立，但黄金时代已经过去，罗马人也不能安享太平，长期处在内斗之中，内忧外患一直不断。虽然也有皇帝进行改革，但始终没能挽救罗马，更没实现复兴梦想。

---

① 塞普蒂米乌斯·塞维鲁（145 年 4 月 11 日—211 年 2 月 4 日），出生于罗马帝国阿非利加行省大莱普提斯，死于不列颠。塞维鲁王朝开创者，在 193 年 4 月 14 日成为罗马皇帝，在位到 211 年 2 月 4 日逝世。他是首位来自非洲的罗马皇帝。

第九章　鏖战两河流域三百年

罗马势力发展到两河流域后，遭遇新兴的大国帕提亚。罗马和帕提亚在两河流域鏖战 300 多年。帕提亚赢得战争，却迅速走上灭亡之路。罗马扩张被遏制，从此走上衰败之路。

1. 帕提亚崛起

罗马扩张到两河流域后，再也无法进一步向东扩张。两河流域成为罗马顶峰时期的最东边势力范围，罗马的主体领土止步于地中海沿岸地区，有个重要原因是，中亚强大帝国帕提亚强力阻击。

帕提亚领土一直在古波斯阿契美尼德王朝故地范围内。帕提亚的核心领土位于阿契美尼德王朝故地中部，罗马帝国占领阿契美尼德王朝故地西部，无论是帕提亚要“再现阿契美尼德王朝的辉煌”，还是罗马帝国要“再现亚历山大大帝的辉煌”，都必须消灭对手，占领阿契美尼德王朝故地全境。双方拼杀 300 多年的历史证明，帕提亚没这个实力，罗马帝国也没有。

亚历山大大帝死后，马其顿帝国随之分裂。中亚成为塞琉古王朝的天下。塞琉古王朝为“再现亚历山大大帝的辉煌”努力了几百年。当时，伊朗高原东北部的帕提亚地区生活着帕尼部落。帕尼部落受塞琉古王朝帕提亚总督统治。帕尼部民被称为帕提亚人。

公元前 2 世纪，罗马人在地中海沿岸扩张时，帕提亚人也在崛起。公元前 222 年，塞琉古皇帝安条克三世继位，武力镇压帕提亚和巴克特里亚的反叛后，向小亚细亚扩张，想兼并爱琴海沿岸的希腊城邦。

公元前 192 年，在埃托利亚同盟配合下，安条克三世率 1 万塞琉古军进攻希腊。罗马共和国及其盟友动员 2 万人参战，在塞莫皮莱击败塞琉古军。罗马军及其盟友一路猛追塞琉古军残部到小亚细亚。公元前 190 年，在小亚细亚西部的马格尼西亚，3 万罗马军与 7 万塞琉古军决战，赢得胜利。公元前 188 年，安条克三世被迫与罗马缔结和平条约。根据条约，塞琉古赔款撤军，还被限制招募军队。

事后，塞琉古国内爆发系列冲突、地方叛乱。从属塞琉古王朝的帕提亚趁机独立建国，发展实力。在接下来几十年中，在弗里阿帕提乌斯[①]、弗拉特斯一世[②]领导下，帕提亚人不声不响地发展实力。到弗拉特斯一世当皇帝时，帕提亚已从小部落发展壮大起来。弗拉特斯一世将帕提亚的疆域扩张到亚历山大之门[③]外，还攻占阿帕梅亚雷吉安纳[④]。弗拉特斯一世死后，米特里达梯一世[⑤]当皇帝，帕提亚的疆域扩张到顶峰，成为名副其实的帝国。

---

① 弗里阿帕提乌斯，帕提亚皇帝，公元前 191 到前 176 年在位。

② 弗拉特斯一世，帕提亚皇帝，公元前 176 到前 171 年在位。

③ 亚历山大之门，传说中的一个概念，其真实形态和地理位置并没有确定。历史上亚历山大追杀贝苏斯走的是绕过里海东南角的路线，后来，很多历史学家和文学记载将这座虚无缥缈的门逐渐“搬过”里海来到西侧的里海走廊。据说，该门之主死后将门传给东罗马的阿纳斯塔修斯一世，但阿纳斯塔修斯一世不愿意花钱花力在该门上驻扎守军，最终该门被萨珊王卡瓦德一世夺走。双方和解后，阿纳斯塔修斯建立了城市达拉，之后该城变为拜占庭和波斯战争的焦点。

④ 阿帕梅亚雷吉安纳，具体地理位置至今不明。

⑤ 米特里达梯一世，帕提亚皇帝，公元前 171 到前 138 年在位。

米特里达梯一世时，帕提亚帝国与巴克特里亚王国[①]的关系转差。米特里达梯一世一气之下，率军攻占巴克特里亚王国两个区。巴克特里亚王欧克拉提德斯一世[②]见帕提亚军势头凶猛，根本不敢迎战。

趁此机会，米特里达梯一世将目标转移到旧宗主塞琉古王朝。公元前 148 年，米特里达梯一世率帕提亚军进攻米底亚，攻占埃克巴坦那。塞琉古王朝因镇压提马克斯叛乱，忙于内战，无法及时反击帕提亚军。公元前 142 年，塞琉古王朝将军狄奥多特·特里丰叛乱。塞琉古军根本无力抵抗，也无力反击帕提亚。

趁此机会，米特里达梯一世率帕提亚军征服美索不达米亚的巴比伦尼亚。公元前 141 年，米特里达梯一世在塞琉西亚铸造硬币，还在塞琉西亚举行宣誓仪式，宣誓帕提亚对此地的统治权。

米特里达梯一世撤回到希尔卡尼亚时，帕提亚军已征服埃利迈利王国和查拉塞尼王国，攻占苏萨。帕提亚的疆域向东扩展到南亚次大陆西北部。

帕提亚第一个首都是赫卡通皮洛斯。米特里达梯一世不满足，又下令在塞琉西亚、埃克巴坦那、泰西封及密特拉达特克尔特建造皇宫。埃克巴坦那有帕提亚皇室的避暑山庄。泰西封是帕提亚举行加冕典礼的地方。

公元前 140 年，德米特里二世[③]率塞琉古军反攻控制美索不达米亚的帕提亚军。帕提亚军没做好防备，被击败，但很快稳住阵脚，转过身来对战。公元前 138 年，德米特里二世所部塞琉古军惨败。德米特里二世被帕提亚军俘虏，被押送到希尔卡尼亚。在希尔卡尼亚，米特里达梯一世将被俘的塞琉古皇帝德米特里二世当上宾招待，还将女儿罗多古娜嫁给他。

德米特里二世被俘虏后，安条克七世[④]当上塞琉古王朝皇帝。安条克七世召集一支由希腊雇佣军组成的军队，准备寻机夺回巴比伦尼亚。不过，安条克七世先集中力量，率军击败狄奥多特·特里丰所部叛军。公元前 130 年，安条克七世

---

① 巴克特里亚王国，中国史书中称大夏。

② 欧克拉提德斯一世，巴克特里亚国王，公元前 170 到前 145 年在位。

③ 德米特里二世，塞琉古皇帝，公元前 129 到前 126 年在位。

④ 安条克七世，塞琉古皇帝，公元前 139 到前 127 年在位。

率塞琉古军进攻帕提亚控制的美索不达米亚。巴比伦尼亚的民众趁机叛乱，杀死帕提亚任命的官员。弗拉特斯二世[①]惊慌失措，急忙派因达迪斯率帕提亚军前去迎战。

在大扎卜河沿岸，因达迪斯所率帕提亚军被安条克七世所率塞琉古军击败。帕提亚遭到重大挫折，安条克七世趁机率塞琉古军征服巴比伦尼亚和苏萨。在苏萨，安条克七世铸造硬币纪念这次胜利。事后，他继续率军逼近米底亚。帕提亚军连连战败，弗拉特斯二世已经没勇气再与塞琉古军作战，派人主动求和。

安条克七世趁机提要求，让帕提亚放弃所有侵占塞琉古领土的控制权，或者进献大量钱财并释放德米特里二世，否则和谈免谈。这是二选一的议和要求，让求和者选择。弗拉特斯二世看了和谈条件，认定安条克七世根本不想和谈。因帕提亚处于劣势，此时不利于决战，弗拉特斯二世采用拖的策略。他先释放被俘的塞琉古皇帝德米特里二世，将他护送到叙利亚，但没答应安条克七世其他的要求。他想将德米特里二世这个烫手山芋丢给安条克七世，让他们兄弟相互猜忌。

弗拉特斯二世只满足安条克七世的部分议和条件，却拒绝最实惠的那部分条件。安条克七世退兵退不得，进兵又违背信誉，有损威信。毕竟，塞琉古将士对帕提亚人拼死作战，打着的旗号是“为皇帝报仇”，德米特里二世被送回，一些将士便认为实现了作战目标。安条克七世只好一边继续围困，一边通过谈判，催促帕提亚人缴纳一笔钱财，好让他体面撤军。不过，帕提亚人不主动出战，也不缴纳钱财，静观局势变化。

没多久，帕提亚人期待的机会来了。安条克七世所率的塞琉古军在米底亚郊区大肆抢掠粮草，耗尽当地资源。公元前 129 年春季，米底亚郊区的民众爆发起义，攻击塞琉古军。安条克七世慌忙派军去镇压叛乱。弗拉特斯二世趁机率帕提亚军反击，一举击败塞琉古军，并杀死安条克七世。

弗拉特斯二世令人将安条克七世的尸体装进银制的灵柩里，送到叙利亚。安条克七世儿子继位，将安条克七世率军夺取的帕提亚土地还回去，然后将一个

---

① 弗拉特斯二世，帕提亚皇帝，公元前 132 到前 128 年在位。

妹妹送入弗拉特斯二世的后宫，以此求和。

弗拉特斯二世收复西面失地后，却发现属下的塞克人想闹事，因而同意塞琉古王朝求和。原来，公元前177年，大月氏被东邻匈奴打败，西迁到伊犁河谷。公元前129年，西迁的大月氏再次遭乌孙人驱逐，战败后南下巴克特里亚，占领塞克人的土地。塞克人被迫西迁，进攻帕提亚东北边疆地区。当年，米特里达梯一世在征服美索不达米亚后，立即回师希尔卡尼亚，就是因为要防范塞克人趁机作乱。

安条克七世率塞琉古军反击帕提亚，弗拉特斯二世连战连败，不得不征召一些塞克人充当雇佣军。弗拉特斯二世率帕提亚军对战安条克七世，一直处于劣势，根本没想到最终一战能将安条克七世消灭。在最后一战中，塞克雇佣军尚在路途中，没赶上加入战争，因而没机会分享胜利的战果。

塞克雇佣军向弗拉特斯二世索要军饷。弗拉特斯二世认为，塞克雇佣军对击败塞琉古军没做任何贡献，拒绝了他们。塞克雇佣军认为帕提亚人卸磨杀驴，忍无可忍，便举行武装反叛。弗拉特斯二世不屑一顾，趁着塞琉古王朝臣服的机会，命令塞琉古军跟随帕提亚军去镇压塞克雇佣军叛乱。结果，那些塞琉古军阵前倒戈，投向塞克雇佣军，一起攻击帕提亚军。弗拉特斯二世率帕提亚军亲征时阵亡，阿尔达班一世①继任皇帝。阿尔达班一世率帕提亚军继续与塞克雇佣军作战。四年后，米特里达梯二世②继任皇帝。

米特里达梯二世是军事强人，率帕提亚军成功收复被塞克人侵占的土地，还率帕提亚军进一步扩张了领土。

当年，塞琉古王朝弃守美索不达米亚，帕提亚皇帝命令驻守在巴比伦尼亚的守将希墨罗斯率帕提亚军进攻查拉塞尼王国。查拉塞尼王许斯鲍希尼斯率军击败了希墨罗斯所率的帕提亚军。公元前127年，趁着帕提亚军与塞克雇佣军作战的机会，许斯鲍希尼斯率军进攻巴比伦尼亚，攻占塞琉西亚。当时，帕提亚无力反击。公元前122年，米特里达梯二世率帕提亚军反攻。查拉塞尼王许斯鲍希尼

① 阿尔达班一世，帕提亚皇帝，公元前128到前124年在位。

② 米特里达梯二世，帕提亚皇帝，公元前124到前90年在位。

斯率军迎战，遭惨败。许斯鲍希尼斯被迫率残部撤退巴比伦尼亚。查拉塞尼王国成为帕提亚附庸国。

米特里达梯二世巩固统治后，又在公元前113年率军向西扩张。这一次，帕提亚军攻占杜拉·欧罗普斯，卷入与亚美尼亚王国的战争。公元前97年，帕提亚军击败亚美尼亚军。米特里达梯二世下令废黜亚美尼亚王阿尔塔瓦斯德斯一世，并将他儿子提格兰作为人质带走，提格兰即后来的亚美尼亚王提格累尼斯二世。

除扩张领土外，米特里达梯二世还为帕提亚打开了财富之门。公元前138年，汉朝皇帝刘彻派张骞出使西域，无意之间全线开通西方诸民族追求数千年的大商道——丝绸之路。西方人终于发现了通向丝绸产地的商道。公元前121年，张骞来到帕提亚，米特里达梯二世亲自接见汉朝使者。

米特里达梯二世对这次空前的东西方交往非常感兴趣，同时也保持着理智和清醒。他代表帕提亚与汉朝使者建立正式贸易关系，承诺同意通过帕提亚境内的商道将丝绸运输到西方各国去，同时宣布享有向进行丝绸贸易过境商旅抽税的权利。

同时，他拒绝张骞提出的订立军事同盟对抗匈奴的建议。他知道，罗马人深深喜爱的丝绸，是他们向东方采购的奢侈品，加上罗马人购买印度的铁、香料及皮毛等，也要过境帕提亚。帕提亚收取过境税，是一笔不小的财富。

此外，帕提亚人也喜欢丝绸，还喜欢来自汉朝的珍珠。汉朝人也喜欢帕提亚的香料、香水及水果。双方进行贸易，互通有无，也可以增加财富。

这次空前的外交活动后，帕提亚对外扩张减少了，却走上了富裕道路。

2. 两个帝国的边界

在米特里达梯二世时代，贯通亚欧的丝绸之路全线开通。帕提亚位于丝绸之路中段，嗅到商机，积极谋划，从中受益。经历一段时间，丝绸之路上逐渐形成四大帝国格局——从东到西分别是汉朝、贵霜、帕提亚和罗马。

帕提亚位于贵霜和罗马之间，与贵霜以及丝绸产地汉朝关系友好。贵霜源于大月氏。大月氏曾秘密垄断西域丝绸贸易600多年，崇尚商业但缺乏攻击性。大月氏数次西迁后，在巴克特里亚王国故地实现复兴。他们掌控从中亚河中地区到印度大陆的丝绸之路经商权，与帕提亚之间合作多于竞争，军事冲突发生不多。贵霜的温和，保障了帕提亚东部安全。帕提亚的威胁，主要来自西方的罗马。拱卫西部疆域安全是帕提亚的重中之重。严控罗马到东方的商道，是帕提亚的财富之源。

米特里达梯二世征服亚美尼亚一年后的公元前96年，帕提亚人便与罗马人进行接触。在幼发拉底河流域某城，罗马执政官卢基乌斯·科尔内利乌斯·苏拉与帕提亚使节欧洛巴佐会晤，进行边界谈判。谈判的结果是，帕提亚和罗马以幼发拉底河为国界。

协议达成后，米特里达梯二世并没想执行，以讨伐部落首领劳迪丝及塞琉古皇帝安条克十世[①]为由，派帕提亚军越过幼发拉底河，进攻叙利亚。公元前92年，安条克十世率塞琉古军与帕提亚军作战时阵亡。德米特里三世在阵前继任皇帝，率塞琉古军反攻。此后，塞琉古王朝与帕提亚帝国鏖战数十年。罗马并没有参与相关战争。

公元前75年，第三次米特拉达梯战争爆发。本都王米特拉达梯六世请求帕提亚出兵支援，共同对抗罗马军。萨纳特鲁斯认为，本都王米特拉达梯六世是亚美尼亚王提格累尼斯二世的盟友，跟敌人的盟友无法成为盟友，直接拒绝出兵支援。

面对罗马军进攻，本都和亚美尼亚越来越处于劣势。公元前69年，卢库卢斯率罗马军进攻亚美尼亚首都提格雷诺塞塔。亚美尼亚灭国在即，亚美尼亚王提格累尼斯二世派人向帕提亚求救，本都王米特拉达梯六世也再次派人向帕提亚求援。弗拉特斯三世[②]保持观望态度，同样不予理会。

① 安条克十世，塞琉古王朝皇帝，公元前95到前92年在位。

② 弗拉特斯三世，帕提亚皇帝，公元前71到前58年在位。

提格雷诺塞塔陷落后，弗拉特斯三世派人向罗马军统帅卢库卢斯重申幼发拉底河是罗马和帕提亚国界的条约有效。此后，帕提亚的未来不可避免地与罗马紧密相连。

弗拉特斯三世引发国内贵族不满。奥罗德斯二世①和米特里达梯三世②兄弟联合暗杀父皇弗拉特斯三世，然后大打出手，争夺皇位。米特里达梯三世战败，从米底亚逃亡到罗马叙利亚行省。叙利亚行省总督奥卢斯·加比尼乌斯率罗马军抵达幼发拉底河岸，声称支援米特里达梯三世与奥罗德斯二世争夺皇位。

不久，埃及发生叛乱。奥卢斯·加比尼乌斯不得不率罗马军掉头去援助托勒密十二世③镇压叛乱。罗马军撤走后，米特里达梯三世孤军奋战。出乎意料的是，罗马军突然调走，并没影响米特里达梯三世所部军队战斗力的发挥。米特里达梯三世率军一鼓作气征服巴比伦尼亚。

奥罗德斯二世所率的帕提亚军虽然失利，但仍然坚持与米特里达梯三世所部战斗到底。公元前 54 年，奥罗德斯二世派苏雷纳率帕提亚军收复塞琉西亚，将米特里达梯三世处死。

几乎与此同时，克拉苏出任叙利亚行省总督。公元前 53 年，尚不知道米特里达梯三世已死的克拉苏率罗马军进攻帕提亚，为米特里达梯三世提供迟来的支援。克拉苏率罗马军到卡莱时，得知奥罗德斯二世率帕提亚军在进攻亚美尼亚。奥罗德斯二世此举的目的，是阻止阿尔塔瓦斯德斯二世响应罗马军进攻帕提亚。奥罗德斯二世率帕提亚军击败亚美尼亚军，说服阿尔塔瓦斯德斯二世同意两国联姻，即奥罗德斯二世儿子帕科罗斯一世迎娶阿尔塔瓦斯德斯二世的妹妹。

苏雷纳率帕提亚骑兵到卡莱迎击克拉苏所率罗马军。这支帕提亚骑兵远远不及四倍于他们的罗马军。苏雷纳所部由1000名长矛骑兵和9000名弓骑兵组成。罗马军由 7 个军团及包括高卢人和轻骑兵的预备军组成。

苏雷纳所部帕提亚骑兵中有 1000 头骆驼运送辎重，为弓骑兵提供大量箭矢。

① 奥罗德斯二世，帕提亚皇帝，公元前 57 到前 37 年在位。
② 米特里达梯三世，帕提亚皇帝，公元前 58 到前 57 年在位。
③ 托勒密十二世，罗马属国埃及国王，公元前 53 到前 34 年在位。

利用这一点优势，苏雷纳采用“安息回马箭[①]”战术，命令弓骑兵在交战时佯装撤退，然后回身射击罗马军。这个战术配合使用复合弓，重创了克拉苏所部罗马骑兵。战争的结果是，2 万名罗马将士阵亡，约 1 万名罗马将士被俘，剩下的 1 万罗马残军侥幸逃走。罗马军统帅克拉苏只身逃到亚美尼亚郊外，才脱离危险。

这一战后，作为胜利方的帕提亚统帅苏雷纳主动向罗马统帅克拉苏提出谈判。克拉苏接受谈判提议。克拉苏来到苏雷纳军营进行面对面谈判时，随行的一名初级军官怀疑有诈，与帕提亚士兵爆发了冲突。谈判被打断。帕提亚士兵蜂拥而上，杀死克拉苏及其随从。

事后，苏雷纳率帕提亚骑兵、战俘及战利品，长途跋涉超过 700 千米，到达塞琉西亚，然后举行庆典，庆祝卡莱战役胜利。

卡莱战役失败是罗马史上最严重的一次军事失利。帕提亚取得这场战争胜利，说明它已经成为罗马强劲的对手。帕提亚军举行庆典，也是情理之中的。不过，奥罗德斯二世严重不满。苏雷纳没经过皇帝同意，私自决定与罗马统帅克拉苏谈判，已经是越权行为。苏雷纳在与克拉苏谈判时，将克拉苏及其随从杀死，影响了帕提亚的声誉。苏雷纳带着战俘及战利品回到塞琉西亚举行庆典，而不是将战俘及战利品上交给皇帝处置，也明显有蔑视皇帝的意味。没多久，奥罗德斯二世猜忌苏雷纳对皇位有野心，令人将他处死。

帕提亚军在卡莱之战打败罗马军，信心高涨。他们试图征服罗马控制的西亚地区。公元前 51 年，帕提亚的储君帕科罗斯一世及其部将奥萨凯率帕提亚军突袭叙利亚及安条克。盖乌斯·卡西乌斯·朗基努斯率罗马军奋起抵抗。最终，帕提亚军被击退，奥萨凯被罗马伏兵所杀。

事后不久，为争夺权力，罗马执政官庞培与恺撒爆发内战。罗马与帕提亚之间的战争暂时中断。帕提亚人决定支持庞培。公元前 42 年，庞培与恺撒在腓力比决战时，帕提亚军作为庞培的盟友参与战斗。公元前 40 年，帕提亚联合效

① 安息回马箭，帕提亚骑兵由重骑兵和轻骑兵组成。重骑兵人马皆披挂铠甲，使用长矛作为武器。轻骑兵则是骑马的弓箭手，不穿铠甲。帕提亚轻骑兵能够在进攻时，迅速调转马前进的方向，在马转向的同时，轻骑兵也转过身从马上向敌射箭，这种战术被称为“安息回马箭”。

忠于恺撒和布鲁图的罗马将军昆图斯·拉宾努斯，一起对抗罗马后三头同盟。第二年，帕科罗斯一世率帕提亚军与昆图斯·拉宾努斯所部罗马军一起征战叙利亚。

当时，安东尼前往亚平宁半岛召集军队对抗政敌屋大维。他根本没精力率罗马军抵抗帕提亚军进攻。帕科罗斯一世率帕提亚军攻占叙利亚后，昆图斯·拉宾努斯率罗马军进入安纳托利亚。帕科罗斯一世及其将军拜尔宰法厄尼斯率帕提亚军又攻占了累范特。他们征服地中海沿岸的所有据点，南抵普托利迈伊斯，孤立了泰尔。

不久，在犹太山地支持罗马的犹太大祭司依尔卡诺二世、法撒尔及大希律王等人所率的军队，被帕提亚军及他们的盟友安提哥那二世所部击败。大希律王逃到马萨达，安提哥那二世成为犹太山地新统治者。

安东尼率罗马军进行反击。普布利乌斯·文提第乌斯·巴苏斯率罗马军成功将帕提亚军赶出累范特。公元前 39 年，在乞里乞亚门战役中，普布利乌斯·文提第乌斯·巴苏斯率罗马军击败昆图斯·拉宾努斯所率的一支罗马军，生擒及处死昆图斯·拉宾努斯。帕提亚军得知消息，加大抗击罗马军力度。

在阿马努斯山口，法尔那帕特率帕提亚军与普布利乌斯·文提第乌斯·巴苏斯所率的罗马军决战。帕提亚军被击败。帕科罗斯一世被迫率帕提亚残军撤回叙利亚。

公元前 38 年，帕提亚军再度进攻叙利亚。在安条克东南的金达鲁斯山，帕科罗斯一世率帕提亚军与普布利乌斯·文提第乌斯·巴苏斯所部罗马军再次决战。这一战的结果是，帕科罗斯一世阵亡，帕提亚军被迫撤回到幼发拉底河另一边。帕提亚失去储君。奥罗德斯二世只好另立弗拉特斯四世[①]为继承人。

公元前 37 年，弗拉特斯四世登基。为铲除异己和巩固皇位，弗拉特斯四世杀害及流放亲兄弟。他有个叫莫纳伊西斯的兄弟逃走，投靠安东尼，并说服安东尼率罗马军进攻帕提亚。

---

① 弗拉特斯四世，帕提亚皇帝，公元前 37 到前 2 年在位，中间曾被废黜过。

就在这一年，安东尼率罗马军击败帕提亚盟友犹太王安提哥那二世，任命大希律王为犹太王。第二年，安东尼率罗马军赶到埃尔祖鲁姆时，亚美尼亚王阿尔塔瓦兹德二世再次改变阵营，派军队支援安东尼所部罗马军。随后，安东尼率罗马军进攻帕提亚盟友阿特罗帕特尼[①]王阿尔塔瓦兹德一世，企图攻陷都城帕拉亚斯帕[②]。事已至此，帕提亚军不能坐视不管，不得不寻机打击罗马军。

此后不久，弗拉特斯四世率帕提亚军伏击安东尼所部罗马军的后军，摧毁了准备用于进攻帕拉亚斯帕的巨型攻城锤。见形势发生变化，阿尔塔瓦兹德二世趁机率所部脱离罗马军阵营。弗拉特斯四世率帕提亚军乘机将安东尼所部罗马军追到亚美尼亚。安东尼见大势已去，率罗马军撤回叙利亚。

此后，安东尼假意提出与阿尔塔瓦兹德二世联姻。阿尔塔瓦兹德二世落入安东尼的陷阱，被抓起来处死。新亚美尼亚王阿尔塔瓦兹德一世[③]与弗拉特斯四世的关系转差。安东尼试图与阿尔塔瓦兹德一世结盟。公元前 33 年，安东尼率罗马军撤离亚美尼亚，这个计划因此流产。安东尼离开亚美尼亚后，帕提亚盟友阿尔塔夏二世登上亚美尼亚王位。

公元前 31 年，安东尼战败于屋大维。公元前 27 年，屋大维成为罗马皇帝。大约在同一时期，梯里达底二世[④]推翻弗拉特斯四世。在斯泰基游牧民族协助下，弗拉特斯四世夺回皇位。梯里达底二世挟持弗拉特斯四世的一个儿子逃到罗马。

公元前 20 年，帕提亚和罗马展开谈判。为争取罗马释放儿子，弗拉特斯四世将在卡莱战役夺得的鹰标及幸存的战俘归还给罗马。罗马将弗拉特斯四世儿子放回。这一次谈判，双方都认为获得胜利。帕提亚人认为，他们付出很少代价就换到王子归来；罗马人认为，鹰标重返是对帕提亚政治上的胜利。

除归还王子外，奥古斯都赠送了一个亚平宁半岛女奴给弗拉特斯四世。那

---

① 阿特罗帕特尼，即今阿塞拜疆。

② 帕拉亚斯帕实际地理位置至今仍未能确认。

③ 阿尔塔瓦兹德一世，亚美尼亚国王，公元前 160 到前 115 年在位。

④ 梯里达底二世，帕提亚皇帝，公元前 30 到前 29 年在位。

个女奴后来成为穆萨皇后。为确保儿子弗拉塔西斯能顺利继位，穆萨皇后说服弗拉特斯四世将其他王子送到罗马城当作人质。奥古斯都以此来宣扬帕提亚向罗马俯首。

公元前2年，弗拉塔西斯继位，称弗拉特斯五世[①]。穆萨皇后嫁给儿子弗拉特斯五世，与他一起分享权力。帕提亚贵族强烈不满。公元4年，帕提亚贵族废黜这对乱伦母子，将他们流放到罗马控制地区。罗马人企图控制帕提亚的闹剧结束。

不过，罗马人对帕提亚政局影响依然很大。奥罗德斯三世[②]只在位两年多。继承他皇位的沃诺奈斯一世[③]是早前被送到罗马当作人质的王子。沃诺奈斯一世同情罗马人，被阿尔达班二世[④]夺走皇位。沃诺奈斯一世被流放到罗马叙利亚行省。

此后，阿尔达班二世掌管帕提亚二十多年。亲罗马派和反罗马派的斗争一直持续存在。

3. 巅峰对决

罗马与帕提亚暗中较劲一直没停过。两国达成和议后，争夺属国控制权成为主要斗争形势。

提庇留[⑤]主动出手，将亲罗马的法拉斯马尼斯一世扶上伊比利亚王位，派人暗杀帕提亚盟友亚美尼亚王阿萨息斯，将亲罗马的米特里达梯推上亚美尼亚王位。亚美尼亚是罗马和帕提亚长期争夺的属国。阿尔达班二世采取反制措施，但未能成功恢复对亚美尼亚控制权。

---

① 弗拉特斯五世，帕提亚皇帝，公元前2到公元4年在位。

② 奥罗德斯三世，帕提亚皇帝，公元4到公元7年在位。

③ 沃诺奈斯一世，帕提亚皇帝，公元8到公元12年在位。

④ 阿尔达班二世，帕提亚皇帝，约公元10到公元38年在位。

⑤ 提庇留，罗马皇帝，公元14到公元37年在位。

帕提亚贵族非常不满，迁怒阿尔达班二世。一场宫廷政变爆发，阿尔达班二世被迫逃到锡西厄避难。罗马人趁机释放帕提亚王子梯里达底三世返回帕提亚，帮他登上帝位。阿尔达班二世得知梯里达底三世在罗马人支持下回帕提亚当上皇帝，非常气愤，亲自率驻守在希尔卡尼亚的帕提亚军，武力迫使梯里达底三世让出皇位。部分发动宫廷政变的贵族醒悟，又转过来支持阿尔达班二世。梯里达底三世被迫让出皇位，不久死去。

公元38年，阿尔达班二世死去，瓦尔达内斯一世[①]继位。他兄弟戈塔尔泽斯二世[②]不服，自立为皇帝。瓦尔达内斯一世的支持者与戈塔尔泽斯二世的支持者进行长期内战。戈塔尔泽斯二世最终获胜。

公元51年，戈塔尔泽斯二世死去，沃诺奈斯二世继位没多久，沃洛加西斯一世[③]继位。帕提亚与罗马争夺属国的斗争又激烈了。

伊比利亚王法拉斯马尼斯一世野心膨胀，想兼并亚美尼亚王国。他派儿子雷达米斯图斯率军进攻亚美尼亚，罢黜亲罗马的亚美尼亚王米特里达梯，让雷达米斯图斯当亚美尼亚王。失去亚美尼亚控制权的帕提亚一直关注着局势。沃洛加西斯一世趁机派兵干预亚美尼亚，击败雷达米斯图斯，扶植梯里达底一世当亚美尼亚王。这一战，帕提亚恢复了亚美尼亚的宗主权，且通过梯里达底一世来掌握了亚美尼亚，建立了亚美尼亚阿萨息斯王朝。

公元55年，沃洛加西斯一世儿子瓦尔达内斯二世[④]发动叛乱，自立为皇帝。沃洛加西斯一世从亚美尼亚撤军，镇压叛军。罗马趁机填补帕提亚军撤走留下来的权力真空，派罗马军掌控了亚美尼亚。

公元58年，瓦尔达内斯二世兵败被杀，沃洛加西斯一世立即派帕提亚军到亚美尼亚与罗马军对抗。长达5年的战争爆发。格内斯·多米特斯·科布洛统率罗马军作战，多次击败帕提亚军，成功罢黜亚美尼亚王梯里达底一世，任命提格

① 瓦尔达内斯一世，帕提亚皇帝，公元38到公元47年在位。
② 戈塔尔泽斯二世，帕提亚皇帝，公元38到公元51年在位。
③ 沃洛加西斯一世，帕提亚皇帝，公元51到公元77年在位。
④ 瓦尔达内斯二世，帕提亚皇帝，公元55到公元58年在位。

兰六世代理亚美尼亚王。帕提亚军继续支持梯里达底一世，与罗马军继续作战。后来，卢修斯·凯森尼乌斯·派图斯替代格内斯·多米特斯·科布洛成为罗马军统帅。卢修斯·凯森尼乌斯·派图斯轻敌，被帕提亚军围困在朗代亚。在朗代亚，罗马军和帕提亚军大决战。战争的结果是，罗马军被帕提亚军彻底击败。卢修斯·凯森尼乌斯·派图斯只身逃到亚美尼亚。

战后，罗马和帕提亚达成和议，罗马放弃亚美尼亚，亚美尼亚成为帕提亚属国。为维护双方关系，公元 63 年，梯里达底一世亲到那不勒斯和罗马城访问，拜见罗马皇帝。尼禄非常欢迎梯里达底一世到访，将皇冕戴在梯里达底一世头上，为他加冕为亚美尼亚王。

此后，罗马与帕提亚之间保持了一段较长时间和平关系。奥古斯都屋大维、尼禄等皇帝对帕提亚都采取较谨慎的军事政策。后来的罗马皇帝改变政策，大举进攻帕提亚。罗马军沿底格里斯河和幼发拉底河发起进攻，试图占领帕提亚最肥沃的新月沃土。帕提亚投入精锐投射军队和骑兵抵抗。罗马军遭激烈反击，根本无法前进。罗马被迫进行军事改革，先借助盟友纳巴泰人的帮助，又建立辅助军队辅助罗马重装步兵团作战。此外，罗马还在东部部署大量弓骑兵及重装骑兵。

帕提亚军坚持防守战略。罗马军经过改革，虽然战斗力提升了，但他们发动的侵略战争没能帮助他们占领大量土地。罗马与帕提亚的战争一时间变成将领争取个人荣誉、皇帝稳固权力和维护罗马尊严的游戏。帕提亚人一直以防守为主，并积极干预罗马的附庸国。

帕提亚人的战略成功将罗马军的东侵死死定在两河流域，即他们此前谈判商议的国境线上。

公元 78 年，沃洛加西斯一世死后，沃洛加西斯二世、帕科罗斯二世、阿尔达班三世争夺帕提亚皇位。他们相互打来打去，历经 12 年，帕科罗斯二世最终取胜。在此期间，他们一刻也没放松防范罗马军。罗马军频频进攻，帕提亚也没遭受什么大的损失。

帕提亚采取防御战略，尽力避免与罗马进行战争，同时利用位于丝绸之路中段的有利地理优势，进行丝绸中转贸易，从中获得丰厚利润。同时，他们利用赚来的钱财，支持军队高墙厚垒，防御罗马军进攻。

105 年，帕科罗斯二世死去，沃洛加西斯三世继任皇帝。沃洛加西斯三世当了 4 年皇帝后，奥斯罗埃斯一世[①]不服气，自称皇帝。沃洛加西斯三世无力镇压，被迫接受帕提亚有多个皇帝并存的局面。奥斯罗埃斯一世也没将沃洛加西斯三世放在眼里。

在没跟罗马磋商的情况下，奥斯罗埃斯一世下令罢黜亚美尼亚王梯里达底一世，任命帕科罗斯二世儿子阿西达里斯为亚美尼亚王。亚美尼亚是帕提亚属国，但也跟罗马有紧密联系。罗马便借机与帕提亚开战。

114 年，图拉真下令杀害帕提亚属意的亚美尼亚王继承人帕塔马西里斯，将亚美尼亚变成罗马的行省。在强行吞并亚美尼亚后，卢修斯 · 库页图斯率罗马军攻占尼西比斯，保障美索不达米亚平原北部的主要路线畅通。

失去亚美尼亚后，沃洛加西斯三世和奥斯罗埃斯一世相互指责。奥斯罗埃斯一世非常生气，在 115 年率军攻打沃洛加西斯三世及其支持者。在罗马进攻时，帕提亚爆发内战。罗马军进攻美索不达米亚时，很多城池根本没防守，只有阿迪亚波纳守将梅赫拉帕斯率帕提亚军抵抗过。

115 年冬季，图拉真率罗马军驻扎安条克，静待春季再度开战。116 年春季后，图拉真又率罗马军沿幼发拉底河进攻。他们一路攻陷杜拉 · 欧罗普斯、泰西封、塞琉西亚等城镇，还征服了查拉塞尼王国。

116 年下半年，图拉真率罗马军攻陷苏萨。帕提亚军事统帅西那特鲁息斯二世在东部召集军队备战。西那特鲁息斯二世的远亲帕尔塔马斯帕提斯杀了他，投降罗马军。图拉真册立帕尔塔马斯帕提斯为帕提亚皇帝。此时是罗马史上向东扩张到最远的时刻。

图拉真率罗马军转向北面时，巴比伦尼亚各村落却群起反抗罗马军。117 年，图拉真被迫撤退。他又亲自指挥罗马军围攻哈特拉。他计划在 118 年再度率军进攻帕提亚，“使帕提亚帝国臣服的冀望变为事实”。不过，117 年 8 月，图拉真突

---

① 奥斯罗埃斯一世，帕提亚皇帝，109 到 128 年在位。

然死去。

图拉真死了，他试图在美索不达米亚南部建立行省的愿望始终没实现。由于罗马的军事资源变得短缺，继任者哈德良不再派兵进攻美索不达米亚。他重申罗马与帕提亚以幼发拉底河为边界。

4. 尼西比斯决战

129年，奥斯罗埃斯一世死去。147年，沃洛加西斯三世死去，沃洛加西斯四世[①]继位，帕提亚再次回到唯一皇帝时代。沃洛加西斯四世率帕提亚军进攻亚美尼亚和叙利亚，夺取埃泽萨，又引爆与罗马的战争。

战争爆发后，马尔库斯·奥列里乌斯让维鲁斯专门负责守卫叙利亚。163年，马尔库斯·奥列里乌斯命令马库斯·斯塔提乌斯·普里斯库斯率罗马军进攻亚美尼亚。164年，他又命令阿维狄乌斯·卡修斯率罗马军进攻美索不达米亚，与帕提亚军展开战斗。罗马和帕提亚之间将近半个世纪的和平被打破。

此时，罗马处于鼎盛时期。罗马军接到作战命令后，立即发起凶猛攻势，相继攻陷帕提亚的重要城市塞琉西亚和泰西封。罗马军占领这两座城池后，先纵兵抢掠，然后放火烧毁，将其彻底毁灭。

罗马军放纵了没多久，就有士兵染上可能是天花的传染性极强的致命疾病。罗马军迅速撤退，但依旧没甩掉传染病的伤害。几年后，罗马帝国广泛流行这种传染病。不少罗马人死亡。有将近三十年，罗马没人敢提进攻帕提亚的事。

帕提亚人也为传染病流行付出了代价。190年，奥斯罗埃斯二世自立为皇帝。不到一年，他去世了，沃洛加西斯五世[②]称皇帝。192年，沃洛加西斯四世也死去了，沃洛加西斯五世成为帕提亚唯一皇帝。

---

① 沃洛加西斯四世，帕提亚皇帝，147到192年在位。

② 沃洛加西斯五世，帕提亚皇帝，191到208年在位。

197年，塞普蒂米乌斯·塞维鲁率罗马军进攻美索不达米亚。沃洛加西斯五世被迫率帕提亚军进行抵抗。罗马军攻势依旧凶猛，再次沿幼发拉底河攻占塞琉西亚和泰西封。在泰西封，塞普蒂米乌斯·塞维鲁举行了声势浩大的仪式。在仪式上，他被尊上“最伟大的帕提亚征服者”称号。198年末，自认为功德圆满的塞普蒂米乌斯·塞维鲁率罗马军撤走。因为他发现帕提亚军抵抗越来越顽强，战争持续下去，有可能毁掉他的一世英名，不如见好就收。

沃洛加西斯五世没怎么努力，就“击退”了罗马军进攻。帕提亚又转危为安。208年，沃洛加西斯五世死去，沃洛加西斯六世[①]当上皇帝。212年，沃洛加西斯六世弟弟阿尔达班四世发动叛乱，占据帕提亚大部分领土，自称皇帝。

211年，卡拉卡拉登基。212年，他宣布罢黜奥斯若恩和亚美尼亚王，在亚美尼亚设立行省。罗马曾试图在亚美尼亚建行省，引爆了与帕提亚的战争。卡拉卡拉此举分明是向帕提亚宣战。

沃洛加西斯六世忙于镇压阿尔达班四世叛乱，没精力迎战罗马军。卡拉卡拉进一步挑衅帕提亚，216年夏，以迎娶阿尔达班四世的女儿为借口，派罗马军攻打美索不达米亚。此时罗马财政危机日益加剧，卡拉卡拉想趁帕提亚内讧之机发动战争，抢夺财物，转嫁国内危机。

罗马军不宣而战，帕提亚军猝不及防。战争初，罗马军如入无人之境，向东轻松攻占阿狄亚贝尼和阿特洛帕特尼米底。他们一路上劫掠了不计其数的金银珠宝，挖掘了阿贝拉附近的阿萨息斯王朝的历代王陵，尽情释放情绪，无秩序地烧杀抢劫。暴行一直持续到当年冬季，罗马军才满载而归，撤回到美索不达米亚行省。

217年春，卡拉卡拉想再次攻打和抢掠帕提亚。4月8日，卡拉卡拉前往卡莱附近的神庙拜祭。在途中，一个与卡拉卡拉有私怨的禁卫军资深老兵朱利乌斯·马提亚里斯将他刺杀。随后，罗马陷入内部争端中。这支罗马军也没继续深入帕提亚腹地，返回美索不达米亚行省防守。

① 沃洛加西斯六世，帕提亚皇帝，208到228年在位。

罗马军的暴行让帕提亚人愤懑不已。卡拉卡拉打着迎娶阿尔达班四世女儿的口号进攻帕提亚，给人造成了阿尔达班四世出卖帕提亚的错觉。阿尔达班四世非常气愤，虽然他与沃洛加西斯六世争夺皇位的内战还没结束，但他仍然尽一切可能在帕提亚中东部征兵，准备反击罗马军。

217 年夏季，阿尔达班四世集结由一支铁甲骑兵、铁甲骆驼骑兵和骑射手等机动力量组成的庞大军队。他需要在帕提亚人面前正名，毫不迟疑地率这支军队投入战争。此时，罗马军已停止进攻帕提亚腹地，退回美索不达米亚行省防守。阿尔达班四世率帕提亚军进攻罗马美索不达米亚行省，想夺回美索不达米亚。

卡拉卡拉死后，奥佩利乌斯·马克里努斯①继承帝位。奥佩利乌斯·马克里努斯年过半百，性格温文尔雅，精通律法，此前担任过禁卫军长官。朱利乌斯·马提亚里斯行刺卡拉卡拉，他便是主谋。奥佩利乌斯·马克里努斯并不受到军队特别是下层士兵欢迎。仅仅由于卡拉卡拉并未留下子嗣，军队里并无其他的人可选，他才得以登上皇位。

奥佩利乌斯·马克里努斯继位后，终止卡拉卡拉的所有东方攻略计划，派出使者与阿尔达班四世和谈，表示将归还此前抓获的帕提亚俘虏，希冀两国重新实现和平。

愤怒的阿尔达班四世并不满足于奥佩利乌斯·马克里努斯的建议。他提出割让整个美索不达米亚、赔偿所有损失的要求。同时，他还率帕提亚军从尼尼微附近渡口渡过底格里斯河，进入罗马境内，并沿阿贝拉西北的主干道向前推进到尼西比斯附近。最终，在哈布尔河的支流、米格多尼乌斯河边，阿尔达班四世率帕提亚军出其不意地正面撞上了奥佩利乌斯·马克里努斯所率的罗马军。两国皇帝正面对决，胜负将会影响历史发展方向。

尽管此前奥佩利乌斯·马克里努斯预料到帕提亚军可能会大举报复，急忙征召分散驻扎在各地的罗马军团向皇帝身边靠拢。这种准备尚未做好。阿尔达

① 奥佩利乌斯·马克里努斯，罗马皇帝，217 到 218 年在位。

班四世率帕提亚军猝不及防地出现在尼西比斯，奥佩利乌斯·马克里努斯震惊之余，不得不硬着头皮率罗马军迎战。

在尼西比斯附近平原上，罗马和帕提亚两国皇帝亲自率军决战。战前，奥佩利乌斯·马克里努斯对罗马士兵说："蛮族大军已经近在咫尺。阿尔达班的怒火也是有理由的。我们撕毁了协议，并在和平的时候主动挑起战争。这场战争不是单纯的领土纷争，不是为争夺河里的几颗石子。一个强大的国王正带着复仇之师排山倒海而来，为他死去的亲族与孩子们而战！"他们此前在帕提亚的暴掠行为，如今要遭受报复了。

帕提亚军也一改此前"打不过就跑"的传统，以坚强的意志将愤怒和仇恨倾泻向罗马军。

双方士兵在河边取水时，冲突爆发。罗马军没丝毫防备，遭到帕提亚骑兵冲击后，毫无秩序，一路狂奔，撤回军营。帕提亚骑兵一路狂追。那些留在营中的辅助士兵和辎重军队，发现罗马军被追击，立即出来迎战。帕提亚骑兵误以为有一支新的罗马援军来接应，停止了追击。

尽管帕提亚骑兵的攻势被遏制，但阿尔达班四世在双方对决中赢得了开门红。在追击罗马军的帕提亚骑兵中，除传统的铁甲骑兵和骑射手外，阿尔达班四世还试验性地增添了骑骆驼的持矛披甲兵。骆驼骑兵由附属于帕提亚的善于驾驭骆驼的阿拉伯人组成。阿尔达班四世寄希望于依靠骆驼更快的速度从正面突破或侧翼包抄敌人的防线。

第二天，在黎明时分，罗马军和帕提亚军都布置好战线。阿尔达班四世几乎没浪费一点时间，命令骑战马和骆驼的骑兵向罗马阵营发动攻击。罗马军早已针对帕提亚骑兵的特点，改变了阵法。

罗马军阵的布置是：骑兵和摩尔标枪兵保护着步兵军团两翼，部分骑兵和轻步兵混编在一起；重步兵之间没排列成连续的阵型，留有间隙，以富有进取精神和突袭能力的轻装步兵作为补充；每条线列都由军团步兵大队和精英旗队抽调出的人组成，第一线为百人队青年兵，第二线为百人队成年兵，第三线为百人队后备兵。

战斗开始后，罗马兵阵遏制了帕提亚骑兵发挥战斗力。帕提亚骑射手们发射的箭雨，那些骑在战马或骆驼上铁甲骑兵手中的长矛，都给罗马军造成一定的伤亡。不过，罗马军也可以利用弓箭手和投石兵远程攻击帕提亚骑兵。一旦帕提亚骑兵与罗马军近身肉搏时，罗马军就可以轻松地掌握主动权。

在帕提亚骑兵冲锋越来越凶猛时，罗马军撤退，扔下许多尖锐的铁钉状物体。阿尔达班四世命令骑兵乘胜追击，却发现马或者骆驼踩到锐器，纷纷掀翻背上的骑兵。冲锋的骑兵阵型出现混乱。罗马步兵转头战斗。落马或者落下骆驼的帕提亚骑士深知与罗马步兵肉搏战斗的危险性，选择立即逃跑。罗马步兵趁机杀死和俘虏不少帕提亚骑兵。

损失许多精锐骑兵后，阿尔达班四世不得不深思。帕提亚军队在数量上占优势，仍有实力在第三天继续与罗马军团相持下去，但如果不改变阵法，那将必败无疑。阿尔达班四世敏锐意识到己方正面的冲锋无法突破对手的纵深战阵，决定在第三天战斗中改变战术，命令骑兵侧翼包围罗马军。

帕提亚军人数占优势，包抄侧翼对罗马军阵线形成巨大接触面，迫使罗马军不得不延伸己方的战线，从而阻止帕提亚骑兵实现企图。这个接触面越大，罗马军的部署就越分散，抗击帕提亚骑兵冲击力度的能力就越小。帕提亚骑兵可以一次次集中力量攻击罗马军的某一弱点。罗马军也只能被迫不断奔命于薄弱处的防御。帕提亚骑兵就可以慢慢消耗罗马军的战斗力。

第三天开战后，帕提亚骑兵的新战法让罗马军陷于被动之中。在此关键时刻，奥佩利乌斯·马克里努斯没做出相应的战术调整，也没身先士卒、激励军队奋力作战，反而率先逃离战场。罗马兵目睹皇帝如此怯懦，大失所望，纷纷四散奔逃。阿尔达班四世率帕提亚军趁势追击，一举取得决战胜利。

罗马军战败后，奥佩利乌斯·马克里努斯向阿尔达班四世派出使者，说他的仇人卡拉卡拉已死，两国仇恨已经了结，表示愿意给帕提亚大笔赔偿，结束这场战争。阿尔达班四世见手下也已无力再战，想到还有跟他争皇位的沃洛加西斯六世在，答应和谈。

在罗马付出高达两亿色斯特斯[①]赔偿后，阿尔达班四世撤兵回国。他此前提出的割让美索不达米亚和赔偿所有损失的要求也不了了之。

尼西比斯之战是罗马与帕提亚之间最终大决战，有巨大历史影响。奥佩利乌斯·马克里努斯因战败，被政敌埃拉伽巴路斯篡位并处死。帕提亚人赢得尼西比斯之战，提升了民族自信，但没改变地缘政治，相反进一步损耗了已经濒临崩溃的国力。

数年后，波西斯统治者阿尔达希尔一世不接受帕提亚统治，起兵征服周边地区。阿尔达班四世率帕提亚军前往镇压，但已经力不从心。224 年 4 月 28 日，在伊斯法罕附近，阿尔达希尔一世所部将阿尔达班四世所部帕提亚军一举击败，建立萨珊波斯[②]。226 年，在奥尔米兹达甘平原，阿尔达班四世率帕提亚军在决战中失利阵亡。帕提亚随之覆灭。

沃洛加西斯六世活到 228 年。不过，他对帕提亚历史的影响微乎其微。阿尔达班四世死后，萨珊波斯人取代帕提亚人成为罗马东方的劲敌。

---

① 色斯特斯，帕提亚的一种货币单位。

② 萨珊波斯，也称萨珊王朝或萨桑王朝、波斯第二帝国，是最后一个前伊斯兰时期的波斯帝国，存在于 224 到 651 年，与东罗马帝国存在生存竞争。

第十章　多个皇帝共治天下

罗马内部矛盾激化，经济走向萧条。在挽救危机数百年间，罗马采取多种措施，出现军人皇帝，乃至数个皇帝共治，但依然无法解决各种社会矛盾。

1. 总督凭武力当上皇帝

罗马进入“黄金时代”后，其扩张也到了极限，再也没有源源不断的奴隶来源。加上奴隶以各种形式反抗，奴隶价格不断上涨，奴隶生产积极性不高，罗马农业凋敝、手工业衰落、城市没落，商业萧条。罗马社会出现严重危机。

192 年，安敦尼王朝末代皇帝康茂德被杀，罗马经历多个新皇帝混战，塞普蒂米乌斯 · 塞维鲁登上历史舞台，建立塞维鲁王朝。

塞普蒂米乌斯 · 塞维鲁能当上皇帝，全靠士兵们支持。他要保住帝位，就必须与士兵们分享胜利果实。他公开表示：“要厚待士兵，让他们都发财致富，而不要管其余的人……”他实行有利于士兵的改革：将士兵的薪饷几乎增加一倍；宣布任何普通士兵都有机会晋升军官；从边疆军团和叙利亚军团中选拔优秀的士兵组成近卫军；承认士兵在服役期间有合法婚姻及与家人共同生活的权利；

授予边防军队的士兵一份土地。

改革后，罗马军中各行省人和蛮族人增多；士兵在政治生活中起着越来越大的作用。

与此同时，塞普蒂米乌斯·塞维鲁采取抑制元老贵族的措施。此时，皇帝顾问会议充当国家最高机关。国库改由作为管理皇帝私人财产分支机构的特设机关掌管。元老院的原有职权被剥夺。

不仅如此，塞普蒂米乌斯·塞维鲁任命骑士出身的官员监督元老院派出的行省总督。元老贵族的一举一动，都遭到监控。元老贵族一些敌视塞普蒂米乌斯·塞维鲁的人，遭到迫害，财产也被没收。罗马统治阶级分为“士兵派”和“元老派”两个相互仇视的集团。皇帝塞普蒂米乌斯·塞维鲁是“士兵派”代表。

作为皇帝，职责是管理好整个国家，根据好恶偏向某个阶层，导致该阶层凌驾于其他阶层之上。塞普蒂米乌斯·塞维鲁偏袒士兵阶层，过分抬高“士兵派”地位和权利，将会导致“士兵派”出现军事强人，一旦出现就会造成皇帝更替，或者各地分裂，或者新皇帝变成傀儡。

塞普蒂米乌斯·塞维鲁死后，他的儿子卡拉卡拉①继任皇帝。卡拉卡拉继续执行先父的政策。因为增加了军饷，罗马的开支扩大，国库出现亏空。卡拉卡拉下令开征各种额外的赋税。212年，他颁布“卡拉卡拉敕令”，授予全体自由民罗马公民权。不过，这一法令对中下层没任何吸引力。此前，罗马公民权已相当普及，且早已丧失原有的特殊意义——按公民资格分到罗马对外扩张获得的利益。

塞普蒂米乌斯·塞维鲁和卡拉卡拉的政策需要大量钱财来维持，难以长久。217年4月8日，卡拉卡拉被杀。禁卫军长官马克里努斯参加谋杀。当时，塞普蒂米乌斯·塞维鲁后代中的男性都死了。218年，塞普蒂米乌斯·塞维鲁的远亲、14岁的埃拉伽巴路斯②被立为皇帝。他的依靠也是禁卫军。

---

① 卡拉卡拉（186—217），即马尔库斯·奥列里乌斯·安托尼努斯，曾颁布安托尼努斯敕令，将罗马公民权赋予全体罗马人。

② 埃拉伽巴路斯（203—222），罗马帝国塞维鲁王朝皇帝，218到222年在位。他本名为瓦瑞乌斯·阿维图斯·巴西安努斯，登基之后改名为马尔库斯·奥列里乌斯·安托尼努斯，他是罗马帝国建立以来，首位出身自帝国东方叙利亚的皇帝。在卡拉卡拉遇刺身亡后，政军情势纷扰不已，东方军团拥立有塞维鲁王族血统的他。在战胜马克里努斯之后，埃拉伽巴路斯成为罗马帝国以古怪行为著称的皇帝。

埃拉伽巴路斯完全听命于母亲索艾米亚斯，在没得到索艾米亚斯授意情况下，不会干预国事。埃拉伽巴路斯的举动令人侧目。他令人从各地选取出身高贵的帅气男孩，把他们当成祭品，用酷刑杀害，取出内脏进行观察，将他们的生殖器割下来抛入祭火中，然后带着一大群叙利亚少女以及全体元老、骑士围着祭坛跳舞。他认为，这样祭祀神，神会保佑他江山稳固。

埃拉伽巴路斯一直过着奢侈的生活，尚未即位时，他用金色床罩，在夏季每天开不同颜色的宴会。他发明乳香酒、薄荷酒，经常举行酒会。登基后，他生活的奢侈超出了很多人的想象。他的床和柱廊必须撒下玫瑰花等，他的床必须有兔毛或鹧鸪毛做榻垫，他的泳池必须倒入香油。一天中，他只吃同样食物，不吃别的，每天轮换着来。他喜欢吃从活禽头上取下的头冠，孔雀、夜莺的舌头，火烈鸟和画眉鸟的脑。

埃拉伽巴路斯还拿鹅肝喂狗，拿鹦鹉喂食驯化的宠物狮子与豹子；用调羹刻字形式进行摸彩；用酒灌满环绕竞技场沟渠，并在上面赛船；用野葡萄制成的香精撒在袍子上；用四头大象拉马车；用缀着宝石的波斯束腰袍；在鞋上缀上宝石；用玫瑰油玫瑰花建造游泳池……

埃拉伽巴路斯的个人生活非常荒淫。他在皇宫中留出房间，经常光着身体站在房间门口，做出下流动作，用戴着金戒指的手摇曳窗帘，以柔软而诱人声音挑逗过路人。他经常化妆，对女性生殖器非常感兴趣。他常把喝醉的朋友和狮子、豹子、熊关在一块。等到醒来时，很多人大惊失色，甚至丢了性命。他让朋友坐在充气囊上，趁他们用餐时放气。他常常让客人进食石头、木头、蜡、象牙做的食物，并同时让他们看自己用餐。他曾把宝石、花朵、水果绊在一起。

埃拉伽巴路斯常在集会上邀请妓女出席，称她们为战友，自己还穿上女装露出乳头，发表演讲，谈论体位的种类。他曾坐上分别由四只骆驼、四只狗、四只狮子、四只老虎拉的金车，鄙视银制、象牙制、铜制的马车，还曾命令光着身子的美女给同样光着身子的他拉车，同时还拿鞭子鞭打她们。

埃拉伽巴路斯还曾把自己塑造成糖果师、香精师、餐馆厨师、店主、妓院老板，在家中扮演上述职业。一顿晚餐，他令人端上了600只鸵鸟头，供人食用鸟脑。一场宴会一般会持续近乎一天，他让参加宴会的男人沐浴，与女人调情。

在剧院里，埃拉伽巴路斯常常发出狂笑声，还亲自唱歌、跳舞、吹骨笛、吹大号、奏三弦琴、奏管风琴，将自己当成超级明星。

埃拉伽巴路斯的奢侈和荒淫，引起罗马各阶层不满。叙利亚祭司预言埃拉伽巴路斯会暴毙。埃拉伽巴路斯得知这消息，毫不悔改，继续做令人无法理解的事。为万不得已自尽时也奢华，体现他死得价值昂贵，他准备了用绛色染料染过的丝线拧成绳子，还准备了金剑，在玛瑙、蓝宝石、祖母绿里存好毒药，用金币宝石建成塔楼来跳楼……

222年，埃拉伽巴路斯折腾四年后死去，亚历山大·塞维鲁[①]成为皇帝。亚历山大·塞维鲁起初在“士兵派”和“元老派”之间动摇不定，最终倾向“元老派”。

自康茂德当皇帝后，罗马财政就处于困难状态。塞维鲁王朝各位皇帝对内对外的政策又需要大量资金。罗马赋税比以前更重。政府强令自治城市议员负责征税，但是，财政匮乏现象并未缓和。

亚历山大·塞维鲁采用降低货币成色的手段来摆脱困境。罗马很快就通货膨胀和钱币贬值，金融混乱，物价上涨。罗马对大小官吏薪俸和士兵兵饷改为实物支付。衣着、粮食、肉类、蛋类、马、骡、车辆等的配给数量，都按等级供应。罗马又对城市手工业者团体实行管制。

因财政拮据，亚历山大·塞维鲁宣布降低士兵的兵饷。对亚历山大·塞维鲁不满的近卫军发动兵变，直接砍死亚历山大·塞维鲁。235年，策动士兵哗变的马克西米努斯[②]登上帝位。罗马政策向军队倾斜，军人地位进一步提高。

---

①亚历山大·塞维鲁，全名马库斯·奥勒里乌斯·塞维鲁斯·亚历山大（208—235），罗马塞维鲁王朝最后一个皇帝。

②马克西米努斯，全名盖乌斯·尤里乌斯·维卢斯·马克西米努斯（173—238），罗马第一位出身蛮族的皇帝。他生性粗俗野蛮，高傲自大，力大无穷，外表俊俏，勇而无谋，被人称为野兽。

2. 军人有权拥立皇帝

马克西米努斯由士兵拥戴继位，执行倾向军队的政策。元老贵族非常不满。238 年 3 月 22 日，“元老派”在非洲组织暴动，拥立戈尔迪安努斯[①]为皇帝，即戈尔迪安一世。

戈尔迪安一世年老体衰，任命儿子戈尔迪安二世为共治皇帝。几天后，戈尔迪安一世派兵进驻迦太基。没多久，马克西米努斯被近卫军杀死，元老院立即宣布承认戈尔迪安一世和戈尔迪安二世为皇帝。

在戈尔迪安努斯父子拥兵自立后，马克西米努斯的追随者努米底亚总督卡佩里亚努斯也随即起兵，率军进攻非洲行省。戈尔迪安二世率军在迦太基附近抵抗。结果，戈尔迪安二世所率军队被卡佩里亚努斯所部打败。戈尔迪安二世阵亡。戈尔迪安一世被迫上吊自杀。

没多久，非洲的富豪武装打败卡佩里亚努斯所率的军队。这支军队被解散，退伍士兵被剥夺土地。“元老派”再次取得胜利。

元老院先后拥戴普皮恩努斯[②]和巴尔比努斯[③]为皇帝，普皮恩努斯和巴尔比努斯先后死去。最终，元老院拥立戈尔迪安一世 13 岁的孙子戈尔迪安三世为皇帝。戈尔迪安三世母亲和宦官掌管权力。

太后和宦官弄权，罗马的秩序更混乱。244 年，近卫军长官、阿拉伯人菲利普[④]杀死戈尔迪安三世，被士兵拥立为皇帝。

此时罗马帝国的皇帝并不好当：北方蛮族严重威胁多瑙河边疆地带，多达 3 万人的哥特军渡过多瑙河，进入罗马境内。驻在麦西亚的罗马军向哥特人开放边

①戈尔迪安努斯，即戈尔迪安一世（约 159—238），全名马尔库斯·安东尼乌斯·戈尔迪安努斯·森普隆尼安努斯·罗曼努斯·阿非利加努斯，罗马帝国皇帝，238 年在位。

②普皮恩努斯，即普皮恩努斯·马克西穆斯（178 到 238 年），罗马帝国皇帝，于 238 年在位。

③巴尔比努斯（165—238），罗马帝国皇帝，238 年，巴尔比努斯与普皮恩努斯共同执政，只当了 3 个月皇帝。

④阿拉伯人菲利普，全名马尔库斯·尤利乌斯·菲利普（204—249），罗马帝国皇帝，244 到 249 年在位。

界，同他们一起蹂躏罗马土地，抢掠罗马公民。

那些罗马军公开宣布拒绝承认阿拉伯人菲利普为皇帝，另外册立皇帝。阿拉伯人菲利普派元老德基乌斯率罗马军前去镇压。反阿拉伯人菲利普的罗马军宣布拥立德基乌斯为罗马皇帝。德基乌斯顺势即位，并于249年亲自率罗马军杀入罗马城，杀掉阿拉伯人菲利普。

此时，罗马边界危机进入新阶段。莱茵河和多瑙河的蛮族人在集结，准备发动新的进攻。哥特军更大规模地渡过多瑙河，直抵色雷斯。为抵抗哥特军进攻，德基乌斯亲自率罗马军迎战，结果阵亡。副将伽路斯在战场上宣布继任皇帝。

伽路斯既没突出的军事才干，又没雄才大略。他率罗马军根本无法打败哥特军，且局势越来越恶化。252年，伽路斯与哥特人签订屈辱和约，承认哥特人已取得的掳掠果实，并规定罗马每年付给哥特人一大笔款项和金银，作为哥特人不再进攻罗马的补偿。

以金钱购买和平，这种条约当然不能约束哥特人。哥特人仅仅遵守了两年合约。两年后，哥特军大举进攻伊利里亚。得知相关消息，伽路斯不知所措。伊利里亚的罗马守将埃米利亚努斯见皇帝无力管哥特军入侵这事，只好组织当地军民拼死一搏。结果出乎意料，埃米利亚努斯率罗马军和当地公民一举击退了哥特军的进攻。

刚好，伽路斯准备送给哥特人以换取撤军的大量金钱运送到伊利里亚。获得胜利的埃米利亚努斯大手一挥，将那笔金钱全部分给士兵作为奖赏。士兵情绪高涨，觉得伽路斯没资格当皇帝，便拥立埃米利亚努斯为罗马皇帝。埃米利亚努斯随即率士兵向罗马城进发。一路上，他们没有遇到任何抵抗，像旅游一样，顺利到达罗马城附近。

伽路斯得知消息，慌忙组织亲信进行皇位保卫战。253年5月，在皇位保卫战中，伽路斯所率罗马军战败，他战死。埃米利亚努斯成功占领罗马城，但当皇帝却未满4个月，就被士兵杀死。因为同年9月，驻守高卢行省和日耳曼行省的守将瓦来里安[①]率军向罗马城发起进攻。埃米利亚努斯率军抵抗作战失败。

瓦来里安继任皇帝。瓦来里安认为，罗马国内不安宁以及蛮族人加强进攻边境行省，根本原因是罗马帝国地盘太大，事务太多，一个皇帝管不过来，只要实行分治，多一个皇帝，就可以加强管理，有足够精力镇压叛乱和抗击侵略。

于是，瓦来里安决定分权统治罗马，将儿子伽利埃努斯[②]尊称奥古斯都，作为共治皇帝。共治皇帝伽利埃努斯负责留守罗马城，处理日常政务。瓦来里安亲自到东方去指挥军队作战，解决外敌入侵危机。

260年，瓦来里安率罗马军抵抗萨珊波斯军进攻，遭到惨败。瓦来里安被萨珊波斯军俘虏，被卖为奴隶，一下子从罗马皇帝变成波斯贵族的奴隶。整个罗马震惊了。伽利埃努斯成为罗马唯一皇帝。在震惊之余，他对瓦来里安的治国理念进行反思。

伽利埃努斯废除共治皇帝制度，放弃亲“元老派”政策，改为亲“士兵派”政策。元老贵族被禁止担任军职，也不能被委任为有驻军的行省总督。士兵们却有升任高级军事职位的可能。伽利埃努斯又在军事上进行改革，用大量蛮族骑兵到罗马军中服役。这一举措加速了罗马军蛮族化进程。罗马军下层士兵有许多蛮族人，上层军官也有不少是蛮族人。

伽利埃努斯的政策引起元老贵族憎恨。各行省都发生由贵族策划的军事哗变。有人希望推出自己的代理人代替伽利埃努斯做皇帝；有人准备脱离罗马帝国而独立建国。罗马各地一下子出现30个皇帝并列局面。高卢、西班牙和不列颠毫不犹豫地脱离罗马帝国，宣布成立新国家。30多个“皇帝”多半在位不久就失败。

---

① 瓦来里安，罗马帝国皇帝，约193年出生。瓦来里安是元老，曾任莱提亚总督。253年9月，被莱提亚驻军拥立为帝，与埃米利亚努斯对抗，并向罗马进军，任命伽利埃努斯为共治皇帝。他在东部作战，但260年6月为波斯将领萨普尔所擒，卒年不详，死因不明。

② 伽利埃努斯（253—268），罗马帝国皇帝。瓦来里安皇帝的儿子，与皇帝共治的奥古斯都，统治罗马帝国西半部，在莱茵河一带屡败日耳曼人，又阻止阿勒曼尼人进攻意大利大城米兰。260年，父亲瓦来里安在东方与波斯作战被俘，伽利埃努斯击败了数位竞争帝位者。在268年8月前后，他被克劳狄乌斯二世等军官杀害。克劳狄乌斯二世继任皇帝。

罗马皇帝偏向和讨好士兵，不仅起不到加强统治作用，还导致皇权地位下降，士兵们随心所欲地干涉皇权、废立皇帝。士兵得势又导致其他阶层反对，除元老贵族外，受压迫的奴隶、隶农和城市贫民阶层，在 263 至 264 年间还举行了西西里起义。

西西里起义被镇压下去后，高卢又发生了士兵哗变和奴隶、隶农起义。他们的反罗马运动被称为“巴高达运动”。“巴高达运动”席卷高卢，到处夺取大庄园，杀死富豪，攻占城市。在这种情况下，受到皇帝优待的罗马士兵并没全力去镇压，不是一触即溃，就是毫不犹豫地投向起义军。

更让伽利埃努斯伤心失望的是，一些军官不仅不考虑镇压起义军的事，反而建立阴谋推翻皇帝的组织。这个组织的首领便是伊利里亚骑兵长官克劳狄乌斯一世。

268 年 3 月，伽利埃努斯被杀，克劳狄乌斯当上皇帝，史称克劳狄乌斯二世①。克劳狄乌斯二世及其后的三位继任者都是伊利里亚人。他们出身卑微，是依靠勇武而在军队里晋升起来的。他们执行不同于伽利埃努斯的政策，故被称为“伊利里亚诸帝”。

3. 蛮族将领控制皇权

“伊利里亚诸帝”依旧没带领罗马走出困境，反而导致罗马逐渐被蛮族将领控制。

在巨大危机面前，为扭转局势，“伊利里亚诸帝”都试图有步骤地巩固和加强君主政权，无情镇压民众运动，尊重和讨好贵族，保卫罗马边界。要实现这些

① 克劳狄乌斯二世，也称克劳狄二世，全名马库斯·奥勒留斯·瓦勒利乌斯·克劳狄·奥古斯都，哥特征服者，213 年 5 月 10 日生于默西亚行省的达达尼亚城。他击败哥特人和阿勒曼尼人进攻，使罗马开始从分崩离析的混乱局面向伟大复兴转变，是伊利里亚时代的开创者。

目标，罗马便要打击逐渐渗透的蛮族人，击败蛮族人进攻，通过对外战争来转移视线，缓和内部矛盾，提升皇帝的声威和凝聚力。

克劳狄乌斯二世是军人出身，他也是一位非常有作为的皇帝。他对罗马内政进行了改革，任命了一些新官吏，改变了前任的一些过于严厉措施，将财产返还给那些因诬告谋反而被充公的人。这为他赢得了好名声。

罗马最大威胁是来自对伊利里亚和潘诺尼亚进行侵略的哥特人。克劳狄乌斯二世继位不久，一支被称为阿勒曼尼人的日耳曼部落翻越阿尔卑斯山，攻击莱提亚和意大利，打败当地罗马守军，大肆掠夺当地人口和财物。

克劳狄乌斯二世决定趁机整训军队，率军迎战，树立权威。

他下令，撤换一批因渎职和不负责任导致战败的官员，然后亲自率35000人，前去迎战阿勒曼尼人，同时任命奥勒良为骑兵司令。在奥勒良配合下，在贝纳库斯湖会战中，克劳狄乌斯二世率罗马军击溃阿勒曼尼人。阿勒曼尼人遭沉重打击，伤亡5万以上。这一战让罗马人精神为之一振。克劳狄乌斯二世因此次胜利获得“伟大的日耳曼征服者”头衔。

269年，哥特人大规模进攻时，克劳狄乌斯二世毫不犹豫选择迎战，并信心十足。

当时，哥特人企图占领巴尔干半岛，夺取希腊和马其顿富裕的城市，尤其是塞萨洛尼基。哥特人海军实力太差，战舰比较落后，他们的主力上岸围攻塞萨洛尼基城时，战斗力已经发挥到了极限，无力向巴尔干半岛迅速推进。

克劳狄乌斯二世集中所有军队，率他们迅速赶到希腊救援。哥特人围攻塞萨洛尼基城不下，被迫放弃围城，转而迎战罗马援军。克劳狄乌斯二世抓住机会与哥特人决战。在交战中，哥特军凭借数量优势，猛冲罗马军正面。罗马军面临崩溃局面。在千钧一发之际，克劳狄乌斯二世不慌不忙，率罗马军沉着应战。原来，他事先考虑周到，另外部署了一支援军。那支援军已经赶到，正在从背后攻击即将得胜的哥特人。

克劳狄乌斯二世意识到一举扭转不利战局的时机成熟，亲自率罗马军反攻，毁灭性地打击哥特骑兵，并占领哥特人营地。

与此同时，克劳狄乌斯二世命令奥勒良率罗马骑兵反攻。没多久，奥勒良率罗马骑兵将遭削弱的蛮族人赶回到多瑙河对岸。此后一个世纪内，以哥特人为代表的蛮族人再未对罗马造成严重威胁。

打败哥特人后，在处理俘虏时，克劳狄乌斯二世做了一个影响罗马此后几百年命运的决定——他下令从哥特俘虏中挑选大批身强力壮的人参加罗马军，将其他的哥特人编成军事移民、奴隶或者隶农。这样，进攻罗马的哥特人一部分成为罗马“最受宠的”，一部分成为“最受欺压的”。

罗马人长期过富裕奢靡的生活，导致罗马安全保卫的重任最终落到军中哥特人身上。处于被统治阶级的哥特人受不了，难免会走上反抗道路。一旦这两股哥特人结合起来，或者遇到外来的压力，那么罗马遇到更大的危机也就不可避免。

当然，克劳狄乌斯二世将哥特俘虏中的强壮者编入罗马军，是当时形势的需要。将蛮族击退后，克劳狄乌斯二世不得不考虑帝国统一问题。当初，罗马各地皇帝涌现，后来大多数被消灭或者归顺了罗马皇帝。但是，有影响力且造成帝国分裂的两大割据势力——高卢帝国①和帕尔米拉帝国②——仍然没有得到应有惩罚。

趁克劳狄乌斯二世率罗马军抵抗蛮族人进攻时，帕尔米拉女王芝诺比娅已经将统治范围扩大到埃及和小亚细亚，成为西亚的真正统治者，导致罗马在西亚的统治实际上已被取代。高卢帝国也统治着不列颠、从高卢到伊比利亚半岛的广阔土地，两大强权将罗马分成三份。克劳狄乌斯二世无法容忍这一局面，在击败哥特人后，又急忙率罗马军进攻高卢。

这一次，罗马军士气高涨，接连取得胜利。克劳狄乌斯二世率罗马军收复西班牙和高卢罗纳河谷地后，得知汪达尔人和萨尔马提亚人进攻罗马潘诺尼亚行省，只好率罗马军来到西尔米乌姆，反击汪达尔人和萨尔马提亚人。不幸的是，

---

① 高卢帝国，是指罗马帝国处于第三世纪危机时独立出去由军队将领所建立的政权。高卢诸帝因为其发行的货币上的刻貌而为人所知。

② 帕尔米拉帝国，领土主要位于叙利亚。公元前 64 年，罗马帝国和帕提亚帝国之间出现新邦国帕尔米拉。帕尔米拉被罗马帝国兼并。267 年，帕尔米拉正式宣布独立为帝国。273 年，罗马人再次消灭帕尔米拉。

56 岁的克劳狄乌斯二世感染上瘟疫，在 270 年 1 月病死。死前，他命令骑兵司令官奥勒良[①]继任皇帝。

奥勒良比克劳狄乌斯二世更广泛地利用蛮族的力量来抵御蛮族人进攻。由于大力推行“以蛮抗蛮”战略，罗马取得了巨大的成果，打退了进攻的蛮族人，使四分五裂的罗马又重新统一。272 年，罗马重新合并割据的帕尔米拉帝国；273 年，罗马又重新合并割据西部的高卢帝国。这都是取得罗马生活资格的蛮族军人卖力作战的结果。

不过，罗马取得战果的同时，隐患也显露出来了。因赢得一系列战争，罗马重新实现统一主要借助蛮族军队的力量。战争结束时，罗马军蛮族化已经非常惊人。在罗马军中，蛮族雇佣军的人数已达 40 万。这是一支随时都可能灭掉一个国家的军事力量。

此期间的罗马皇帝都特别优待士兵，士兵事实上成为特殊阶层。他们非常骄横，无论谁损害他们的利益，他们都暴力相向。

275 年 4 月，奥勒良一番精心策划后，准备率罗马军远征萨珊波斯。罗马远征军驻在色雷斯时，奥勒良身边的秘书官艾洛斯遭到口头训责。艾洛斯恐惧往后进一步遭惩罚，害怕有生命的危险，便伪造一封奥勒良的命令书，命令书开列了皇帝即将下令处决的多位军官名字——艾洛斯将自己名字也列在其中。

艾洛斯将这封命令书偷偷地给军官们看。那些包括皇帝贴身侍卫在内的军官惶恐不已。为了活命，他们决定铤而走险。在艾洛斯引导下，几位军官潜入皇帝的寝室，一举杀死奥勒良。

事发不久，刺杀奥勒良的军官们得知真相，发现他们被艾洛斯利用了。于是，艾洛斯被处以分尸极刑。执行暗杀的军官们也羞愧得自杀谢罪。

奥勒良没有儿子，军官们在懊悔之余，决定不再推举皇帝，而将推举皇帝的权力交给元老院。元老院当然不希望下一任皇帝是“士兵派”。那些发动政变

---

① 奥勒良，即鲁奇乌斯·多米提乌斯·奥勒里安努斯（214—275），罗马帝国皇帝，270 到 275 年在位。在他的统治期间，收复了罗马帝国曾经失去的三分之二疆域，将分裂 50 年的帝国再次统合，罗马帝国在公元 3 世纪末至公元 4 世纪初重新恢复统一。

的人，大多是军人，军官们也不希望下一任皇帝是“元老派”。双方争执不休。结果，罗马8个月没皇帝，处在“帝位虚悬”时期。

国不可无主，“士兵派”和“元老派”最终妥协，通过投票，推选马尔库斯·塔西陀[①]为皇帝。马尔库斯·塔西陀并不是“士兵派”。“士兵派”不满意，7个月后，马尔库斯·塔西陀在小亚细亚被士兵杀死。276年，潘诺尼亚人普罗布斯[②]当上皇帝。

普罗布斯也是军人出身。他毫不犹豫地继续执行奥勒良制定的政策。他也看到元老院的力量，吸取前两次政变的经验教训，与元老院相处时表现出很大灵活性。他在表面上容许元老贵族参加行政管理，同时把全部注意力放在镇压起义和与蛮族进行斗争上——这是元老贵族最渴望皇帝优先去做的事。罗马内部起义，利益受损最大的不是军队，而是元老院所代表的大庄园主和大奴隶主。

普罗布斯找到了“士兵派”和“元老派”的共同利益。双方达成和解。罗马政局实现稳定。普罗布斯也获得复兴罗马的机会。他重点放在打击蛮族人进攻和镇压内部起义上。

“士兵派”积极支持普罗布斯的决定。罗马军作战非常卖力，战斗力大幅度提升。他们渡过莱茵河，进攻蛮族部落，重新占领莱茵河和多瑙河上游之间地区。沿多瑙河一带的勃艮第人和汪达尔人被罗马军打败后，以军事移民的方式移居到罗马领土上，服从罗马军调遣。罗马军的力量进一步加强，也进一步蛮族化。

经过一番努力，到公元3世纪80年代初，罗马的危机暂时缓和，蛮族侵犯

---

① 马尔库斯·塔西陀，全名马尔库斯·克劳狄·塔西陀。是罗马著名雄辩家、历史学家与文体家，《历史》和《编年史》作者，曾任执政官、元老院元老普布利乌斯·科尔奈利乌斯·塔西陀的后代，275年被推举为罗马皇帝。

② 普罗布斯，罗马皇帝，276到282年在位。276年4月，罗马皇帝克劳狄·塔西陀死于卡帕多细亚。克劳狄·塔西陀同母异父弟弟弗洛里安努斯被帝国西部地区的军队拥戴为新皇帝，但并没得到元老院批准。同时，东部地区的军队拥立普罗布斯为帝。于是，罗马又发生内战，从军事实力上来说，弗洛里安努斯要强于普罗布斯。普罗布斯是有经验的将领，避免同弗洛里安努斯进行决战。渐渐地，普罗布斯的军队取得优势。276年7月，弗洛里安努斯在塔尔苏斯被杀。普罗布斯成为罗马唯一皇帝，且得到元老院批准。

也暂时被阻止，四分五裂的帝国重归统一。罗马经济又恢复起来。只不过，罗马政治经济的控制权逐步转移到蛮族人手中。

4. 四君共治的尝试

大量蛮族人加入罗马军，提升了罗马军的战斗力。普罗布斯率罗马军成功镇压东部和西部数场叛乱。罗马进入相对稳定和平时期。战后，如何妥善安置那些原本待遇就非常优厚的士兵，成为普罗布斯的当务之急。

普罗布斯不允许军队闲散还拿优厚待遇，给帝国财政造成压力。在镇压起义后，他命令罗马军开垦土地，从事农业生产活动。这引来已经习惯闲散的士兵们不满。282 年夏天，罗马军发生兵变。普罗布斯被杀死。60 岁的马可·奥勒留·卡鲁斯①当皇帝。16 个月后，马可·奥勒留·卡鲁斯的两个儿子努梅里安和卡里努斯同时继任罗马皇帝。不久，努梅里安死去。

284 年 11 月 20 日，戴克里先②被罗马军推举为皇帝，接替努梅里安成为共治皇帝。285 年春，卡里努斯被刺杀，戴克里先成为罗马唯一皇帝。

此前，罗马皇帝更换频繁，平均在位两至三年。更令人触目惊心的是，绝大部分皇帝偏向“士兵派”却死于士兵之手。戴克里先不想步那些皇帝后尘，丝毫不敢掉以轻心，决定推行政治体制改革。

自屋大维以来，罗马从没公开承认实行君主制，在理论上，最高统治者不是君主，而是第一元老和第一公民。戴克里先公开与旧传统决裂，明确说明皇帝同所有人是主仆关系、君臣关系，明确表示皇帝是神的代表，所有人对皇帝必须

① 马可·奥勒留·卡鲁斯，全名马库斯·奥勒留斯·卡鲁斯·奥古斯都，因东征波斯有功绩被称为“伟大的波斯征服者”，282 到 283 年在位。

② 戴克里先，全名盖尤斯·奥勒留·瓦莱利乌斯·戴克里先（244 —312），罗马帝国皇帝，于 284 到 305 年在位。

履行崇拜礼仪——所有觐见皇帝的人都要屈膝叩拜。

戴克里先总结教训，认为由于帝国过于庞大，一位皇帝独自治理不便，导致罗马人难于抵抗野蛮人从莱茵河到埃及边境一带的不断侵扰。为应对日益严重的形势，戴克里先决定实行分权统治，将罗马帝国一分为二——在地图上画一条直线，将罗马分为东西两部分，由两个皇帝各自负责管理。

285 年，戴克里先被确认为唯一皇帝后，就任命马克西米安①为恺撒，即副皇帝，第二年又提升马克西米安为奥古斯都，即皇帝。这次分裂并非只是短时间存在，而是永久地将罗马分裂了——此前罗马虽然也出现过两个皇帝，但没划分领土范围，这次分治成为后来东西罗马分裂的根源。

292 年，戴克里先正式宣布自己为东部帝国皇帝，马克西米安为西部帝国皇帝。皇帝的权位正式一分为二。两个皇帝分别建新都，都不以罗马城为首都。两个皇帝的权力进一步增加，而元老院的权力被进一步削减到只局限于前首都罗马城境内。

293 年，两个皇帝，即两个奥古斯都，又分别任命一位副皇帝，即恺撒，并进一步进行统治分工：皇帝戴克里先统治罗马东部，他的副皇帝是恺撒伽列里乌斯②，从罗马东部分出地盘交给恺撒伽列里乌斯统辖；皇帝马克西米安统治罗马西部，他的副皇帝是恺撒君士坦提乌斯一世，也明确分管辖区。

奥古斯都和恺撒都是此前皇帝的称呼，罗马此时是两个皇帝、两个副皇帝“四君共治制”。为了保持皇室统一性，两个奥古斯都在理论上被认为是兄弟，是正皇帝，两个恺撒在理论上分别是两个奥古斯都的儿子，是副皇帝。戴克里先被称为“哥哥”，马克西米安被称为“弟弟”。

戴克里先把女儿瓦列里娅嫁给伽列里乌斯，并收养他为继子。马克西米安

① 马克西米安，全名马库斯·奥勒留·瓦勒里乌斯·马克西米安努斯·赫库里乌斯（约 250—约 310 年 7 月），285 年任罗马帝国副皇帝，286 年被皇帝戴克里先任命为共治皇帝，负责统治罗马西部，305 年 5 月 1 日与戴克里先一同退位，由副手君士坦提乌斯一世接任。

② 伽列里乌斯，全名盖乌斯·伽列里乌斯·瓦列里乌斯·马克西米安努斯（约 260—311），一般称之为伽列里乌斯，罗马帝国皇帝，305 到 311 年在位。被戴克里先提拔为恺撒和奥古斯都，是四帝共治制的维护者。

也收君士坦提乌斯一世为继子。四位君主谁都没选择罗马城作为驻扎地：戴克里先驻扎在尼科米底亚，伽列里乌斯驻扎在西尔米乌姆；马克西米安先驻扎在米兰，后来到拉温那，君士坦提乌斯一世驻扎在特里尔。“永恒的罗马城”仍然被认为是罗马帝国首都，但它已失去了实际政治意义，罗马皇帝的命令都不是从罗马城发出的。

元老贵族在罗马帝国中仍然是最高等级，但元老院已不再是有重大政治影响的国家机构，全国性意义的政治问题已不再交元老院讨论，它只限于处理有关竞技表演和元老贵族义务等问题，且它的所有决定必须经皇帝批准。传统行政官职位如执政官、行政长官等都变成荣誉称号，全部权力已经集中到皇帝们手中。

进行政权改革后，戴克里先集中力量镇压起义和各种反抗运动。马克西米安前往高卢，负责率罗马军镇压高卢巴高达运动和非洲起义。戴克里先到东方埃及，负责率罗马军镇压当地起义。没多久，他们都取得巨大胜利。

此后，为加强经济、政治、军事实力和君主权力，戴克里先进行了一系列改革。他将罗马原有的 47 个行省重新划分为 100 个行省，另加罗马特别行政区，取消元老院管理和皇帝管理的区别，由皇帝统一管理各行省。意大利的特权地位被取消，拆分为意大利行省和罗马特别行政区。除了罗马城外，罗马特别行政区还辖有西西里岛及其他岛屿。在行省之上，罗马全国建立 12 个行政区，每个行政区管理数个行省，由行政长官负责治理。在行省管理机构中，军权和民政权分立。这样，行省总督的权力被削弱，造反自立为皇帝的可能性降低。

戴克里先政治改革目的是加强皇权，削弱地方官员，尤其是军权和政权合一的总督的权力。不过，他并不想因改革而削弱罗马军的战斗力。因此，他也进行了旨在加强罗马军队战斗力的改革。

与以往从待遇上宠着士兵不同，戴克里先从军队编制和兵员补充方面进行改革。他强化义务兵役制，也实行志愿兵制度，但以义务兵为主。

戴克里先命令大土地所有者承担责任：依照他们所有隶农的人数，按一定的比例提供新兵；有义务在军队中服役[①]和提供“列特”[②]服兵役。他鼓励蛮族人在罗马军中服兵役，给予特别的报酬或奖赏，以激励他们为罗马誓死效力。

罗马军编制分为边防军团和驻在各省内的机动军团。边防军团大多数由蛮族移民组成，机动军团中的蛮族人比例也越来越大。在罗马军中，除自由小土地所有者外，隶农和蛮族人急剧增多。罗马军蛮族化进一步强化，蛮族人数增加到60万。

行政改革和军事改革需要巨大开支；扩大军队和国家官僚机关更需要大笔开支；皇帝宫廷的挥霍以及在罗马城及其他城市兴建宏大的建筑物，也同样需要大笔钱。罗马财政经济紧张，戴克里先不得不进行税收改革，以增加财政收入。

此前，罗马赋税形式多样，但大多属于间接税。征税是以商品生产的繁荣和城市经济的活跃为依据的。此时，罗马商品经济衰败，钱币价值跌落，已失去了作为有效税收的意义，必须实行新的赋税制度，即以直接税和土地税为主。

罗马公民被责成向国家提供一定数量的生产品，以供国家之需，但它没有固定征收时间和税率。戴克里先派人编制地籍，记载耕地的面积和数量，种植作物分配比例、劳动者人数和牲畜头数，然后向每一个征税单位征收确定的赋税，主要是谷物、油、毛、肉类等实物。不占有土地的城市居民必须缴纳人头税。

为了保证税收稳定，戴克里先采取一系列专横措施：禁止隶农和一切农业劳动者离开土地；不允许手工业者脱离其所属同业公会；城市议会的议员（市元老）也固定在其出生的城市，以便使他们以资财来担保城市的应缴税款。为收税方便，戴克里先把在农村征收正规赋税的任务交给大庄园主，从而加强大庄园主对隶农的监督和奴役。

通过改革，罗马有了稳定的物质资源，改变了此前靠战争掠夺和临时摊派获得物资的做法，对社会经济发展具有重要意义。

不过，戴克里先实行的币制改革基本失败，差点将罗马拖入灾难之中。罗马流通货币混乱，贬值非常厉害，必须进行整顿。301年，戴克里先下令铸造新

① 此处指当兵或者在军中担任军职。

② 此处指在罗马领土上居住的被俘蛮族人。

金币。新金币法定重量为1/60罗马磅[①]。屋大维时的法定金币是1/40罗马磅。他强令用新金币代替旧金币流通使用。他还发行银币和铜币。

币制改革不仅没平稳物价，反而导致商品价格继续上涨。为了同物价飞涨作斗争，戴克里先又颁布“价格敕令”，企图用行政手段限定各种商品的最高价格和最高工资。敕令承认物价飞涨，附列各种类的商品，首先是粮食和饲料的最高价格一览表，以及关于各类劳动报酬最高的工资标准，从农业短工、石匠、细木匠起，到建筑师、教师和律师为止，都有明确的最高工资标准。敕令威吓民众：“谁若胆敢违抗这个命令，他就将冒丧失头颅的危险。”

当然，对戴克里先来说，这两项改革失败还算不上真正的失败——他真正的失败是实行错误宗教政策，导致他不得不退位。他此前一直强调皇帝是神的代理人。这件事不能不说是巨大讽刺。

305年，戴克里先被迫退位。另一个皇帝马克西米安也宣布退休。按照规定，两位恺撒同时成为皇帝——君士坦提乌斯一世成为西部皇帝，伽列里乌斯成为东部皇帝。但在选新恺撒时，罗马军与元老院都积极介入，各自提名了候选人。

306年，西部皇帝君士坦提乌斯一世死去。君士坦提乌斯一世的儿子君士坦丁一世直接继任皇帝。东部皇帝伽列里乌斯却任命塞维鲁斯[②]为西部皇帝，与君士坦丁一世展开对峙。此举破坏了“四帝共治”时立下的规矩。已退位的前西部皇帝马克西米安的儿子马克森提乌斯认为自己也有资格当皇帝，便发动叛乱，杀死西部皇帝塞维鲁斯。

东部皇帝伽列里乌斯亲自率罗马军前往意大利讨伐马克森提乌斯所部，大败而回，无奈之下任命李锡尼[③]为西部皇帝，管理伊利里库姆、色雷斯与潘诺尼亚，同时任命马克西明·代亚为恺撒，负责管理叙利亚与埃及等地。

李锡尼并没率军讨伐马克森提乌斯这位弑君者，而是发动进攻萨尔马提亚

①1罗马磅，约合327.54克。

②塞维鲁斯（？—307年），305年5月1日任恺撒，307年4月任奥古斯都。

③李锡尼（263—325年），罗马帝国皇帝，308到324年在位。

人战争，并取得几次胜利。311 年，伽列里乌斯死去。此时，李锡尼不仅是名义上的西部皇帝，同时也掌握着大片帝国东部土地。他与继任东部皇帝马克西明·代亚达成协议：以赫勒斯滂与博斯普鲁斯海峡为界，李锡尼占有帝国东部的欧洲部分，马克西明·代亚占有帝国东部的亚洲部分。

312 年，在米尔维安桥战役中，君士坦丁一世率罗马军击败并杀死马克森提乌斯。313 年 3 月，李锡尼与君士坦丁一世在梅迪奥拉努姆（米兰）会晤。李锡尼迎娶君士坦丁一世同父异母妹妹君士坦提娅，双方结成新同盟，还联合颁布“米兰敕令”，宣布停止迫害基督教，承认基督教合法化。

李锡尼与君士坦丁一世结盟后，马克西明·代亚与李锡尼决裂。马克西明·代亚集结 7 万军队，越过博斯普鲁斯海峡，向李锡尼所在地发起进攻。李锡尼也率 3 万罗马军迎战。在特兹拉卢姆，罗马两个皇帝率各自属下军队展开会战。马克西明·代亚战败，一路逃到西里西亚岛。他企图在西里西亚岛建立新防线，但没能实现愿望，只好又逃亡到塔尔苏斯。不久，马克西明·代亚死在塔尔苏斯。

321 年，君士坦丁一世说服一些曾在罗马国土上肆虐的蛮族，让他们越过多瑙河去劫掠李锡尼的管辖地。此举匪夷所思，大大激怒了李锡尼。李锡尼宣称君士坦丁一世破坏了和平协议。君士坦丁一世索性撕破脸皮，向李锡尼宣战。

324 年，在阿德里安堡，李锡尼战败，被迫躲入拜占庭城。君士坦丁一世率军围困拜占庭城。没多久，在赫勒斯滂海峡，李锡尼属下的舰队被君士坦丁一世儿子克里斯普斯率军摧毁。李锡尼留下新恺撒马提尼亚努斯继续率军坚守拜占庭城，亲自率军撤退到克里索波利斯。在克里索波利斯，李锡尼与君士坦丁一世进行决战，又遭到惨败，只好逃往尼科米底亚。没多久，他宣布退位，向君士坦丁一世投降。

君士坦丁一世统一罗马帝国，宣布自己为罗马帝国的唯一皇帝。戴克里先分治改革到此以失败结束。

第十一章　君士坦丁一世改革

“四帝共治”失败，君士坦丁一世凭强大武力重新统一罗马。他一改前任策略，支持和控制基督教会，进行一系列旨在加强统治的改革。

1. 新时代宗教矛盾

戴克里先反基督教敕令引发罗马内战 19 年。君士坦丁一世凭强大武力重新统一罗马，废除“四帝共治”。此外，君士坦丁一世还纠正戴克里先的宗教政策，改为支持和控制基督教会。

1 世纪以来，罗马各种宗教运动兴起。基督教的发展尤其迅速。

原始基督教是犹太教众多派别中的一派，是犹太人反抗罗马统治的群众运动产物。原始基督教的产生与巴勒斯坦的历史密切相关。

自公元前 11 世纪以来，古犹太人先后被亚述帝国、新巴比伦王朝、波斯帝国、亚历山大帝国、塞琉古王朝以及托勒密王国统治和奴役。罗马的势力扩及东地中海后，犹太人又被罗马人统治。此时，古犹太人反抗外族统治的斗争也达到高潮。

公元前63年，罗马进攻巴勒斯坦后，庞培、克拉苏等人先后四次率军占领耶路撒冷。庞培曾屠杀1.2万犹太人，在勒索巨款后，将犹太大部分领土划归叙利亚行省；克拉苏率军掳掠耶路撒冷，席卷总数达1.2万他连特[①]。公元前40年，罗马扶植希律出任巴勒斯坦王。在公元前40年至公元前4年间，希律残酷地镇压犹太人反抗运动。

公元前4年，希律死后，罗马将巴勒斯坦分为三个国家，北部是加利利及外约旦，中部是撒马利亚，南部为犹太，分别由希律三个儿子统治。公元6年，犹太又被划属罗马的行省管辖。罗马军四次占领耶路撒冷，除被屠杀的人外，犹太有记载的被俘为奴的人有6万多。犹太被划归直属行省后，所遭受的剥削更重。罗马统治者普查犹太的人口，厘定税金，向犹太人征收人头税、农业税及其他苛捐杂税。此外，犹太人还要向圣殿缴纳什一税。流落他乡的犹太人，每年也要向圣殿交税。在残酷剥削下，犹太人尝尽国破家亡的辛酸。持续不断的反罗马运动随之产生。

公元初，加利利的犹大、约旦河谷的奴隶西门、牧羊人阿斯朗琪先后举行起义，自称犹太国王，掀起抗缴人头税的斗争，结果被叙利亚总督瓦鲁斯率两个罗马军团镇压。起义地区的人被屠杀与掠夺，2000人被俘后遭钉死在十字架上。直到公元66年，起义和反抗连绵不断，加利利的三个儿子先后担任起义首领，自立为王。

公元60年代初，罗马的高压政策和罗马军再次抢劫圣殿金库，导致犹太人再次反抗，爆发了遍及巴勒斯坦全境的大起义。起义军占领耶路撒冷，烧毁债券，杀死罗马守军，并得到其他地区响应。罗马派军3万人镇压无效，在公元68年又派大军围剿。公元70年，罗马军攻陷耶路撒冷。起义失败。

在反罗马斗争中，由于政治、经济地位的不同，犹太人分裂成许多教派和政治派别。各派别都提出主张，但归纳起来，大致可分为四大派。

---

①他连特，古罗马的重量单位，1他连特大约等于26公斤。

1. 撒都该派。撒都该派由祭司贵族组成，是当时犹太的当权派。他们掌管犹太人缴纳的什一税，兼营银钱业，且掌管犹太教圣殿的司法权，世袭大祭司职位，与犹太富人、罗马统治者狼狈为奸，主张服从罗马统治，仅保持宗教独立和犹太教规。

他们在宗教上只承认成文律法《摩西五经》①，不承认其他口传教义；坚持以圣殿崇拜为中心，不重视耶路撒冷以外的会堂②。在圣殿毁灭后，撒都该派失去阵地，走向衰落。

2. 法利赛党。法利赛党是犹太中产阶级和宗教知识分子组成的派别。他们不是当权者，是犹太上层的反对派，主张不与罗马人合作，但也不积极反抗。法利赛党在宗教上承认口传律法，接受天堂、地狱、复活、永生的思想，要求保持传统文化与宗教，消极地等待救主来拯救犹太人，重视各会堂活动。

3. 艾赛尼派。艾赛尼派由约 4000 名农民、牧民组成，主要活动在巴勒斯坦农村。他们实行离城独居，财产公有，经济互助，禁欲主义，在思想上有明显末世论倾向。他们认为救主即将来临，新耶路撒冷即将出现。他们选出 12 名首领主持社团，严守戒律，举行公餐，共同研究圣经，每天集体劳动 5 小时，不许结婚，消极等待救主降临。社团具有严格纪律，入社要经过严格训练，悔罪时实行洗礼。与基督教不同的是，他们悔罪时用水洒洗。他们还特别将《旧约》中有关弥赛亚的经文摘录列表，经常阅读，做好弥赛亚降临准备。

4. 狂热派，音译为吉拉德派，意译为奋锐党，是各派中最年轻的一派，为犹太人反罗马统治和犹太上层斗争的产物。创始人是加利利的犹大。狂热派的政治观点鲜明，主张通过暴力斗争解放犹太，建立上帝之国，即独立自主的犹太国。狂热派由犹太下层的无产者、游民、乞丐、贫穷手工业者、小商贩组成，曾多次发动起义。他们在宗教上坚持信仰唯一神耶和华，认为保持信仰，必须反罗马，宣称救世主即将降临。

---

①《摩西五经》，指希伯来圣经最初的五部经典，即《创世记》《出埃及记》《利未记》《民数记》《申命记》。

② 会堂，此处指举行基督教徒聚会的地方。

除撒都该派外，其他三派又分化出许多小派。原始基督教起初是从下层教派中分化出来的一个小派，称为拿撒勒派。它是公元1世纪30年代至60年代犹太人反抗罗马斗争的产物。

公元1世纪30年代，拿撒勒人耶稣在巴勒斯坦创立基督教。耶稣宣传的教义不利于罗马统治，被罗马总督彼拉多钉死在十字架上。耶稣死后三天复活升天，宣称他将复临人间，建立理想的“上帝之国”。

耶稣死后，他的信徒继续宣传基督教。基督教的主张与犹太教传统教义相抵触。犹太教撒都该派不承认耶稣是救世主，将基督教徒逐出圣殿。在巴勒斯坦、小亚细亚一带，基督教逐渐发展成为独立宗教，然后在地中海沿岸，特别是小亚细亚、埃及一带迅速传播。

原始基督教信徒以犹太人居多，但也有非犹太人；有自由人，也有奴隶与被释放的奴隶，以下层民众为主。原始基督教教义并无后来的三位一体、原罪等说教，它打破民族宗教的狭隘性，建立一种新的世界性信仰。它崇信犹太教耶和华为唯一真神，但神的选民扩大到一切民族。它信仰基督降临与因信得救，宣扬信徒不分民族，不分犹太人与非犹太人，只要信仰基督降临，必将得到拯救与上帝的赐福。它改革仪礼，废除犹太教各种献祭和烦琐仪式，打破犹太教排他性、孤立性与保守性，仪式仅有洗礼与圣餐。

原始基督教广泛传播，深深吸引罗马的下层人员。保罗派抓住罗马各民族政治和社会差异逐渐消失的机会，用希腊语积极传教，在传教中大量吸收希腊罗马庸俗哲学的观点，对初期的教义进行改造，最终击败彼得派，将教义《新约全书》① 确立为基督教正统经典。原始基督教教会组织、礼仪产生和《新约全书》的出现，标志着基督教最终形成。

戴克里先当皇帝时，基督教在罗马已经非常有影响力。在保守、恢复古老宗教与皈依新宗教之间，他不能不做选择。当时，旧教徒散播罗马公元3世纪危机是新宗教运动的产物。戴克里先希望解决社会危机，相信危机与新宗教有关，

①《新约全书》共27卷，原文为希腊文，包括启示录、使徒书信21篇、四福音书和使徒行传。

加上他强调皇权的神性起源，因而选择支持旧教徒，主张复兴古老的罗马宗教。因为，罗马旧神朱庇特被认为是皇帝的保护者和世俗最高权力的来源。戴克里先自认是朱庇特之子，拥有“朱维乌斯”头衔。

戴克里先的宗教政策遭到基督教徒的消极抵抗。到公元3世纪末，基督教已在罗马各阶层中广泛传播：它在东方各行省和西方各行省以及罗马城都拥有众多信徒。其中，罗马城有二十分之一的人是基督教徒，包括戴克里先的妻子和女儿。基督教主教们享有荣誉地位，受到民众甚至官员的特殊待遇和尊敬。戴克里先恢复旧教崇拜，抑制基督教传播，遭基督教徒抵制，是必然的。

基督教否认皇帝的神性，又有不隶属于皇帝的独立教会组织，且在军队中有巨大影响力——一些士兵拒绝接受皇帝的宗教奖赏，或拒不遵守与基督教义相抵触的某些军事纪律。戴克里先无法容忍，竭力提高旧教祭司的威望，唆使他们反基督教。共治皇帝伽列里乌斯也与戴克里先遥相呼应，一起反基督教。戴克里先强硬对待基督教徒：要么放弃信仰，要么被处死。

在罗马内部，无论哪个阶层，只要是基督徒，都遭到打压。君士坦丁一世等人，并不认同戴克里先的激进宗教政策。

2. 君士坦丁一世改革

君士坦丁一世战胜对手，他的宗教政策起了重要作用。

君士坦丁一世父亲君士坦提乌斯一世的统治区为高卢、西班牙、大不列颠岛。君士坦提乌斯一世对基督教一向采取宽容态度，属下官员和将士很多也是基督教徒。君士坦丁一世从父亲那里接管军队。军中有许多基督教徒。

如何对待基督教徒，君士坦丁一世采取务实态度。虽然他不是基督教徒，但他手下有大量基督教徒，也愿意做基督教徒的庇护人。于是，他下令改变戴克里先制定的宗教政策。正因如此，君士坦丁一世率军击败一个又一个对手，在罗马树立了绝对权威。

313 年 2 月，君士坦丁一世与李锡尼联合发布米兰敕令[①]，宣布宗教信仰自由。此后，他又赐给基督教会许多特权，免除基督教僧侣的徭役。基督教迅速从受迫害的宗教变为占优势地位的宗教。基督教徒已适应罗马秩序，并乐意为皇帝的权威辩护。

君士坦丁一世积极参与教会事务，竭力帮助各地教会建立统一组织。他认为统一的帝国必须有统一的教会，在教会中不允许有教义分歧。当时，经常发生各种教义问题和教会纪律问题激烈争辩。争辩是社会斗争的反映，虽然发生在教会内部，但教会渗透了各种阶层。基督教成为受皇帝庇护的宗教后，各派主教都希望借助皇帝的权力解决纷争。君士坦丁一世也将解决教会事务和教义问题当作国务。

313 年，非洲发生多拉图斯教派正统性争端。非洲基督教代表向君士坦丁一世提出申诉，请求裁决凯基里亚努斯和多拉图斯到底谁是正统主教。君士坦丁一世收到申诉，下令召开主教会议，一起讨论处理办法。主教会议先在罗马城召开，后来转往阿尔列召开。经过一番讨论，主教会议承认凯基里亚努斯享有正统主教的权力。君士坦丁一世批准了主教会议的决议。多拉图斯及其拥护者不服，宣称只有他们是真正的基督教徒。随后，他们着手组建新教会。这次主教会议不仅没处理好宗教争端，还导致基督教进一步分裂。君士坦丁一世行使了最高裁判权，成为主教会议最大的受益者。

此后，君士坦丁一世加大干预教会事务的力度。

早在公元 2 世纪末和公元 3 世纪前半期，亚历山大里亚教会一些神学家就对基督教正统教义提出了异议。奥里根以柏拉图的理念观为依据，力图把基督教义与希腊哲学原理结合起来，通过希腊哲学来增强教会的影响力。公元 4 世纪初，教会长老阿里乌斯进一步发展了这种理论，主张在圣父、圣子、圣灵中，只有

① 米兰敕令，313 年 2 月，君士坦丁一世与据有东方各行省的皇帝李锡尼在罗马行政中心米兰达成协议并发布敕令，承认宗教信仰自由，确认基督教徒享有包括组织教会在内的合法权利，立即发还过去没收的教会财产。米兰敕令是基督教成为罗马唯一合法国教的标志性事件。

圣父才是永恒的。这种学说遭到埃及主教们的谴责，却深受亚历山大里亚普通居民、手工业者和水手的欢迎。

在街头、市场和其他公共场所，常常因讨论这种学说而发生激烈辩论，甚至演变成公开冲突。埃及教会发生辩论，其他地方教会也经常辩论。在教会人士要求下，君士坦丁一世进行强力干预。

325年，在尼西亚，君士坦丁一世召集全罗马基督教主教会议，讨论阿里乌斯提出的教义问题。大多数与会主教反对阿里乌斯学说，承认圣子与圣父是同一的。

经过激烈讨论，全罗马基督教主教会议制定所有基督教徒都必须遵奉的正统教义——《尼西亚信条》，确认基督与圣父、圣灵同体，是永恒的。

在全罗马基督教主教会议上，还不是基督教徒的皇帝君士坦丁一世担任会议主席。会议做出决议后，他以皇帝兼会议主席身份宣布批准会议决议。事后，阿里乌斯被放逐到伊利里库姆，他的追随者被放逐到高卢。

然而，不少宫廷官员支持阿里乌斯学说。君士坦丁一世也对阿里乌斯学说有好感。阿里乌斯派并不要求教会独立于国家权力之外。这符合君士坦丁一世的心理期待。不过，大部分主教在会议上反阿里乌斯教派，君士坦丁一世作为会议主席，顺应多数人看法，批准了会议决议。

没多久，阿里乌斯被戏剧性地从流放地召回，而他的主要反对者、亚历山大里亚主教阿诺那修斯却被放逐。

336年，阿里乌斯死后，他的追随者继续得到罗马宫廷保护。337年，君士坦丁一世病重时，在阿里乌斯教派教士手上接受洗礼，正式加入基督教。

381年，在一次宗教会议上，阿里乌斯学说再次被谴责。尼西亚教派取得完全胜利，成为罗马正统宗教。阿里乌斯教派在罗马失宠，却在日耳曼部落中顺利传播。很多日耳曼蛮族人成为基督教阿里乌斯派信徒。

君士坦丁一世顺应时代潮流，在宗教政策上比戴克里先更明智。对罗马旧教来说，君士坦丁一世的宗教政策导致基督教最后获得胜利。这无疑也是一种宗教改革。

在社会改革和财政政策方面，君士坦丁一世继承了对统治有利部分的政策。例如，地方民政权与军权分离政策，把军队分为边防军队和内地机动军队的军事改革。更重要的是，君士坦丁一世还进一步改革。他解散骄横不逊的近卫军，重新组织宫廷亲卫军，将军事权力完全集中到皇帝手里。

君士坦丁一世废除“四帝共治制”，命令子侄去各地统治，将禁卫军统领由军职改为地方行政官员，共设置四名禁卫军统领，分别为东部统领、伊利里亚统领、高卢统领、意大利统领，负责统管除罗马城及君士坦丁堡外的禁卫军。同时，他降低边疆驻军的实力，进一步神化皇权。

罗马社会关系日趋腐朽，军队的素质也随之败坏。过去那种将土地授予退伍兵的办法曾具有复兴小土地所有者阶层的社会意义，如今已变成单纯用来强制土地领受者儿子世袭当兵的奴役手段。强制征召老兵的儿子服兵役，也只能获得一部分新兵，远远不能满足兵员补充和扩大军队的需要。于是，罗马把愈来愈多的蛮族人吸收到罗马军队中来。

君士坦丁一世时，罗马军队蛮族化进程大大加速。许多蛮族出身的人还在军队中担任高级职位。当然，君士坦丁一世本身是军事强人，对军队掌控能力非常强。军队蛮族化暂时还不至于对罗马造成什么威胁。

君士坦丁一世的财政改革，对后世影响巨大。为获得稳定的税收，他下令实施强制征税政策，直接将各社会阶层变成皇帝的奴役对象。316 年和 325 年，君士坦丁一世两次颁布敕令收税，宣布高级阶层城市居民——库里亚不能离开他们出生的城市，以作为固定的税收对象。库里亚不能以任何理由免除对城市的义务，也不能担任民政或军事职务。库里亚的义务世代相承。对库里亚征税尚且如此，对其他底层劳动者，君士坦丁一世当然更不会宽容。

为了从政治上摆脱罗马城诸势力的牵制，330 年，君士坦丁一世迁都到拜占庭城，先将拜占庭城改名为新罗马，后改名君士坦丁堡。君士坦丁堡是天然良港，是连接欧亚大陆的要冲，也是欧洲和亚洲的贸易中心。君士坦丁一世迁都后，立即大规模扩建城市。直到 1453 年后，君士坦丁堡一直是罗马以及东罗马首都。

君士坦丁一世急需花大笔资金修筑首都，更加重视税收。332 年，他下令：禁止隶农从一个庄园逃到另一个庄园；收容别人隶农的，应将隶农交还原主人，此外，还应支付逃亡隶农在庄园上居留期间所应交的赋税。

此外，君士坦一世将手工业者进一步固定在他们所属的公会里，强制他们共同负担国家向公会分摊征课的赋税和徭役。有些被固定在为供应宫廷和军队所需作坊里的手工业者，还被打上烙印，防止他们逃跑，对宫廷和军队的供应造成不良影响。

对待自由公民，君士坦丁一世都如此苛刻，那些奴隶的处境就更悲惨。奴隶生命毫无保障：主人如果为“纠正”不驯顺奴隶的不规矩行为而将其打死的，可不受起诉。贫民出卖自己子女为奴隶的，奴隶主有权把所谓“无礼的”被释奴隶连同其子女一起重新变为奴隶。

君士坦丁一世进行改革，原本有希望给罗马带来转机，但除在宗教政策、政治改革和迁都顺历史潮流外，其他方面改革都逆历史潮流。这导致君士坦丁一世死后，罗马又爆发了危机，且矛盾越来越激烈。

3. 各行省相继起义

君士坦丁一世改革目的是强化独裁统治，改革受益者是军人、大奴隶主以及教会人员，而一些中层、平民阶层、隶农阶层以及奴隶阶层都变成受害者，生存处境更悲惨。

哪里有压迫哪里就有反抗，哪里压迫严重哪里就会激烈反抗。君士坦丁一世改革不久，北非行省就爆发了奴隶和隶农反奴隶主的阿哥尼斯特运动[1]。

① 阿哥尼斯特运动，在罗马帝国晚期，北非贫困农民、奴隶、隶农展开的反罗马运动。

罗马北非行省包括阿非利加①、努米底亚②和毛里塔尼亚③三部分。阿非利加继承了迦太基时代的物质文明，以富庶著称，罗马殖民者蜂拥而来，广置庄园。阿非利加经济非常发达。努米底亚和毛里塔尼亚虽然也有地方传统，但奴隶主大土地所有制占统治地位。君士坦丁一世改革，强化大奴隶主的特权，加重了对奴隶的剥削，导致阶级矛盾进一步激化。公元 4 世纪初，罗马北非行省的官僚机构十分臃肿，国税重担压在隶农身上。北非隶农主要由柏柏尔人组成。他们没有罗马公民权，受罗马、庄园主和管主三重压迫，处境日趋恶化。大庄园中的奴隶多数也是柏柏尔人，命运更加悲惨。君士坦丁一世改革后，他们还要受教会剥削，所受压迫更重。

313 年，基督教取得合法地位。随后，它接受土地馈赠，公开聚敛钱财。君士坦丁一世曾从努米底亚皇庄和兹尔塔等城市辖区中，拨出 7 份收入共达 4000 枚金币的地产，连同种地隶农和奴隶，一并送给非洲教会。教会地产享有赋税豁免权和司法自治权，变成“国中之国”。

阿哥尼斯特派是从多拉图斯教派分化出来的。公元 4 世纪初，北非正统基督教会发生分裂，形成反对派——多拉图斯教派。在罗马化最深的阿非利加，正统基督教占优势；努米底亚和毛里塔尼亚却流行多拉图斯教派。后来，努米底亚和毛里塔尼亚逐渐成为阿哥尼斯特运动中心。

在思想上和组织上，阿哥尼斯特派比多拉图斯教派更具有鲜明战斗性。它的教义提倡禁欲主义和殉教精神。具体包括：放弃定居生活，摒绝世俗事务；誓不结婚，独身以终；勇于杀身殉教；捣毁多神教偶像。阿哥尼斯特派成员以隶农和逃亡奴隶为主，包括农民。他们是处在当时社会最下层，所受的剥削最严重。

阿哥尼斯特派逐渐转变成军事性质的宗教团体，最终越出宗教领域，掀起一场反抗奴隶制剥削的武装斗争。

在起义地区内，没一个财主能够安居乐业，没一个债主敢去收租收息。奴

① 阿非利加，指如今突尼斯。

② 努米底亚，指如今阿尔及利亚东部和中部。

③ 毛里塔尼亚，指如今阿尔及利亚西部和摩洛哥。

隶主人人自危，取消租税，以求活命。乘马车外出的奴隶主被拖下来，给奴隶赶车，使“奴隶和主人互换了位置”。阿哥尼斯特运动试图通过暴力对当时尊卑关系进行一次大调整。这令统治阶级震惊，连多拉图斯教派上层人物也向右转，惊呼要“重整秩序”。他们甚至勾结民团，在市集上屠杀阿哥尼斯特分子。

多拉图斯教派上层的叛变行为，并未给自身带来什么好处。为争夺帝位，君士坦丁一世儿子君士坦提乌斯二世[①]公开迫害非正统教派，以换取基督教会支持。多拉图斯教派也在被取缔之列。他们不得已，又与阿哥尼斯特派重新合作。他们集结到巴盖城，与前来围剿的罗马军展开血战。许多人英勇战死，被俘者从容就义。

362年，多拉图斯派主教帕孟尼安借着朱里安剥夺神职人员特权的机会，在努米底亚和毛里塔尼亚夺取了原属基督教的教区，恢复阿哥尼斯特活动。他们攻击正统教会，杀死教会上层人物。朱里安的统治仅仅维持了3年，异教的优势也随之丧失。阿哥尼斯特派与毛里塔尼亚的部落王公费尔姆合作，反罗马运动又迅速发展。为了反罗马重税政策和地方官员横征暴敛，372年，费尔姆领导毛里塔尼亚的柏柏尔人举行起义。罗马军迅速前去镇压。但是，一部分罗马兵在阵前投降起义军。起义军实力进一步壮大。起义军迅速占领毛里塔尼亚的大城市恺撒利亚和伊科修姆。骑兵长官提奥多西率领两个军团到北非镇压。他利用起义军缺乏统一指挥的弱点，收买费尔姆的兄弟希尔顿做内应，然后率军分别将起义军诸部击破。375年，费尔姆兵败自杀。没多久，余众也被击溃。费尔姆起义失败使阿哥尼斯特运动失去重要同盟力量。不过，他们的斗志并未消沉下去。到公元4世纪末和公元5世纪初，阿哥尼斯特分子仍然率隶农和逃亡奴隶，在北非坚持反罗马剥削斗争。他们捣毁葡萄酒窖，从债主手中夺走债券还给债务人，且“焚毁奴隶卖身契，让他们成为自由民”。当地官员束手无策，税吏也不敢履行职责。

在汪达尔人征服北非前夕，阿哥尼斯特运动已经使罗马在北非的政权陷入瘫痪状态。

---

①君士坦提乌斯二世（337—361），罗马帝国君士坦丁王朝第二位皇帝，君士坦丁一世的儿子。

除非洲人发起阿哥尼斯特运动反罗马外，高卢巴高达运动也死灰复燃，给罗马统治造成了巨大破坏。色雷斯贱民暴动也给罗马造成了巨大的危机。瓦伦斯[①]亲自率罗马军强力镇压，才勉强恢复秩序。

仅仅过了10年，反罗马奴隶主的斗争烈火又在多瑙河流域燃烧起来。瓦伦斯不得不又全力去镇压。这一次，有许多蛮族人，尤其是哥特人参与。哥特人将阿里乌斯派教义当作反罗马的思想武器。378年，皇帝瓦伦斯率罗马军亲征色雷斯。结果，在阿德里亚堡决战中，罗马军被打得落花流水，37名将领战死，4万名士兵被歼，连皇帝瓦伦斯也中箭身亡。

为了避免形势进一步恶化，新皇帝狄奥多西一世[②]避免与哥特人正面交锋，改用分化收买政策。他们以优厚待遇收买哥特人，而集中兵力打击造反的色雷斯下层民众。经过几年奋战，罗马军将造反的色雷斯下层民众成功镇压。

罗马陷入危机后，多任皇帝励精图治进行改革，由于没意识到动乱根源和改革立场问题，导致改革并没给罗马带来稳定，相反进一步加剧动乱。罗马不得不继续在各种危机中艰难前行。

---

①瓦伦斯，全名弗拉维斯·埃弗利乌斯·瓦伦斯（328—378），罗马帝国东部皇帝，364到378年在位。

②狄奥多西一世（约346—395），又译为狄奥西亚一世或杜多思一世，本名弗拉维乌斯·狄奥多西，也作狄奥多西大帝，是罗马帝国狄奥多西王朝（379—395）第一位皇帝，也是最后一位统治统一罗马帝国的皇帝。

第十二章　来自东方的“上帝之鞭”

罗马帝国内部矛盾空前激化，千年未遇的外部压力降临。匈奴人如入无人之境，如同“上帝之鞭”抽打着蛮族部落，也抽打着内外矛盾交织的罗马帝国。

1. 来自东方的压力

君士坦丁一世改革后，罗马帝国内部矛盾空前激化，还面临千年未遇的外部压力，那就是来自东方的，远远比那些蛮族侵扰破坏力大得多的匈奴人进攻。匈奴人不仅抢掠财物和土地，还改变了局势，引发蛮族大迁移，危及罗马帝国统治根基。

原住蒙古高原的匈奴人在公元前 3 世纪末崛起，成为超级游牧帝国。匈奴南下中原，与汉朝战略对峙。匈奴与汉朝时战时和，进行了差不多 300 年战略竞争后，被打败。匈奴内乱，分裂为南匈奴和北匈奴。南匈奴臣属汉朝，北匈奴继续与汉朝为敌。西汉时期，北匈奴被消灭，南匈奴臣服汉朝，后来趁汉朝衰落之际，再次复兴匈奴。

汉朝复兴后，刚复兴不久的匈奴再次分为南匈奴和北匈奴。南匈奴再次臣服汉朝，北匈奴与汉朝继续对峙，并逐步迁移。汉朝无法容忍北匈奴依托西域复兴，也无法容忍北匈奴危及丝绸之路，对北匈奴进行追击。

公元 91 年，汉军彻底击败北匈奴军。北匈奴丧失了漠北和西域的生存空间。北匈奴单于率少数随从逃到乌孙。北匈奴残余势力弱小得几乎可以忽略不计。汉军没有继续追击，也没要求乌孙剿灭北匈奴残部。这部分匈奴人臣服于乌孙。乌孙接纳了他们。

因为祖先历史辉煌过，流亡匈奴人的复兴梦想一直没有中断，根本不安于现状。漠北和西域已经存在强大力量，他们没可能再回去，乌孙给他们的生存空间极其有限。想来想去，北匈奴单于决定带匈奴人继续西迁，拓展生存空间。西迁前途未卜。北匈奴单于便先带精壮匈奴人去康居，寻机进一步西迁，暂时将老弱病残的匈奴人留在乌孙。

南北朝时期，从鲜卑分出来的游牧民族柔然在漠北逐渐强大。柔然与南部同族的北魏人多次战争，最终无法占得先机，转而侵扰西部邻居乌孙。乌孙军无力抵抗柔然军进攻，向西迁徙。当年留在乌孙的老弱病残匈奴人后裔，已经发展成一股不可小觑的力量。他们趁机在乌孙故土建立悦般国，统治匈奴人以及不愿意西迁的乌孙人。

匈奴人在悦般国，有了复兴基地，便与柔然交好。柔然人本想兼并乌孙国，没想到中途被匈奴人占领乌孙领土，无法容忍悦般国。双方军队屡次交战。柔然凭借自身强大，不断向悦般国施压。匈奴人见长期对抗下去，有灭亡危险，不得不西迁，去寻找早已经西迁的同胞。

北匈奴单于率精壮匈奴人进入康居，与当年郅支单于被杀后留在康居的匈奴后裔会合，实力有所增强。在康居生活一段时间后，他们发现康居的生存空间不足以复兴匈奴，又继续西迁。悦般国的匈奴人到康居，得知同胞已经西迁，便也继续西迁。多年后，这两支匈奴人后裔会合，一起来到阿兰聊国。

阿兰聊也称阿兰，又被称为奄蔡，位于康居以北 1000 千米处，大约在如今顿河以东、高加索山脉以北一带。这一带是低山和草原，水草丰美，适合游牧，且阿兰的风俗与康居类似，非常适合匈奴人生存。匈奴人如同龙入大海，实力迅速发展。

阿兰人居住在四轮或六轮大篷车里。他们也是游牧民族，擅长养马，拥有的骑兵人数超过 10 万，国力不算弱小。他们开始并没将为数不多的匈奴人放在眼里。匈奴人在当地站稳脚跟后，逐渐意识到复兴匈奴，征服阿兰是必须迈出的第一步。

经过长期精心准备，374 年，匈奴人从顿河东出发，向阿兰发起战略进攻。阿兰人没想到匈奴人敢主动进攻，惊慌之余，奋起抵抗。在顿河边草原上，阿兰军和匈奴军展开大决战。

阿兰军信心满满，认为凭着强大的车军和人数优势，击败匈奴军轻而易举。阿兰车军是针对希腊马其顿方阵、罗马方阵、帕提亚方阵、萨珊波斯方阵等设置的。在两军对峙时，只要战车出动，攻破对方军阵就水到渠成。他们不知道的是，匈奴人早在 600 多年前，就利用轻骑兵优势，迫使他们的中原对手放弃车军，进行“胡服骑射”——匈奴人知道战车机动性、灵活性远不能和轻骑兵相比，知道如何扬长避短。

匈奴军并没有按照阿兰人预想的那样摆好军阵，面对面冲杀，而是等阿兰军摆好军阵后，突然分散开，从两翼进行侧包围，让阿兰战车毫无用武之地。阿兰军从未见过这种战法，在勇猛的匈奴轻骑兵冲击下，很快从一脸蒙到全面溃败。在混战中，阿兰王被杀，少量阿兰军逃走，去投奔东哥特，大部分阿兰军投降匈奴人。

匈奴人将阿兰人吸收到军中，进行相应的改造和训练。很快，阿兰人成为匈奴军的重要组成部分。游牧民族习性相通。他们崇拜强者，战败后甘愿投入强者怀抱，成为强者队伍中的一员。匈奴人向西迁徙，不断有沿途游牧部落加入匈奴军。但阿兰人加入后，匈奴人实力一下子暴增。

巴拉米尔乘胜率匈奴军渡过第聂伯河，攻击阿兰西边邻居东哥特，借口是东哥特接纳逃走的阿兰残部。东哥特位于黑海北岸，是日耳曼人建立的庞大游牧国家。东哥特东面是阿兰，西边是西哥特，但无论是阿兰，还是西哥特，都不敢侵犯东哥特。不仅如此，东哥特军不断征伐，征服了周边很多小部落。

匈奴军进攻东哥特，东哥特事先没有任何准备。以前被东哥特征服的很多部落乘机造反。东哥特陷入内外交困中。匈奴军趁机猛攻猛打。东哥特军屡战屡败，一年后彻底失败。东哥特王亥耳曼纳奇兵败自杀，王子威塞米尔被匈奴人杀死。一部分东哥特人投降匈奴军，一部分东哥特人向西逃跑，投奔西哥特。那些趁机反东哥特的部落，也不得不顺应时局归顺匈奴。

匈奴人征服东哥特，在欧洲引起巨大震动，欧洲人既嫉恨又恐惧，惶惶不可终日。征服东哥特的匈奴人又趁机向西哥特进攻。西哥特人见匈奴军接连灭掉阿兰、东哥特，军队越来越多，加上西逃东哥特人的渲染，吓得一下子失去抵抗意志。

起初，西哥特人还试图凭借德聂斯特河天险负隅顽抗，但很快他们就傻眼了。匈奴人留下少数人在河对岸佯攻。主力却从上游乘夜偷渡德聂斯特河，从侧方攻击西哥特军。遭到突然夹攻的西哥特军即刻崩溃，满怀恐惧地逃离他们的田园和村庄。西哥特人失去抵抗意志后，匈奴军如入无人之境，竟然出现一两个匈奴骑兵就能屠杀一整村民众的事。

西哥特突然崩溃。举国上下的西哥特人成为难民。他们渡过多瑙河，逃入罗马避难。虽然阿塔纳里克曾与瓦伦斯达成协议——西哥特人不得渡过多瑙河，但是，如今西哥特人活命要紧，顾不上什么条约。菲列迪根率西哥特人渡过多瑙河。他们请求瓦伦斯允许他们过路，到色雷斯山谷中重新安家。

不过，瓦伦斯也担心遭匈奴人攻击，趁西哥特人危难之际，强迫并利用他们充当炮灰，抵御即将到来的匈奴人。双方讨价还价后，瓦伦斯与菲列迪根达成一项交易：西哥特人可以渡过多瑙河，但要交出武器，并在罗马边境省生活，以备在罗马遭进攻时当兵保卫罗马。

376 年春夏之交，一无所有的西哥特难民渡河进入罗马境内。等待他们的是罗马地方官员的“慷慨”迎接：许诺的粮食、土地和房屋早被中饱私囊，取而代之的是一个又一个阴险圈套。

西哥特人愤怒了，进行反罗马斗争。西哥特人与罗马军之间爆发了战争。西哥特人一无所有，四处劫掠。瓦伦斯亲自率罗马军前往镇压，却在 378 年 8 月

9日阿德里雅堡决战中惨败身亡。

在西哥特人与罗马军展开混战时，匈奴军却并未尾随而来，而是抓住时机控制从乌拉尔山到额尔巴阡山之间辽阔的草原，建立足以让匈奴复兴的基地。随后，匈奴军通过额尔巴阡山山口进入匈牙利，征服周边日耳曼部落，在那里建立首都。匈奴人西迁结束，在欧洲实现了复兴梦想，从此有了稳固基地。

西迁后的匈奴人与漠北匈奴人有所不同。他们以散漫部落状态分布在各占领区，不同部落时而联合，时而分散，甚至单独迁徙或与敌人联合，无法形成持久的合力。

在西哥特人陆续渡过多瑙河时，一小部分匈奴人也随之渡河。罗马被迫默许这些匈奴人在境内生活。匈奴军在潘诺尼亚和下摩西亚驻扎下来。他们需要时间消化掉投降的阿兰人和东哥特人，在一段时间内表现得相对安分，没发起大规模战争。

匈奴军占据南俄罗斯草原后，人口急剧增加。即便如此，他们也不会贸然发动大规模战争。他们想发起军事行动时，总是先以小股力量袭击各邻国，试探各邻国的军事实力和反应。等掌握情况后，他们再将战争升级。许多对手在匈奴人面前，常常不堪一击。

2. 聪明反被聪明误

西哥特领土被匈奴人占领。西哥特人渡过多瑙河，来到罗马帝国求生存。有意思的是，西哥特人与罗马人矛盾激化时，匈奴人坚定地站在西哥特人一边，经常派出小股军队帮助西哥特人。在阿德里雅堡之战中，小股匈奴军队及时出现在战场上，帮助西哥特人打败了罗马军。

在这场战争中，匈奴人收获很大，虽然他们只带回少量战利品，但是，匈奴首领丝毫不在意，因为他发现庞大而富裕的罗马帝国竟然不堪一击，罗马帝国一切财物都将属于他，只是暂时由罗马人代为保管而已，需要时只管率军去取就是。

罗马重步兵打不过西哥特重骑兵，西哥特重骑兵打不过匈奴轻骑兵。为阻止匈奴轻骑兵进攻，罗马帝国居然与西哥特人达成妥协，企图借助西哥特重骑兵帮助对付匈奴轻骑兵。罗马皇帝似乎没搞清楚一个残酷现实：如果西哥特重骑兵能阻挡匈奴轻骑兵进攻，西哥特人为何要放弃家园，跑到罗马来当毫无保障的难民呢？

罗马皇帝并不高明的决定，注定了罗马的悲剧命运。从395年开始，匈奴军连续攻入色雷斯一带抢掠。通过抢掠对手财物，他们不断壮大自身实力，等到实力壮大到一定程度，他们就发动大规模进攻。面对匈奴军进攻，罗马皇帝狄奥多西一世束手无策，竟然在395年下令将罗马一分为二：东罗马和西罗马。

罗马皇帝的操作，匈奴人看不懂，一连几年都没对东罗马和西罗马发起大规模战争。直到400年，在首领乌丹率领下，匈奴军大举进入东罗马内。这一次，他们不是以侵略者身份出现，而是以朋友身份登场的，因为东罗马有人请他们去“帮忙”。

此时东西罗马皇帝是亲兄弟，分别是阿卡迪乌斯和霍诺里乌斯，而朝政大权却分别被哥特人鲁菲纳和汪达尔人斯提里科把持。因伊利尔利卡归属问题，东罗马和西罗马发生冲突，鲁菲纳和斯提里科互不相让。

当匈奴军进攻东罗马边境时，斯提里科趁机率西罗马军进入东罗马。鲁菲纳怂恿阿卡迪乌斯做出强烈反应。斯提里科便被迫将西罗马交给部将哥特人干纳斯，自己返回罗马城。干纳斯率西罗马军来到君士坦丁堡。鲁菲纳见同胞率军而来，便放松警惕。在鲁菲纳与阿卡迪乌斯出城劳军时，干纳斯砍掉鲁菲纳脑袋，实际控制东罗马。

哥特人信仰基督教阿利安教派。阿利安教派被信奉基督教正统派的东罗马人视为异端。干纳斯在君士坦丁堡并不受欢迎，再加上他与东罗马皇后不和，导致东罗马从皇室到民间都憎恨他以及所率的西罗马军。

随着仇恨升级，一场动乱最终爆发。干纳斯所率军队被君士坦丁堡民众屠杀，他也被迫仓皇出逃。干纳斯逃到多瑙河下游，找到匈奴人，乞求匈奴人帮他杀回君士坦丁堡。

令人意料不到的是，匈奴首领乌丹热情招待干纳斯，却砍下了他的脑袋，派人送到君士坦丁堡，交给阿卡迪乌斯。乌丹迫切想到东罗马抢掠一番，但他觉得此时进攻东罗马，时机并不成熟，不如顺手杀掉东罗马的仇人，摆出与东罗马友好的面孔，先麻痹一下东罗马人。

向东罗马表示友好的同时，乌丹也与西罗马结盟。原来，东哥特王拉达盖斯率40万人攻入西罗马，一路奔罗马城而去。拉达盖斯宣称要焚烧罗马城，杀死元老贵族祭神。西罗马皇帝被迫向匈奴人求救，企图一起对付东哥特军。

一番讨价还价后，西罗马皇帝与匈奴首领乌丹达成镇压暴乱一致意见：乌丹率匈奴军在佛罗伦萨附近击杀拉达盖斯所部，西罗马皇帝允许匈奴人带走所有战利品。

乌丹率匈奴军打败拉达盖斯所部，顺便大肆抢掠一番，然后率部回到潘诺尼亚。

在麻痹东罗马几年后，匈奴首领乌丹认为侵略东罗马的时机已成熟。408年，乌丹亲自率匈奴军进攻东罗马。东罗马并未真正被麻痹，而是在这几年内积累了实力。东罗马军先示弱，并未大规模抵抗匈奴军，而是想寻机伏击。结果，满载而归的匈奴军遭到东罗马军突袭，损失惨重。乌丹也差点被杀。

这一战后，匈奴军遭巨大挫折。乌丹偃旗息鼓，再也没派兵进攻过东罗马。东罗马享受了十几年和平。乌丹之后，俄塔出任匈奴首领。俄塔率匈奴军进攻莱茵河流域柏干提部，惨遭失败。俄塔战死，卢阿继任匈奴首领。

卢阿调整进攻方向，连续派匈奴军进攻东罗马境内的色雷斯和马其顿尼亚。东罗马疲于应付，忍受不了长期战争骚扰。431年，狄奥多西二世被迫答应每年向匈奴缴纳350磅黄金，允许匈奴人到几个指定城镇进行互市贸易，以换取匈奴军不再侵犯。

东罗马屈服求和后，匈奴内部发生内讧。卢阿不得人心。一些匈奴人不满卢阿的高压统治，纷纷逃往东罗马。趁此机会，东罗马了解到更多匈奴的内幕——匈奴部落联盟比较松散。卢阿不得人心。这正是分化匈奴的好机会。东罗马派使者去拉拢邻近的一些不满卢阿统治的部落。那些部落纷纷与东罗马签订合约。东罗马向他们缴纳保护费，他们承诺帮助东罗马打退任何来犯之敌。

当时，以卢阿为首的匈奴是悬在东罗马头上的一把剑，随时都会进攻东罗马。东罗马与不服卢阿的匈奴部落签订合约，事实上就是与匈奴内部反叛分子里应外合，共同对付卢阿。卢阿不能容忍。东罗马因此惹上更大麻烦。

432 年，卢阿派人要求东罗马皇帝宣布与那些部落签订的合约无效。狄奥多西二世担心卢阿发动战争，慌忙派人前往解释，企图给匈奴人消消气，蒙混过去。

东罗马使者抵达匈奴国边境时，却得知卢阿已死，布雷达和阿提拉同时继任首领，共同执政。原来一个谈判对象，如今变成两个，东罗马使者以为谈判会变得非常复杂的，令人意外的是，谈判变得非常顺利。

435 年，在马盖斯附近草原上，布雷达和阿提拉一起接见东罗马使者，进行谈判。这次谈判非常简洁，他们根本就没给东罗马使者开口谈的任何机会，直接宣布条约内容，然后逼迫他们签字。

按匈奴人的意志，合约内容简直就是几道命令：

1. 凡是匈奴前首领卢阿要求引渡的匈奴叛国者，东罗马必须立即将他们抓捕送到匈奴，必须公开钉死避居在君士坦丁堡的两个匈奴部落王子；

2. 废除一切东罗马与其他匈奴部落订立的条约，承认只有布雷达和阿提拉才有订立条约的权力；

3. 上调东罗马每年交付给匈奴的保护费，以前匈奴只有一位国王，现在有两位，保护费必须加 1 倍；

4. 东罗马必须在多瑙河岸开设市场，向匈奴供给物资；

5. 如果匈奴抓捕的东罗马俘虏逃跑的话，每跑一个，东罗马就需要向匈奴赔偿 8 枚金币。

布雷达和阿提拉气势汹汹，吓得东罗马使者根本不敢反驳，只好全盘接受。

签订合约后，阿提拉特意邀请东罗马使者参观匈奴军进攻西徐亚与日耳曼部落的屠杀表演，进行暴力威慑。此举的目的，逼迫东罗马自觉遵守条约，不敢阳奉阴违。

东罗马离间匈奴策略，不仅没有任何效果，反而惨遭敲诈勒索。东罗马无法成为那些不服匈奴首领的部落避风港。布雷达和阿提拉随后用军事行动一一征服那些不服的匈奴部落。

444年，布雷达死去，阿提拉成为匈奴唯一国王。此时，匈奴势力范围南到里海南岸靠近地中海一带，北至北海和波罗的海，东抵顿河，西达高卢、大西洋沿岸。从小亚细亚到多瑙河、莱茵河流域的蛮族都在匈奴马蹄下匍匐，那些被征服者向匈奴人献媚讨好，向它供奉财物、输送壮丁。匈奴人后裔西迁到欧洲，似乎实现了复兴梦想。

3. 上帝之鞭

阿提拉统一西迁欧洲的匈奴人。匈奴在欧洲空前强大起来。

阿提拉不仅好战，且是善战的军事天才。凡是通过外交胁迫或军事压力可以达到目的的，阿提拉绝不会贸然开战。他恪守匈奴人机动作战传统，作战顺利时，就发起强势进攻；如果战况不利，就迅速撤出战场，绝不会做无谓的拼杀。

阿提拉相信自己是世界上最伟大的君主。他曾对罗马人说："在罗马广大疆土中，任何安全或难以攻克的堡垒和城市都不存在。假如我喜欢的话，我都可以将它从地面上抹平。"罗马曾是地跨欧亚非三洲的超级大国，曾经所向披靡，让所有对手俯首称臣。阿提拉却让罗马人在他面前服服帖帖，让欧洲人想到他就胆战心惊，称他为"上帝之鞭"。

在匈奴人频繁进攻和敲诈勒索下，东罗马声誉扫地、财政破产。阿提拉见从东罗马那里捞不到大油水，便将战争目标转向萨珊波斯。萨珊波斯正处于上升时期，匈奴人与波斯人一番恶战，无法取胜，不得不退兵。

阿提拉与萨珊波斯作战失利，决定在东罗马身上弥补。他率匈奴军一举攻克多瑙河附近的君士坦提亚堡，赶走或杀死在君士坦提亚堡的东罗马商人，将他们的财物据为己有。

东罗马使者胆战心惊地询问阿提拉攻占君士坦提亚堡的原因。阿提拉对东罗马使者说："马尔格斯主教进入匈奴后，亵渎了匈奴皇家墓地，偷窃了国王的财宝！东罗马必须立刻逮捕盗窃犯的主教及其同党，退赔赃物。"

阿提拉无故破坏合约，发动战争，还反咬一口，威胁勒索。狄奥多西二世不答应，派使者拒绝阿提拉的要求。阿提拉见东罗马皇帝拒绝，立即命匈奴军在马尔格斯附近大肆抢掠。这种现实的威胁，迫使马尔格斯主教亲自派人同阿提拉谈判，主动提出解决方案——市民开城门投降，马尔格斯主教跑路。

抢掠财物是匈奴军作战最直接的目的。阿提拉见马尔格斯主教愿意主动献出城池，便答应了。因为这既便于匈奴军抢劫，又能迅速突破东罗马边境防线，而放走马尔格斯主教一人，对匈奴又没任何损失。

东罗马这样处理此事，惹来更大麻烦。阿提拉率匈奴军连续两次大规模进攻东罗马。东罗马军被迫迎战，却连输掉三次大会战，让匈奴军占领东罗马70个城市。更令东罗马惊恐的是，匈奴轻骑兵一直深入到达达尼尔海峡和希腊温泉关，威胁到君士坦丁堡。

面对如此严峻形势，狄奥多西二世动员君士坦丁堡所有劳力，在60天内抢时间加高加固城墙。只不过，无论城墙多高多坚固，面对气势汹汹的匈奴军，君士坦丁堡军民没丝毫斗志，投降论调到处蔓延。虽然狄奥多西二世信誓旦旦地表示头可断，血可流，誓与匈奴人对抗到底，但君士坦丁堡军民龟缩在城里不出战，眼睁睁地看着城外的东罗马军被匈奴军消灭。

幸好君士坦丁堡城墙非常坚固，匈奴军不善于攻坚作战这点一直没改进。阿提拉率领匈奴军包围君士坦丁堡很长时间，却始终找不到突破城墙的办法。双方再这样僵持下去，对谁也不利，双方又重开谈判。

448年，东罗马和匈奴签订和约结束战争。东罗马处于被动挨打状态，加上东罗马军没斗志，与匈奴达成的和约条款，与投降几乎没什么差异。主要条款有：

1.东罗马割让从多瑙河南岸到色雷斯15天旅程范围内的国土给匈奴，并负责将那里的居民撤走；

2. 东罗马支付 6000 磅黄金给匈奴，作为战争补偿，每年给匈奴 2100 磅黄金保护费；

3. 东罗马立即释放被俘匈奴人，交出为东罗马而战的所有匈奴人，包括匈奴治下的各蛮族人，同时，按照每人 12 枚金币赎回被匈奴俘虏的东罗马人。

被匈奴军打得惨败的狄奥多西二世没丝毫讨价还价本钱，唯有全盘接受。和约签订后，那些帮助东罗马的蛮族人憎恨狄奥多西二世背叛和出卖他们，被割让地区的东罗马民众不得不背井离乡，家破人亡。不少东罗马民众拒绝迁走。这又惹怒阿提拉。他勒令狄奥多西二世做出解释。狄奥多西二世只好一边耐心解释，一边耐心地劝导那些民众顾全大局，搬出被割让地区。

为避免再次遭到进攻，狄奥多西二世派出使团前往匈奴与阿提拉谈判。使团从君士坦丁堡出发，向西走了 13 天，行进千余里，抵达东罗马新边境，然后渡过多瑙河，进入匈奴境内。匈奴人百般刁难。他们费很大周折才见到阿提拉。

东罗马使者与阿提拉谈判几天后，阿提拉才表示“他的大度和慷慨”：允许以较低价格赎回一些东罗马俘虏。

就在这时，一件意外事又给东罗马带来麻烦。东罗马使团中隐藏着刺客。阿提拉被激怒，决定严惩东罗马。

东罗马当权宦官克莱萨菲亚斯唆使使团成员艾德孔刺杀阿提拉，许诺给他大量黄金。艾德孔鬼迷心窍地同意了，但随后又反悔，向阿提拉和盘托出此事，以求活命。阿提拉命令艾德孔按照原计划行事。维基斯阿斯父子按照克莱萨菲亚斯嘱咐，将一袋黄金转交艾德孔。此时，匈奴兵出现了，抓捕维基斯阿斯父子，将他们送到阿提拉面前。一番威胁后，维基斯阿斯妥协了，交代了事情的来龙去脉。

维基斯阿斯跪求饶命。阿提拉同意他以 200 磅黄金赎罪请求。随后，他派使者带克莱萨菲亚斯的黄金赴君士坦丁堡，找狄奥多西二世讨说法。

匈奴使者把黄金袋子挂在脖子上，径直闯进东罗马皇宫，厉声喝问克莱萨菲亚斯是否还认识那个钱袋。随后，使者传达首领阿提拉下达的最后通牒：立刻奉上克莱萨菲亚斯的头，否则就毁灭他的帝国。

狄奥多西二世惊呆了，立即做出反应——不是一刀宰了克莱萨菲亚斯，而是派出一个最高级别求饶使团，带着能凑出的全部礼物去哀求阿提拉。东罗马使团中有两位贵族执政官、一位财政大臣和一位大将，是东罗马从未派出过的达官贵人。

在特兰哥，阿提拉接见东罗马使团。东罗马高级贵族匍匐在阿提拉脚下乞求宽恕。阿提拉自尊心得到极大满足后，龙颜大悦，如坐春风，看在格外厚重的礼物分上，决定赦免狄奥多西二世、维基斯阿斯，甚至克莱萨菲亚斯也一并赦免。

随后，阿提拉再一次展示他的大度和慷慨：保证遵守和平条约，释放大量俘虏，还放弃多瑙河南岸大片领土。事实上，多瑙河南岸大片领土上的民众和村庄城镇都已经被匈奴军抢光、烧光、杀光。匈奴将其还给东罗马，东罗马并没有得到任何好处。

东罗马和匈奴之间的矛盾就这样暂时解决了。

450年，狄奥多西二世死去，他姐姐巴尔吉莉阿继位。巴尔吉莉阿继位后，杀死克莱萨菲亚斯，然后嫁给元老院议员马尔西安，让他一起统治已经破败到极点的东罗马。

马尔西安改变以前忍辱偷生的国策，反对继续向匈奴奉献大笔财物求和。东罗马国库早已经被匈奴人掏空。他认为，应该把钱财用来整顿军队——为东罗马效力的蛮族士兵不见军饷是不打仗的。他认为，应该派使者让匈奴首领阿提拉知道东罗马再也不会给钱——没钱可给，即使你来抢，依然还是没有。

马尔西安派阿波罗尼亚斯去见阿提拉。阿提拉发现，与以奴隶自居的狄奥多西二世比起来，东罗马新皇帝要强硬得多。他审时度势，综合考虑当时时局，认为东罗马已被他洗劫到赤贫程度，与其继续与东罗马较劲儿，逼迫它来个鱼死网破，还不如暂时饶了它，等它养肥了再宰杀。

阿提拉出人意料地同意阿波罗尼亚斯的要求——东罗马不用再向匈奴交保护费。

匈奴人暂时放过东罗马，东罗马开始走出窘境。

第十三章　蛮族进攻西罗马

匈奴人西进，引爆“政治地震”。蛮族部落纷纷进入罗马，匈奴人尾随而至。在危急时刻，罗马分裂为东罗马和西罗马。西罗马自毁长城，没多久灭亡，沦为各势力争抢之地。

1. 西罗马自毁长城

匈奴人由东向西征战，迫使临近罗马的蛮族部落形成民族大迁移潮流——东哥特人、西哥特人、汪达尔人、法兰克人、盎格鲁人、撒克逊人、勃艮第人等，纷纷被迫离开故土，迁徙到罗马境内，躲避匈奴人兵锋。这次大迁徙使原本深陷危机的罗马更是雪上加霜。

瓦伦斯没做好应对，还采取了不理智的措施。罗马与蛮族部落旧仇添新恨。原本忠心耿耿保卫罗马的蛮族将领，为了他们族人的生存，决定反罗马。他们打不过匈奴人，但造罗马人的反，知根知底，信心十足。

瓦伦斯不讲武德，对哥特人言而无信，丢掉性命。狄奥多西一世趁哥特首领弗利提恩死去内部不稳的机会，采取怀柔措施，做出巨大让利，才通过缔结和约方式结束战争。不过，哥特人和罗马之间的仇恨并未消除。罗马的危机并未真正解除。哥特人对罗马的仇恨也早已播下种子。

395年，罗马正式分裂为东罗马和西罗马。无论是对罗马人来说，还是对哥特人来说，局势都发生了巨大变化。在这一年，西哥特人选出新首领阿拉里克。阿拉里克分析局势后，决定趁火打劫，报复当年罗马人落井下石的举动，趁罗马分裂之际，率西哥特人横扫马其顿和希腊。

阿卡迪乌斯①束手无策，想通过封官来拉拢阿拉里克，使他不再进一步进攻东罗马。397年，阿卡迪乌斯任命阿拉里克为伊吕里库姆行省总督。

没想到，这一做法激化了阿拉里克的侵略野心。他利用伊吕里库姆行省总督这一合法职位，下令收缴伊吕里库姆行省所有罗马人的武器、粮食和其他物资，增强西哥特人的实力。后来，阿拉里克不再满足做伊吕里库姆行省总督，想在意大利行省建国，当皇帝。

4年以后，阿拉里克率西哥特人进军意大利，抢夺西罗马的土地，在那里实现建国梦想。他率西哥特军从伊吕里库姆出发，越过阿尔卑斯山，直扑意大利行省。

西罗马统治者不得人心，阿拉里克率西哥特人进军意大利途中，沿途反西罗马压迫的奴隶和隶农纷纷加入西哥特军。在未遇到任何激烈抵抗情况下，阿拉里克率西哥特军轻松占领意大利北部。形势危急，弗拉维乌斯·霍诺里乌斯②没组织抵抗，跑到拉温那去避难。西罗马摄政、汪达尔人斯提里科③火速召回驻不

---

① 阿卡迪乌斯，东罗马帝国皇帝。他与父皇狄奥多西一世同朝执政（383—395）。狄奥多西一世临死前把帝国分与二子。他得东部，他弟弟霍诺里乌斯得到西部。罗马帝国自此东西分裂为两个国家。

② 弗拉维乌斯·霍诺里乌斯（384年9月9日—423年8月15日在世，395—423年在位），罗马帝国正式分裂为东西两部分后，首任西罗马帝国皇帝。

③ 斯提里科，全名弗拉维乌斯·斯提里科，古罗马帝国末期蛮族出身的统帅。他从385年任皇帝亲兵指挥，于393年任步骑两军总司令，狄奥多西一世死前，遗言任命他为帝国摄政，辅佐弗拉维乌斯·奥古斯都·霍诺里乌斯，但他后来只能控制西罗马帝国，任职期间曾击退日耳曼人对莱茵河地区的进攻。402年，他击败哥特人，镇压诺理库姆和列提亚人民起义,405年，他击退哥特人、苏维汇人、勃艮第人的联合进攻，使得罗马帝国出现暂时稳定局面。408年8月23日，他被霍诺里乌斯处死。

列颠和莱茵河的罗马军团，准备阻击西哥特人，挽救时局。

斯提里科是罗马雇佣兵队长的儿子，汪达尔人和罗马人的混血儿。385年，他出任罗马皇帝亲兵总指挥，并在393年出任罗马军统帅。罗马分为东西罗马后，斯提里科留在西罗马，是当时的实权派人物。

398年，斯提里科女儿玛丽亚嫁给弗拉维乌斯·霍诺里乌斯。400年，斯提里科成为西罗马执政官、摄政。弗拉维乌斯·霍诺里乌斯遇到危机迅即逃走，掌握西罗马实权的斯提里科义不容辞地留下挽救局面。

斯提里科并不急于与西哥特人作战，而是命令西罗马军占领险要之处，坚壁清野，寻机再战。直到402年，斯提里科认为反击时机已成熟，才率西罗马军与西哥特人在波兰提亚决战。在这一次决战中，斯提里科率蓄势已久的西罗马军全力作战，虽未能大获全胜，但夺取西哥特人的营帐，极大鼓舞了士气。

没多久，不甘心失败的阿拉里克又率西哥特人向伊特鲁里亚进攻。斯提里科率西罗马军针锋相对。还没爆发冲突时，双方进行谈判。阿拉里克见无法取胜，经过谈判后，同意率西哥特人撤出意大利行省。

不过，阿拉里克并没有遵守承诺。第二年，即403年，阿拉里克再次率西哥特军进攻意大利行省，进攻维罗纳。西罗马摄政斯提里科早有准备，立即率西罗马军迎战西哥特军。经过一番激战后，西罗马军取得巨大胜利。西哥特人战败，阿拉里克被迫率残部北逃。

斯提里科打跑了西哥特人，但西罗马的危机并没有真正消除。405年下半年，异教徒拉达盖苏斯率一大群日耳曼人——主要是东哥特人，向佛罗伦萨发起进攻。面对日耳曼人的进攻，斯提里科又毫不犹豫地率西罗马军抵抗。在斯提里科的激励下，西罗马军拼死作战，将这群日耳曼人击败，迫使他们退到菲耶索莱。

斯提里科先率西罗马军切断这群日耳曼人在菲耶索莱的供给线，再率军对这群日耳曼人进行大屠杀，将他们彻底消灭了。

经过一段时间休整后，407年，斯提里科率西罗马军吞并伊利里亚行省，关闭意大利行省所有港口，禁止东罗马舰队出入。西罗马掌控了抗击蛮族人进攻的关隘要地，暂时缓解了蛮族部落进攻的危局。

斯提里科挫败强敌，西罗马转危为安。元老院为他举行了盛大凯旋式。不过，斯提里科的权势日增，不仅为政敌所忌恨，且功高盖主，成为皇帝的梦魇。408 年 8 月，弗拉维乌斯·霍诺里乌斯下令处死斯提里科，震惊了西罗马以及各蛮族部落。

斯提里科在关键时刻救了西罗马，将弗拉维乌斯·霍诺里乌斯迎回罗马城，有再造之恩，却因内部斗争，被弗拉维乌斯·霍诺里乌斯恩将仇报处死。在西罗马许多官僚和将士心目中，斯提里科就是守护神。这件事后，弗拉维乌斯·霍诺里乌斯的威信大打折扣，斯提里科属下 3 万名汪达尔兵非常愤慨，直接带着武器装备投奔西哥特首领阿拉里克，请求阿拉里克率西哥特人再次进攻意大利，为枉死的斯提里科报仇。以前抗击西哥特人进攻西罗马的汪达尔人，如今变成西哥特人攻打西罗马的帮手。弗拉维乌斯·霍诺里乌斯不理智的举动，给西罗马招来巨大灾祸。

汪达尔人主动提供帮助，首领阿拉里克喜出望外。他时刻都想进攻西罗马，但因斯提里科率军抵抗，无法实现愿望，如今斯提里科死了，西罗马内部离心离德，斯提里科的旧部又主动来投靠，请求出兵为斯提里科报仇，这是千载难逢的机会。

一个月后，阿拉里克再次率西哥特军越过阿尔卑斯山，沿亚得里亚海岸南下翁布里亚平原，直取罗马城，并派兵抢占奥斯提亚港，断绝罗马城的粮道。罗马城被围困，陷入饥馑。弗拉维乌斯·霍诺里乌斯龟缩在拉温那，对罗马城的安危和饥馑坐视不救。罗马城里居民对皇帝霍诺里乌斯失望至极。为了活命，他们只得向阿拉里克求和，主动缴纳 5000 磅黄金和 3 万磅白银，换取西哥特撤围。

收到赎金后，阿拉里克率西哥特军撤围退走，但并没有退出意大利行省，而是移师北上，包围弗拉维乌斯·霍诺里乌斯所在的拉温那城，要求西罗马割让威尼西亚、伊斯特里亚、诺立克和达尔马提亚诸行省，以便在那里建国。

这一要求近乎灭国。弗拉维乌斯·霍诺里乌斯断然拒绝。阿拉里克非常生气，准备率军攻城。正在这时候，东罗马派的 4000 名援军赶到。阿拉里克不想跟西罗马、东罗马同时开战，率西哥特军撤走。弗拉维乌斯·霍诺里乌斯面临的危机暂时解除。

410年，阿拉里克又率西哥特军挥戈南进，再次包围罗马城。这一次，他拒收财物，决意攻占罗马城。从公元前390年高卢人攻陷罗马城以来800年间，罗马城还不曾被异族人攻陷过，被誉为“永恒之城”。阿拉里克想率西哥特军攻下“永恒之城”，抢掠财物，提升声望。西罗马处在内外交困中，在昏庸无能的皇帝领导下，罗马城的军民早就感到绝望，尤其是下层人民，能拼命守城吗？阿拉里克的判断是不能。

果然，在西哥特军围困下，罗马城内的奴隶和下层自由民举行起义。410年8月24日午夜，罗马城内的奴隶打开萨拉里亚城门，放进西哥特军。阿拉里克率西哥特军在罗马城连续洗劫了6天，尽情地发泄他们此前的种种不满。

在劫掠罗马城后，为抢到更多粮食与农田，阿拉里克又率西哥特军南下，到布鲁提伊扎营。意大利行省到处有奴隶、隶农和贫苦农民起义，生产遭到破坏，粮食歉收。这是阿拉里克率西哥特军撤离罗马城的原因之一。在布鲁提伊，阿拉里克依然无法解决粮食问题，便准备渡过地中海，去攻取北非诸行省，在盛产粮食的阿非利加行省建国。

正准备出发时，阿拉里克病了，到康森蒂亚，他就病死了。

阿多尔福继任西哥特部落首领。阿多尔福认为，西哥特军已经疲于征战，渡过地中海去征服北非，风险极大，就放弃去北非计划，转而与弗拉维乌斯·霍诺里乌斯言和罢战。

双方言和后，弗拉维乌斯·霍诺里乌斯授予西哥特首领阿多尔福将军头衔，并负责找一个地方安置西哥特人。

如何安置这些西哥特人？弗拉维乌斯·霍诺里乌斯想“以蛮治蛮”，决定将他们安置到已被汪达尔人等蛮族人瓜分而失去控制的西班牙和高卢。他认为，让西哥特人去与那里的蛮族部落厮杀，无论胜败如何，都会干掉西罗马的敌人，让西罗马成为受益者。

412年，在阿多尔福率领下，西哥特人进入南高卢。在当地巴高达运动支援下，西哥特人迅速占领阿奎坦尼亚。随后，他们又越过比利牛斯山，占领西班牙。到419年，阿拉里克的孙子提奥多里克担任首领。提奥多里克以土鲁斯为首都，建立西哥特国。西哥特人结束历时近半个世纪的大迁徙活动，割据南高卢和西班牙建国。阿拉里克当年的建国愿望终于在他孙子提奥多里克手中实现。

在西哥特人瓜分抢夺西罗马领土时，与西哥特人同源的东哥特人也没闲着，参与了大规模抢掠行动。东哥特人抢掠的目标都是东罗马达契亚行省。此外，他们的一举一动都受到匈奴以及东罗马的影响。

451年，东哥特人随同匈奴首领阿提拉一起征战高卢。匈奴国解体后，东哥特人获得独立。经马尔契安同意，东哥特人定居在潘诺尼亚。

不过，东哥特人并未因而安定下来。不久，东哥特人便掠夺巴尔干半岛。470年，东哥特军攻占辛吉敦和内索斯。471年，特奥多里克被推举为东哥特首领。特奥多里克接受东罗马的封号，积蓄力量，准备去抢掠内忧外患中的西罗马。

488年，特奥多里克率东哥特军进入意大利行省。他凭借东罗马军长官的身份，获得不少西罗马贵族的大力支持。东哥特军在意大利攻城略地。经过4年多战争，他们打败罗慕洛①的日耳曼近卫军长官奥多亚克②，占领拉温那城。特奥多里克宣布建都拉温那城，成立东哥特国。

曾经为罗马效力的东西哥特人，报了罗马皇帝趁危难欺压他们的仇恨，在西罗马境内夺得立足之地，建立国家。

---

① 罗慕路，全名弗拉维乌斯·罗慕路·奥古斯都，罗慕路·奥古斯都路斯或称罗慕路·奥古斯都，西罗马帝国的最后一位皇帝。在475年10月到476年9月间统治西罗马帝国。

② 奥多亚克，又译作奥多亚塞（435—493）是意大利的第一个日耳曼蛮族国王（476—493年在位）。早年参加罗马军队。475年，他率众反叛篡夺者欧瑞斯特斯。476年被军队拥为王。476年，罗马雇佣兵首领日耳曼人奥多亚克废黜西罗马最后一个皇帝罗慕路，西罗马帝国灭亡。奥多亚克宣称效忠东罗马帝国皇帝芝诺，但把意大利的统治权握在自己手里，先后征服达尔马提亚，打败鲁吉人，从汪达尔人手里收复了西西里岛。493年，奥多亚克被特奥多里克诱杀。

2. 蛮族人趁火打劫

哥特人对西罗马的伤害，并不仅仅是在其境内割土建国，且对其他蛮族部落起了示范作用，为其他蛮族进攻西罗马提供了契机。

当初，阿拉里克率西哥特军向意大利进军时，斯提里科火速召回驻不列颠和莱茵河的罗马军团抵抗西哥特军。西罗马西部和北部边防出现势力真空。这为汪达尔人以及其他日耳曼部落大举涌进高卢提供了便利。

莱茵河一带有大量西罗马军防守。汪达尔人及其他日耳曼部落想大举进攻，遭阻击，有畏惧；西罗马军撤走后，国门大开，汪达尔人及其他日耳曼部落怎么会放过这个机会？

406年，汪达尔人和阿兰人越过莱茵河，进攻高卢。西罗马军疲于应付西哥特军进攻，根本无法顾及高卢这种偏远行省。汪达尔人集中力量，迅速打败极少量的西罗马驻军，然后肆无忌惮地抢掠，尽情发泄此前压抑的情绪。

在高卢劫掠两年后，在409年，汪达尔人、苏维汇人和阿兰人一起越过比利牛斯山，去抢掠西班牙，并迅速占领伊比利安亚半岛。在伊比利安亚半岛，他们进行分割占领：苏维汇人占据半岛西北部的加里西亚；阿兰人占据半岛的西部地区；半岛其余地区落入汪达尔人手中。

得知西班牙被汪达尔人、苏维汇人和阿兰人瓜分，弗拉维乌斯·霍诺里乌斯无可奈何，只有放任汪达尔人、苏维汇人和阿兰人去瓜分高卢和西班牙。因为，当时阿拉里克率西哥特军将弗拉维乌斯·霍诺里乌斯包围在拉温那城，摄政斯提里科已经被处死，弗拉维乌斯·霍诺里乌斯自身难保，哪里顾得了高卢和西班牙。退一万步讲，他想派军去高卢和西班牙，也无兵可派，无将可派。

后来，阿拉里克病死，继任者阿多尔福主动言和停战。劫后余生的弗拉维乌斯·霍诺里乌斯封阿多尔福为将军，然后“以夷制夷”，将西哥特人安置在被汪达尔人、苏维汇人和阿兰人抢占的西班牙。他想让西哥特人与汪达尔人、苏维汇人和阿兰人相互消耗势力。阿多尔福想借西罗马皇帝赐予的合法名义率西哥特人占领一块生存之地。

412 年，阿多尔福率西哥特人进入南高卢。当地反罗马的巴高达运动不知道西哥特人已经被收编，给予他们强大支援。西哥特人占领阿奎坦尼亚。416 年，阿多尔福率西哥特军进攻西班牙，逐渐将根本就没打过什么硬仗恶仗的汪达尔人、阿兰人和苏维汇人赶走。419 年，阿拉里克的孙子提奥多里克建立西哥特国，建都土鲁斯。

提奥多里克率西哥特军继续征战。经过 10 年激烈战斗，到 425 年，汪达尔人、阿兰人被逼到半岛南端卡塔黑那和塞利维亚，苏维汇人被迫退到半岛西北隅。此时，西哥特虽然已经建国，但名义上还是西罗马臣属。西罗马皇帝支持西哥特人。西哥特人在高卢和西班牙不给其他蛮族部落任何空间，对他们疯狂追杀。

在西班牙，西哥特人势不可当。汪达尔人的处境越来越艰难。在危难时刻，汪达尔首领贡塔里克死了。盖塞利克继任首领。他深谋远虑，意志坚强，深知要摆脱困境只有改变战略——离开西班牙，去西罗马其他统治薄弱地区寻找生存空间。

经过盘算，盖塞利克将目光转向西罗马在非洲的几个行省。他认为，西罗马内乱，各地战火纷飞，皇帝自身难保，断然没有精力顾及非洲行省。西哥特人的目标是在西班牙建国，独霸西班牙和高卢。汪达尔人渡海到非洲，西哥特人不会离开西班牙和高卢，去追击他们。于是，盖塞利克决定率汪达尔人去攻占非洲行省。

429 年 5 月，盖塞利克率 8 万名汪达尔人从塔里法城出发，渡过直布罗陀海峡，在非洲的仗达附近登陆。果然，他们渡海时，西哥特人并没追击。

汪达尔人一踏上非洲土地，便受当地反西罗马的阿哥尼斯特运动接纳和欢迎。当地奴隶、隶农纷纷加入汪达尔军。汪达尔人的势力增强了不少。

非洲总督卜尼法斯得知汪达尔人登陆后，急忙率西罗马军抗击，被打败后，退守希坡城。盖塞利克率汪达尔军围攻希坡城 10 个月，因缺乏攻城器械，最终未能攻克。一时间，双方陷入僵局。盖塞利克决定从希坡城撤围，率汪达尔军去攻抢掠夺其他地区。在其他地区，汪达尔军屡败西罗马军，然后回头攻击并成功地攻占希坡城。

两年后，西罗马非洲几个行省，除迦太基城等城市外，其余地区都被汪达尔人占领。瓦伦提尼安三世①见镇压汪达尔人行不通，想先通过议和保住在非洲的部分领土，然后寻机收复其他领土。

435年，在希坡城，双方签订协议。根据协议，汪达尔人成为西罗马同盟者，每年缴纳少量贡赋。西罗马承认汪达尔人在非洲的合法地位。

从和约看，西罗马在军事上失败了，在谈判桌上却占了上风，成为和约中受益方。当然，同西罗马议和并不是盖塞利克追求的目标。他追求的目标是在非洲建立汪达尔国。他同意议和，是想获得喘息时间，获得那些占领领土的合法性，同时在内部和占领区进行整顿。

瓦伦提尼安三世无法看透盖塞利克的战略意图，仅仅获得了表面上有利的和约，根本无法实现意图。439年，盖塞利克主动撕毁协议，率汪达尔人发动进攻，占领迦太基城。罗马在非洲600年的统治，随着迦太基城陷落而宣布结束。盖塞利克宣布成立汪达尔国，定都迦太基城，然后组建海军，与西罗马分庭抗礼。

盖塞利克撕毁协议，率军攻下迦太基城，宣布建国，瓦伦提尼安三世得知相关消息，根本无力做出反应，只能默认客观事实。

此期间，除汪达尔人抢夺西罗马领土外，法兰克人也参与了瓜分西罗马领土。

法兰克人分为滨海法兰克人和滨河法兰克人。公元3世纪后，法兰克人经常进攻罗马在高卢的几个行省，掠夺财富和土地。公元4世纪末，滨海法兰克人成为罗马同盟者，住在埃斯考河和马斯河下游；滨河法兰克人定居在莱茵河和马斯河之间。

---

① 瓦伦提尼安三世，罗马帝国皇帝。419年7月2日生于拉文纳。父为君士坦提乌斯三世（皇帝）；叔父为赫诺瑞乌斯（皇帝）；堂兄是狄奥多西二世（皇帝）；437年娶李基尼娅·欧多克希娅（狄奥多西二世之女，生于422年）为妻；女儿是普拉吉迪娅。425年10月23日起为西部皇帝，由其母伽拉·普拉西迪娅摄政。454年，埃提乌斯被杀；瓦伦提尼安三世为之复仇，于455年3月6日在罗马遭谋杀。

420年，在巴高达运动声援下，法兰克人大规模向南进攻。他们采用蚕食方式扩大领土，以致成为西罗马灭亡后势力强大的国家。

法兰克人进攻北高卢时，勃艮第人已经占据高卢东南隅。勃艮第人原住在波恩荷尔姆岛，后来迁到奥得河口一带。公元4世纪时，勃艮第人继续南下，跨过莱茵河进入高卢。436年，在贡德里斯率领下，勃艮第人迁移到罗纳河流域定居。

法兰克人、勃艮第人等蛮族部落相继进攻西罗马。到公元5世纪中叶，西罗马在高卢的领土就四分五裂了——西南部的阿奎坦尼亚和南部的普罗旺斯成为西哥特国领土；东南部的罗纳河与索恩河流域变成勃艮第国领土；西部阿尔摩利克半岛被渡海而来的不列颠人占据；高卢中部从卢瓦尔河到松姆河和马斯考河上游一带仍属西罗马。由于勃艮第国的隔阻，高卢中部地区成为西罗马飞地，实际上已经独立。

西哥特人首先发难，汪达尔等其他蛮族部落趁火打劫，将西罗马领土蚕食。西罗马并未扭转局势。没多久，一度与西罗马实现友好的匈奴人又攻过来。西罗马更大危难来临。

3. 一念之差决定时代格局

在匈奴大举进攻前夕，罗马分为东罗马和西罗马。匈奴人担心进攻会导致东西罗马团结起来抵抗，便没发起进攻，而是摆出友好姿态。匈奴人向东罗马表示友好，同时与西罗马结盟，甚至一度派兵帮助西罗马打击东哥特人。

405年，东哥特首领拉达盖斯率由日耳曼、萨尔马提亚和凯尔特部落组成的40万联军进攻西罗马，一路攻向罗马城。拉达盖斯宣称要焚烧罗马城，杀死元老院成员祭神。

这支队伍原来臣服于匈奴。面对危险局势，西罗马皇帝立即求助于匈奴首领乌丹。经过一番谈判，西罗马与匈奴达成一致意见：由乌丹率匈奴军在佛罗伦萨附近击杀拉达盖斯所率联军，西罗马军负责在前线抵抗。乌丹说到做到，一举打败拉达盖斯所部，且并未进一步侵扰西罗马。

卢阿担任匈奴首领时，西罗马派埃提乌斯[①]到匈奴做人质，建立友好关系。埃提乌斯很机灵，与卢阿关系好，同时也与匈奴猛将布雷达、阿提拉[②]成为朋友。后来，埃提乌斯试图插手西罗马帝位之争，说服卢阿派6万匈奴兵支持约翰[③]。约翰败北，埃提乌斯以匈奴人为后盾，迫使摄政王普拉西任命他为驻高卢军事统帅。埃提乌斯也没忘记给匈奴人好处。他与卢阿、布雷达、阿提拉都保持友好关系。此期间，匈奴人也很少骚扰西罗马。

仅仅靠良好私人关系无法维护西罗马的安全和稳定。450年，埃提乌斯已成为西罗马最高军事长官，但他的日子很不好过：皇帝瓦伦提尼安三世昏庸无能，一切都听从皇太后普拉西迪娅的，普拉西迪娅又跟埃提乌斯彼此看不顺眼，互相拆台，西罗马朝政非常昏暗。埃提乌斯心里不爽，对西罗马未来非常担忧。

此时，匈奴人已经将东罗马压榨得积贫积弱，再也压榨不出太多油水，便将目光转移到西罗马。发现西罗马内部矛盾重重后，匈奴首领阿提拉认为进军西罗马的机会来了，给瓦伦提尼安三世写了一封信，要娶他的妹妹霍诺利娅公主。

霍诺利娅公主16岁时，就因与宫廷侍从淫乱而怀孕。普拉西迪娅将她送到君士坦丁堡软禁了10年。在君士坦丁堡，霍诺利娅公主听说匈奴首领阿提拉非常厉害，率军作战天下无敌，便设法将一枚戒指送给阿提拉，暗示愿意嫁给他。阿提拉认为，娶霍诺利娅公主是进攻西罗马的好借口。

阿提拉向瓦伦提尼安三世正式提亲，且特别提出嫁妆不一定要特别丰厚，只要西罗马一半土地和人口就可以。瓦伦提尼安三世再昏庸，也不会答应这种条件。他回复阿提拉，“此项提婚不合法”。与此同时，在普拉西迪娅授意下，瓦伦提尼安三世把霍诺利娅公主流放到外地。

---

①埃提乌斯，即弗拉维斯·埃蒂乌斯（391—454），罗马护国公，对瓦伦提尼安三世皇帝（396—454）具有左右一切的影响，曾统兵先后击败过匈人、法兰克人、勃艮第人和哥特人，被称为“最后的罗马人”。

②卢阿死后，布雷达和阿提拉共同成为匈奴首领，后来布雷达死，阿提拉成为匈奴唯一首领。

③约翰，罗马军团将领的名字。

阿提拉被拒绝，并不气恼，相反非常高兴——瓦伦提尼安三世的拒绝给了他发动战争最好的借口，抢掠西罗马的机会来了。

451年，阿提拉率领一支号称50万人的联军，向西罗马发起进攻。联军里有阿兰人、撒克逊人、东哥特人、勃艮第人和赫鲁利人。在匈奴人调教下，阿兰人、撒克逊人、东哥特人、勃艮第人和赫鲁利人等如狼似虎。瓦伦提尼安三世意识到战争不可避免，也在忙着备战。

埃提乌斯虽然与普拉西迪娅不和，虽然与阿提拉有交情，但大敌当前，也丝毫含糊不得，迅速招揽大批凯尔特人、法兰克人和勃艮第人加入西罗马军，准备与匈奴联军决战。

为了麻痹西罗马，阿提拉公然宣布，此次出征是为帮助西罗马讨伐西哥特人。不过，埃提乌斯长期跟阿提拉交往，知道他葫芦里卖的是什么药。他决定：既然阿提拉口口声声说要讨伐西哥特人，那就说服西哥特人来跟匈奴人死战。

阿维都斯[①]受命去说服西哥特首领狄奥多里克一世一起对抗匈奴。狄奥多里克一世跟埃提乌斯是老冤家，两人曾多次交战，要说服他与埃提乌斯并肩作战，唯有渲染西哥特与匈奴的宿怨，激起西哥特人对匈奴人的仇恨情绪。此外，阿维都斯还打着基督教的幌子，说西哥特人有责任保护每个基督教徒不遭非信徒的匈奴人伤害。西哥特人信仰基督教，没理由拒绝。

阿维都斯一番游说后，狄奥多里克一世决定放弃前嫌，同意与西罗马结盟，共同抗击匈奴。

随后，西罗马人采用同样的办法去游说那些曾经被匈奴追着打的蛮族部落。没多久，他们凑起一支包括西罗马人、西哥特人、法兰克人、莱提人、阿摩里卡人、布雷翁人、撒克逊人、勃艮第人、萨尔马提亚人、阿兰人、里普阿里人的多国联军。埃提乌斯负责统一指挥这支多国联军。

埃提乌斯指挥多国联军在匈奴联军之前赶到奥尔良，以阻止匈奴联军继续前进。由于抢先占据战略要地，匈奴联军虽然攻陷重镇梅斯，但攻不下奥尔良

① 阿维都斯，西罗马帝国元老院议员。

城。双方不得不进入相持阶段。

阿提拉得知埃提乌斯率军已赶到前线，心里暗暗吃惊。他们彼此再了解不过了，再这样陈兵坚城之下，对匈奴联军极其不利。

经过一番考虑，阿提拉命令匈奴联军回渡塞纳河，在适合骑兵作战的沙隆平原等待西罗马联军，以期在决战中击败取胜。见匈奴联军退却，埃提乌斯、狄奥多里克一世等人率联军穷追不舍。西罗马联军前锋不停地攻击匈奴联军后卫，如阿提拉所想，双方最终在沙隆平原进行大决战。

战前，狄奥多里克一世的儿子多里斯蒙德[①]率军抢先占领中央高地。匈奴联军试图夺回中央高地，佯攻失利。阿提拉命令随军巫师占卜。占卜结果显示主要敌手将会死亡，匈奴人会战败。

阿提拉虽然很相信神，但不愿意就此撤军，便隐瞒占卜结果中对匈奴不利部分，亲自向全军训话："我亲自投出第一支标枪，谁要是不肯照我的样子做，必死无疑！"

在阿提拉鼓舞下，匈奴联军士气大振，信心十足地摆开阵势与西罗马联军决战。当时，阿提拉率匈奴军居中，仆从国军队排列在两翼。其中，右翼由格皮达首领阿尔达里克率领的联军；左翼是东哥特军。

在布阵时，西罗马联军很不自信：曾与阿提拉勾结密谋反水的桑基邦所部阿兰军被安排在正中，埃提乌斯率西罗马军居左，狄奥多里克一世率西哥特军居右，多里斯蒙德率联军在中央高地。

451年6月20日，在沙隆平原，一场决定欧洲历史走向的"世界大战"打响。一番弓箭、标枪和投石器互相猛射后，阿提拉一马当先，率中路军猛烈攻击西罗马联军中路军。桑基邦投降不成，想逃又不敢，只好硬着头皮率部迎战。没过多久，阿兰军被匈奴联军冲散。

随后，阿提拉集中兵力攻击西哥特军。指挥战斗的狄奥多里克一世冷不防被东哥特人安德基斯投出的标枪刺死。匈奴人认为，这正好印证占卜结果。站在中央

---

① 多里斯蒙德，西哥特王，451到453年在位。

高地上的多里斯蒙德看到父亲战死，率军冲下来复仇。东哥特军顷刻陷入混乱中。

阿提拉所率中路军推进太快，与左右两翼分离，孤军深入。西罗马联军趁机将阿提拉所部团团包围。形势瞬间发生逆转。阿提拉见无法脱身，趁着夜幕降临，命令匈奴联军用战车围成圆圈防守。

随后，阿提拉将随身携带的财宝和马鞍堆在阵地中央，向将士们宣布：如果失败就纵火自焚。他这样做，是想鼓励将士拼死作战，最大限度发挥战斗力，争取击退西罗马联军。

战斗持续到第二天清晨，双方死伤都很惨重。多里斯蒙德所部与埃提乌斯所部会师后，找到狄奥多里克一世的遗体。在战场上，他们为狄奥多里克一世举行葬礼。葬礼结束后，西哥特人将多里斯蒙德用一面盾牌抬起来，推举他为首领。在战火中继位的多里斯蒙德发出第一道命令：干掉阿提拉！

狂热的西哥特人像海啸一般杀向阿提拉的营地。阿提拉毫不畏惧，下令所有号手和鼓手都奏起军乐。匈奴联军从营地里射出暴风雨般的箭，一次次挫败西哥特军进攻。

西罗马联军的将领们不得不坐下来商讨对策。一番商议后，他们决定全力围困阿提拉所部——要么饿死他，要么逼迫他接受屈辱的投降条件。不过，大家深信，以阿提拉个性，他会选择突围战死，决不会接受任何屈辱条件。

西哥特人下决心要除掉阿提拉，埃提乌斯却打起小算盘：阿提拉一死，西哥特人定然会成为新霸主，更严重地威胁西罗马。不如放走阿提拉，让他牵制西哥特。这样可以保全西罗马。

埃提乌斯对多里斯蒙德说：“您那些留在后方的兄弟知道父亲死了，会不会有想法？”

多里斯蒙德听了这话，想到那些靠不住的兄弟可能会趁机瓜分首都土鲁斯的财宝，甚至可能兴兵作乱抢夺王位。他将发誓杀死阿提拉的事放到一边，率军队掉头走了。

阿提拉见战场上占优势的敌军忽然四散而去，怀疑对手在使诱敌之计，没追击。在营地里困守数天后，他发现敌人确实撤走，才下令撤退。

阿提拉率军退到莱茵河流域休整一段时间后，又策划进攻意大利行省的战争。他要先打败埃提乌斯所部西罗马军，再对付其他对手。

452年，阿提拉率领匈奴军从巴尔干翻越阿尔卑斯山，攻打西罗马。当时，埃提乌斯刚与西哥特人翻脸，西哥特人袖手旁观，不出兵援助。埃提乌斯也没想到阿提拉会在如此短时间里再次集结大军攻击他，根本没一点思想准备。这一战，西罗马军惨败。

匈奴军在意大利行省长驱直入。他们抵达亚得里亚海滨重镇阿基利亚时，西罗马军才不得不进行坚决而顽强的抵抗。匈奴人虽然不擅长攻城，但他们手里有大量黄金。他们收买大量西罗马技工，还驱赶数万战俘和被掳掠来的民众去破坏阿基利亚城墙。

不过，3个月过去了，阿基利亚城还是没打下来。旷日持久地攻城不下，匈奴人变得很烦躁，军中的怨气一天比一天多。面对此情此景，阿提拉也束手无策，不得不打起退堂鼓。

正当阿提拉准备下令撤退时，他看到一只老鹳带着幼鸟从一座塔楼上的鸟巢飞离，好像快要倒的树，上面的鸟飞逃一样。阿提拉认为，那座塔楼已经摇摇欲坠。他命令匈奴军猛攻那座塔楼。果然，塔楼坍塌。匈奴军蜂拥而入。阿基利亚城失陷。

阿提拉下令屠城，一番劫掠后，又下令纵火将阿基利亚城彻底夷为平地。趁着士气又高涨起来的机会，阿提拉率领匈奴军攻下阿尔提纽、孔格迪亚、巴度等沿海城市，继而又攻下维星萨、凡罗纳、巴甲姆等内地城市。匈奴军所到之处，都是先抢掠后烧毁，将当地毁灭成废墟。

西罗马遭到匈奴人疯狂蹂躏。一些尚在西罗马控制的地方得知消息，都吓得胆战心惊的。米兰人和巴维亚人见势不妙，主动向匈奴人投降。在交出全部财物后，他们换得饶恕全城民众性命的许诺。

阿提拉放过主动投降的城市，率匈奴军继续南下，目标直指罗马城。曾经亲手设计放了阿提拉的埃提乌斯束手无策。罗马城这座“永恒之城”眼看就要被匈奴人毁灭。在关键时刻，罗马大主教利奥一世挺身而出，愿意为罗马城民众去劝说阿提拉撤军。

瓦伦提尼安三世大喜过望，连忙派利奥一世去劝说阿提拉，同时派大司法官特里基提亚斯作为皇帝代表一同前往。

在波河，阿提拉接见利奥一世一行。利奥一世苦口婆心劝说阿提拉放过罗马城，说410年亚拉里克进攻罗马城后不久就暴毙，说明罗马城有神庇护，不希望这样的事情再重演。

此时，匈奴军已经是强弩之末。阿提拉还得到东罗马援军即将赶到的消息。更严峻的是，意大利行省到处饥馑，瘟疫四处流行，匈奴军中也出现感染瘟疫的病例。阿提拉审时度势，决定借坡下驴，见好就收，勒令西罗马交出大量财物，然后率匈奴军撤离罗马城。

在撤离前，阿提拉还不忘告诉瓦伦提尼安三世：如果不交出霍诺利娅公主，他还会来的！不过，上天没给阿提拉再来罗马城的机会。一年后，即453年，阿提拉在新婚之夜暴死。阿提拉那些由来自不同种族妻子生的儿子彼此不服，争权夺位，发生内讧。

更令西罗马人开心的是，455年，在诺都河畔，阿提拉亲信、格皮达王阿尔达里克带头造反，联合格皮达人、东哥特人、斯威弗人、赫鲁利人和阿里人围攻匈奴军。阿提拉的大儿子埃拉克与3万匈奴军被杀。阿提拉的王廷成为阿尔达里克的战利品，其余各蛮族部落也纷纷起来瓜分阿提拉的遗产。

强敌匈奴不存在了，西罗马却没有胜利。西罗马领土又进一步被蚕食。455年，瓦伦提尼安三世死后，西罗马皇帝更换频繁——到476年西罗马灭亡时，22年间更换了9个皇帝。

政局不稳定，蛮族部落不断侵占领土，为了维持统治，西罗马皇帝只好疯狂地招募日耳曼人做雇佣军。而几乎每个西罗马皇帝都不可避免地成为雇佣军的傀儡。

后来，雇佣军将领嫌频繁更换皇帝太麻烦。476年，在东罗马支持下，雇佣兵将领日耳曼人奥多亚克称王，废黜只有6岁的西罗马皇帝罗慕路。西罗马在风雨中挣扎了80多年后消亡。

第十四章　遍地“罗马皇帝梦”

西罗马灭亡，灭亡西罗马的蛮族政权却为“罗马皇帝”称号争夺了800余年。欧洲近代格局起源于此。

1. 永不醒来的“罗马皇帝梦”

西罗马在内忧外患中挣扎了80多年，但它灭亡后留下的影响却长达800余年。

进攻西罗马的蛮族部落远远比西罗马落后。在西罗马故土，蛮族部落相继建立过西哥特国、东哥特国、勃艮第国、伦巴德国等，时有兴亡，迁徙不定，在经济、政治、文化各方面都没什么突出成就，都无法摆脱西罗马的影响。西罗马虽然不存在了，但其精神却一直影响着故地内的各民族国家。西罗马“影子帝国”前后持续了800余年。

查理曼帝国是第一个西罗马“影子帝国”。它的统治者喜欢以“罗马帝国继承人”自居，且一直在“为恢复罗马帝国而奋斗”。

查理曼帝国是从法兰克国发展而来的。486年，即西罗马灭亡后的第十年，在莱茵河口一带，法兰克部落首领克洛维宣布建立法兰克国，并趁西罗马灭亡之机攻占高卢大部分领土。克洛维非常有远见，打起了“罗马帝国继承人”的旗号，率法兰克人信奉罗马的基督教。

法兰克人与高卢的罗马人在宗教上一致，心理上接近，与罗马人教俗统治者有了合作基础。克洛维的子孙后代相继为王，史称“墨洛温王朝”。

从公元 7 世纪开始，法兰克国不断分裂，内战频繁，国王权力旁落到掌管宫廷事务的宫相手中。从 613 年起，奥斯特拉西亚大封建主兰登・丕平[①]的家族开始世袭出任宫相。687 年，赫里斯托尔・丕平凭借雄厚的实力，战胜高卢北部纽斯特里亚和高卢东南部勃艮第的封建主，重新统一法兰克国。查理・马特出任宫相时，法兰克国面临占领了比利牛斯半岛的阿拉伯人进攻。732 年，在普瓦提埃一战，查理・马特率法兰克军重创阿拉伯军，随后连连获胜，将阿拉伯人赶到比利牛斯山南。

查理・马特实行军事采邑制，即不再无条件地分给下属土地，而是以服骑兵军役等义务为条件，分封的下属终身拥有土地，即使教会、修道院拥有土地，也需向他承担义务。此举被后世视为西欧封建等级制的起源。实行这些措施后，法兰克国的势力大大加强。

矮子丕平继任宫相后，进一步插手意大利事务，保护罗马教皇不受伦巴德王国侵犯。

在罗马教皇支持下，751 年，矮子丕平废黜有名无实的墨洛温王朝法兰克王，建立加洛林王朝。756 年，他把亚平宁半岛中部“献给”罗马教皇，教皇国从此形成。768 年，矮子丕平死时，把土地分给儿子查理与卡洛曼。经过三年战争，771 年，查理统治了法兰克国。查理被后世称为查理大帝或查理曼。

查理曼应罗马教皇阿德里安一世[②]的求援，率军翻越阿尔卑斯山，进攻伦巴

① 兰登・丕平（约 580—640），又称丕平一世，也称老丕平。他没建立王国，但被视为丕平王朝的始祖。他将丕平王朝与梅斯的贵族联合在一起，为家族上升铺平道路，最终形成统治法兰克人的加洛林王朝。

② 阿德里安一世（？—795），772 到 795 年出任教皇。他是在罗马的法拉克派支持下当选的意大利籍教皇。

德国。经过一年多征战，774 年，查理曼率军兼并伦巴德国，亲自兼任伦巴德国王。随后，他率军进入罗马城。教皇赠予查理曼“罗马人长老”称号。查理曼对教皇重申他父亲献土的承诺有效，却控制了意大利大部分。事后，查理曼“恢复罗马帝国”的雄心壮志被激发，不断寻找机会扩张领土。

从 772 年起，查理曼率军越过莱茵河东进，深入欧洲腹地，进攻日耳曼萨克森部。萨克森人尚未脱离原始部落状态，也从未被罗马或基督教会统治过。他们顽强抵抗法兰克军。战争旷日持久，经过 33 年 18 次重大战役，查理曼多次发动大规模战役，采取屠杀、强行迁徙萨克森人，最终征服萨克森，确立封建制度和基督教会统治，巩固了征服成果。

他曾发布敕令：在萨克森普遍建立教堂，要求所有萨克森人向教堂缴纳什一税，贡献土地与仆役，参加宗教活动；不尊重教会，不守教规的人，都处死刑；不忠于国王或侵犯领主的人，处死刑；信奉原始宗教习俗的人，也判处死刑。

征服萨克森是西欧封建制度向中欧、东欧地区推进的开端，是欧洲经济、政治、文化重心从地中海沿岸向大陆腹地转移的开端。

在进行萨克森战争同时，查理曼也多次命令法兰克军越过比利牛斯山去进攻阿拉伯人。经过 20 余年不断出击，查理曼在比利牛斯山以南建立西班牙边防区，并给予西班牙北部两个臣属的基督教小国支持。

787 年，查理曼率军攻入巴伐利亚，废黜巴伐利亚公爵，直接统治巴伐利亚。随后，他率军继续向东推进，通过战争，征服易北河东岸的斯拉夫部落。

同时，法兰克军也进攻多瑙河下游地区，与阿瓦尔汗国进行战争。阿瓦尔汗国由亚洲迁来的游牧民族柔然人建立。它曾称雄一时，虏获各地大量财富。经过 8 年鏖战，法兰克军灭掉阿瓦尔汗国，得到大量战利品。

后来，通过数次小规模战争，法兰克军先后征服封建化与基督教化较深入的尼德兰，为抵御北欧人进攻而建立丹麦边区，为巩固在多瑙河统治而建立奥地利边区，以及在高卢西北角建立布列塔尼边区等。强盛时，法兰克人曾一度与阿拉伯人和东罗马人争雄地中海，迫使本尼文托公国称臣，控制了地中海的科西嘉岛与撒丁岛。

查理曼在位46年，进行了50多次战争，改变了欧洲形势。一个北临北海和波罗的海，西临大西洋，南临地中海的陆地帝国，取代了包围地中海的罗马帝国，成为欧洲新霸主。高卢、日耳曼和意大利地区被合为一体，势力延伸到西班牙人和斯拉夫人的居住地。在这个帝国，蛮族人与罗马人，基督教徒与原始异教徒的明确区别基本消除，俗权教权封建统治开始形成。

建立如此大功绩后，查理曼不满足蛮族国王头衔。他的"罗马皇帝"愿望越来越强烈。799年，罗马城的贵族砍伤了教皇立奥三世①。立奥三世请求查理曼救援。查理曼立即率军奔赴罗马城。罗马城的贵族望风而逃。查理曼派出军队将他们抓住。在教皇请求下，查理曼把那些贵族或处以死刑，或处以终身禁锢。

查理曼帮助教皇复仇，教皇也不得不回报查理曼，帮他实现终身为之奋斗的愿望。800年圣诞节，在罗马城圣彼得大教堂，查理曼被教皇加冕为"罗马人皇帝"，取得"罗马帝国继承人"和"罗马基督教会保护者"地位。不久，东罗马皇帝与阿拉伯帝国哈里发相继承认查理曼的皇帝地位，承认他是"罗马人皇帝"。

查理曼晚年，法兰克人的征服能力已达到极限，面对北欧诺曼人的进攻和地中海沿岸阿拉伯人的侵袭已无还击之力。各地封建主和教会上层不择手段地掠夺土地财富，不仅使大批农民破产，查理曼的各项权益也大受侵害。查理曼多次发布敕令指责那些掠夺土地财富的封建主，但收效甚微，教俗封建主不愿再听命于皇帝。

814年，查理曼死后，他的儿孙们不仅没继承其"罗马皇帝"梦想，反而为私利而争斗，将帝国分裂成数部分。继任者"虔诚者"路易②的能力和权威远不如查理曼，被贵族和教会势力操纵。817年，"虔诚者"路易被迫预先将帝国分给三个儿子——罗退尔、丕平和路易，由长子罗退尔③保留皇帝称号和对另两个王国的最高统治权。

皇帝称号已不如领土有吸引力。"虔诚者"路易想再划一部分领土给新生的

---

① 立奥三世，也译利奥三世，平民出身的罗马教皇。

② "虔诚者"路易（778年4月16日—840年6月20日），也称路易一世，法兰克国王，罗马皇帝，814年1月28日到840年6月20日在位，他在位延缓了法兰克的分裂。

③ 罗退尔（795—855），也称罗退尔一世，洛泰尔一世，意大利国王（818—855年在位）和神圣罗马皇帝（840—855年在位），是皇帝"虔诚者"路易长子。

儿子秃头查理[①]时，罗退尔发动叛乱。父子兵戎相见，多年混战不休，直到 840 年“虔诚者”路易死去。

842 年，统治东部的日耳曼人路易[②]和统治西部的秃头查理结盟，反对哥哥罗退尔。他们签订《斯特拉斯堡誓言》。罗退尔被迫求和。

843 年，三兄弟签订《凡尔登条约》，将法兰克国一分为三：日耳曼人路易的东法兰克国包括大部分日耳曼部族居住区，如萨克森、阿勒曼尼亚、图林吉亚、巴伐利亚、卡林蒂亚等地区，后来发展成德意志国；秃头查理的西法兰克国包括原高卢大部分地区及勃艮第、阿奎丹、加斯科尼和西班牙边防区，后来发展成法兰西；罗退尔的中法兰克国是夹在东西法兰克之间的一个狭长地带，包括弗里西亚、洛林、阿尔萨斯、普罗旺斯、伦巴德，并对教皇国和南部本尼文托、斯波勒托有宗主权，保留有名无实的皇帝称号。

855 年，罗退尔死去，中法兰克国又一分为三：罗退尔的大儿子路易获得“意大利皇帝”称号，二儿子获得洛林，三儿子获得普罗旺斯。870 年，统治洛林的二儿子死去。在墨尔森，日耳曼人路易与秃头查理进行了一次瓜分会议。结果，日耳曼人路易得到亚琛、科隆、特利尔、美因兹和阿尔萨斯，秃头查理得到洛林西部地区。

三个法兰克国开始长期遭诺曼人、阿拉伯人和马扎尔人侵扰。它们被打得无力他顾，皇帝称号在三个王国之间转移，谁强谁就称皇帝。877 年，秃头查理以皇帝名义发布《克尔西敕令》，承认各封建领主的权位可以不经皇帝或国王认可而世袭。

887 年，查理曼帝国最后一个得到公认的皇帝胖子查理，面对诺曼人进攻束手无策，被废掉。西法兰克国加洛林王朝延续到 987 年，为卡佩王朝取代。东法兰克国加洛林王朝延续到 911 年，被萨克森王朝取代。

---

① 秃头查理（823 年 6 月 13 日—877 年 10 月 5 日），路易一世四儿子，西法兰克加洛林王朝国王（843—877 年在位），神圣罗马皇帝，也称查理二世（875 到 877 年在位）。

② 日耳曼人路易（806—876 年 8 月 28 日），巴伐利亚公爵（818—855 年在位）和东法兰克国王（840—855 年在位），是“虔诚者”路易三儿子。

2. 又一个“罗马帝国”

962年，萨克森王朝第二代国王奥托一世被罗马教皇封为“罗马皇帝”，“神圣罗马帝国”由此登上历史舞台。

神圣罗马帝国从962年建立到1806年灭亡，延续844年。它是欧洲的一个多民族帝国，以德意志人为主，囊括如今奥地利、瑞士、卢森堡、荷兰、法国东南部、意大利北部、西西里岛、捷克、匈牙利、波兰西部和北部等地，给欧洲许多国家，尤其是德意志、意大利和东欧历史留下了深深烙印。

神圣罗马帝国主体民族是德意志人。德意志人是中欧日耳曼各部落的总称，居住在莱茵河两岸，分为萨克森、巴伐利亚、士瓦本和法兰克尼亚四大部落。公元9世纪后半期，他们形成四个公爵领地，成为东法兰克国加洛林王朝的组成部分。

888年后，东法兰克国加洛林王朝已经分裂为法兰西、德意志、意大利、勃艮第、洛林等几个独立地区。不过，建立大帝国和保持皇帝称号的观念已深深扎根——谁都想强大起来，建立像罗马一样强大的帝国。

911年，法兰克尼亚公爵康拉德一世[①]自称德意志国王。他的势力仅限于本公爵领地，众望不归。萨克森公爵“捕鸟者亨利”[②]高明得多。他首先迫使图林根部落结盟，然后寻机迫使康拉德一世屈服，当上萨克森与法兰克尼亚国王，由美因兹大主教加冕。

928年，“捕鸟者亨利”将伯爵称号和领地授予洛林主教，把教会置于麾下，开创王权控制和利用教权先例。作为德意志国家奠基者，他为后代开辟了通向帝国的道路。

① 康拉德一世（892—918），东法兰克国王，911到918年在位。

② 捕鸟者亨利，即亨利一世。

亨利一世死后，奥托一世[①]继位。在亚琛原加洛林王朝皇宫中，奥托一世举行了加冕礼。按传统，奥托一世继任国王，先由四大公爵同意，再经全体德意志人确认。他继位伊始，各公爵就反叛。面对危机，奥托一世采用武力征讨与联姻手段，逐一制服或取代包括洛林在内的五大公爵，改任命他们为王室军队将帅、大臣、侍卫长等，把他们变成封臣与下属。

奥托一世继承亨利一世的利用并控制教会政策。为制服巴伐利亚公爵，奥托一世直接任命巴伐利亚主教，授予他司法权。此举开创教会大贵族掌握世俗政权的先例，同时也确立主教由世俗君主授予的原则，为后世教俗授职权之争埋下了种子。

为巩固和扩大版图，奥托一世不惜在东西两面开战。令人意外的是，此时神圣罗马帝国霸气十足，对外战争频频取胜。在西边，奥托一世通过武力迫使西法兰克国王屈服后，又在950年迫使勃艮第归附，并划定勃艮第与普罗旺斯的边界线。在东面，奥托一世派军队占领易北河与奥德河之间斯拉夫人的一半土地，并控制了波希米亚。这导致德意志人与马扎尔人发生战争。

为了改善生存环境，955年，马扎尔出动所有骑兵，围攻奥格斯堡。这年8月10日，在奥格斯堡附近的莱希，奥托一世和五大公爵一起率军出击，在波希米亚军配合下，彻底击溃马扎尔军。

奥托一世志得意满，率军乘胜前进。968年，他在马格德堡建立大主教区，统辖易北河以东被征服的斯拉夫地区。基督教势力更广泛地深入东欧。

从915年起，意大利就四分五裂。南部归顺东罗马帝国，北部豪强争雄，战乱不已。951年，奥托一世自称意大利国王，吞并意大利意图暴露无遗。不过，他关注重点不在意大利。961年，罗马教皇与地方豪强斗争失利，向奥托一世求援。奥托一世立即率军占领北意大利。962年2月2日，在罗马城的圣彼得大教堂，教皇加冕奥托一世为皇帝。凭借文治武功，奥托一世被尊为奥托大帝。

奥托一世去罗马城加冕“罗马皇帝”后，萨克森王朝和法兰克尼亚王朝的8

---

① 奥托一世（912年11月23日—973年5月7日），也称奥托大帝，又译鄂图一世，德意志国王（936—973年5月7日在位），萨克森王朝的首位神圣罗马帝国皇帝（962年2月2日—973年5月7日在位）。亨利一世的儿子。他是当时欧洲大陆最有实力的国王。

位皇帝无不陷入恶性循环中：前一个皇帝攻掠意大利，赴罗马城加冕，耗尽国力后暮年归国；新帝刚一即位，就面临国内大贵族反叛与东西方敌国攻战，竭尽全力平定局势后，却又奔向罗马城加冕。他们不惜一切代价去罗马城加冕，无非是要表明自己是合法的“罗马皇帝”。

神圣罗马帝国的两朝八帝都秉承一贯政策，对罗马教皇和本国教会既利用又控制，有利可图时也不辞效力，只是手法不同。亨利二世把伯爵领地及其司法权授予各主教。1146 年，教皇追封亨利二世为圣徒。后来，亨利三世①把匈牙利纳入基督教，而把东正教势力从维也纳附近驱逐到贝尔格莱德一线。

历代皇帝都坚持自己拥有主教的授职权。他们推动并利用 11 世纪开始的罗马法复兴运动，同日益增长的教皇势力斗争。例如，康拉德二世②就宣布，在帝国一切领地上，包括罗马城，必须按罗马法而不是教会法审理任何案件。1075 年，皇帝亨利四世与教皇格列高里七世开始授职权之争。在 1122 年签订《沃尔姆斯和约》之后，亨利四世和教皇的斗争也一直持续存在。

奥托一世打着“罗马皇帝”旗号，提升了帝国的威望，有利于他在欧洲各国之间争得主导地位，还有利于控制本国教权。西罗马虽然灭亡了，但对欧洲影响是深远的，以致几百年后，还有国王以加冕“罗马皇帝”称号为荣，还能利用“罗马皇帝”称号实现政治意图。

从奥托一世起，神圣罗马帝国皇帝兼有日耳曼国王一切权力，一直握有主教授职权。教会是帝国的一个支柱，高级教士往往出身贵族，受任官职，参与机要；皇帝从教会领地中寻求财物和军事支持。奥托一世及其后裔对主教广泛授予特恩权，即赐给教会大片领地，并把领地内行政权和司法权授予主教。

亨利三世曾先后罢免三位出自罗马贵族世家的教皇，任命班贝格主教苏特格尔和图尔主教为教皇，完全控制罗马教廷。因奥托一世及其后裔对主教广泛授

① 亨利三世，康拉德二世儿子，法兰克尼亚王朝国王，罗马人皇帝。

② 康拉德二世（约 990—1039），法兰克尼亚王朝首位罗马人国王（1024 年 9 月 8 日—1039 年 6 月 4 日在位）和神圣罗马帝国皇帝（1027 年 3 月 26 日—1039 年 6 月 4 日在位）。他于 1024 年当选为国王，开始法兰克尼亚王朝在德国的统治。

予特恩权，故而教界封建主统治广大农村，其领地往往靠近新兴城市。他们争权夺利，荒淫无度，经营商业，从事高利贷活动，和世俗封建主同流合污。

教士世俗化，不仅日耳曼如此，法国、意大利等地无不皆然。历任教皇也穷奢极欲，贪图享受，买卖圣职，无恶不作。教会的道义威信大为降低，对世俗政权的依附日益加深。这有利于神圣罗马帝国皇帝控制教会，却引起教会改革，激发教会野心，促使他们想通过加强教会组织来扩大势力。罗马教皇趁机支持教会改革力量，借以打击世俗皇帝的权力，与世俗皇帝争权。教皇和皇帝的权力之争很快变成神圣罗马帝国政治主要内容，其结局决定着神圣罗马帝国，乃至后来欧洲几百年的历史走向。

3. 教权与皇政权之争

基督教会腐化堕落，不能发挥巩固统治作用。一部分僧俗封建主深感忧虑。教会内部渐渐兴起改革运动，要求整饬教规，禁止教士结婚，脱尘绝俗；反对世俗封建主控制教会，主张教会独立，反对俗界授职权出售教会职务；要求调整教会与国家关系，强调教权高于王权，重振教皇权威。

勃艮第的克吕尼修道院首倡教会改革。教会改革运动迅速从法国发展到意大利，最终形成克吕尼改革派。克吕尼改革派由修道士中的一批政治野心家组成。他们力图加强教会组织，使教会成为强大政治力量。

克吕尼改革派和教会世俗化作斗争，力主遵守圣本尼狄克的修道传统。各地群起响应，不满教会的人，也予以支持。罗马教廷对世俗政权干预教会早怀不满。法兰克尼亚诸帝[①]权势扩张，尤其让教廷感到不安和害怕。教皇积极赞助克吕尼改革派，借以打击世俗皇帝的权力。

---

① 法兰克尼亚诸帝，日耳曼法兰克尼亚王朝国王的统称，包括康拉德二世、亨利三世、亨利四世、亨利五世。

从利奥九世[①]起，罗马城每年都召开宗教会议，然后把决议和教皇指示带到各地，提高教廷威信。红衣主教的权力逐渐扩张，以致能决定罗马教廷的政策。

1058年，教皇尼古拉二世[②]接受克吕尼修道士希尔德布兰献策，同意大利南部的诺曼人结盟，对抗德意志皇帝。1059年，罗马教廷在拉太朗教堂举行会议，宣布将选举教皇的大权授予红衣主教，从而排除罗马贵族和德意志皇帝在教皇选举中的影响。

在米兰，教会改革运动引起轩然大波。米兰的僧侣封建主敌视改革，反对驻米兰的教皇使节召开宗教会议。德意志皇帝亨利四世也趁机插手。他打破由教皇主持主教授职仪式的惯例，在1072年亲自任命大主教，把指环和节杖授予被教皇拒绝承认的、反对改革运动的大主教候选人。

1073年，希尔德布兰当选教皇，即格雷戈里七世[③]。教皇与皇帝的斗争更激烈。1075年，格雷戈里七世发布充分暴露政治野心的《教皇敕令》。《教皇敕令》禁止君王、贵族行使神职任命权。《教皇敕令》宣称："唯有教皇一人具有任免主教的权力"；"唯有教皇一人有权制定新的法律，决定教区划分和设立新教区的权力"；并声明"教皇有权废黜皇帝""一切君王应亲吻教皇的脚"。1075年12月，格雷戈里七世警告亨利四世，如果他不服从教皇的命令，将受逐出教会的惩罚。

亨利四世把教皇格雷戈里七世的举动看作公开宣战。他毫不示弱。1076年1月，亨利四世在沃尔姆斯召集德意志主教会议，指控格雷戈里七世靠狡猾手段和金钱拉拢爬上教皇宝座，滥用权力，荒淫放荡等。在大部分德意志主教同意下，亨利四世宣布废黜教皇格雷戈里七世。

亨利四世宣布废黜教皇，教皇格雷戈里七世也采取同样手段反击。在1076年耶稣复活节前四旬斋期间召开的宗教会议上，格雷戈里七世借口德意志局势不稳，发布敕令，宣布废黜亨利四世，革除亨利四世教籍，解除臣民对亨利四世效

---

① 利奥九世（1002—1054），罗马教皇，德国皇帝亨利三世的表兄弟。他是狂热的克吕尼派僧侣，在任教皇时期，教权得到进一步增强，曾下令改组教廷，宣布所有教产都属于教皇，应向罗马教廷纳税。

② 尼古拉二世（991—1061），教皇，1058到1061年在位。

③ 格雷戈里七世，罗马教皇，1073到1085年在位。

忠的誓约。德意志反亨利四世的诸侯立即呼应罗马教廷，进行反亨利四世活动。

1076年夏，士瓦本公爵鲁道夫、巴伐利亚公爵韦尔夫、克恩滕公爵贝特霍尔德等在乌尔姆集会，公开商讨选举新皇帝。不过，在乌尔姆集会上，更多的贵族主张：只要亨利四世尊重大封建主的自主，他们还可以承认亨利四世为皇帝。

格雷戈里七世见形势不妙，也准备撤回废黜和放逐令，前提是要亨利四世向教皇让步。

1076年10月，在特里布尔召开的诸侯集会上，各诸侯出现意见分歧。多数派的意图是：教皇应当作为仲裁者，裁决国王和诸侯之间的冲突。以士瓦本公爵鲁道夫为代表的激烈派要求废黜皇帝。他们声称：如果亨利四世在1年之后仍处在放逐之中，就不承认他为皇帝。

亨利四世陷入孤立境地。他既不愿接受教皇的仲裁，又必须摆脱被放逐地位，不得不向教皇屈服。1077年1月，亨利四世带少数随从到教皇住所卡诺沙城堡外，赤足披毡，在风雪中等候3天，求教皇格雷戈里七世赦免罪行。在教皇格雷戈里七世赦罪后，亨利四世才返回。

卡诺沙事件标志着罗马教廷的权力达到顶峰。亨利四世也获利，使国内诸侯反对派失去另立国王的借口。亨利四世回国后，争取到巴伐利亚低级贵族、士瓦本包括高级贵族的大部分贵族和莱茵城市的支持，将鲁道夫为首的反对派赶到东方，限制在萨克森境内。

教皇格雷戈里七世见坐山观虎斗机会来临，不失时机地玩弄阴谋，挑动双方内战。这场内战达3年之久。1080年，鲁道夫取得内战胜利。教皇格雷戈里七世立即给鲁道夫加冕，再次宣布废黜亨利四世。

不久，局势发生戏剧性变化。亨利四世转败为胜，在战斗中击杀鲁道夫，瓦解了反对派。教皇格雷戈里七世与亨利四世直接敌对。

战胜国内反对派诸侯后，亨利四世集中精力对付格雷戈里七世。1081年，亨利四世进军罗马城，用武力压服在一年前再次宣告放逐他的教皇。罗马城被迫武装起来，抵抗亨利四世所部进攻。亨利四世率军攻城，久攻不下，将罗马城围困起来。

罗马城被围困了两年之久。亨利四世攻不下，但坚持不撤军。教皇格雷戈里七世派人向诺曼人求援。诺曼人答应救援，却迟迟不出兵，一直在观望局势。到 1084 年，诺曼援军依然未到。罗马城被亨利四世率军攻陷。在罗马破城混乱之际，绝望的格雷戈里七世南逃到萨莱诺，于第二年死去。

攻破罗马城，亨利四世另立教皇，即克雷芒三世[①]。观望局势的诺曼人终于出兵了。诺曼军接近罗马城时，亨利四世已重新拥立教皇，率军回国了。诺曼人趁机进入罗马城，纵兵抢劫 3 天后，放一把火，带着所抢夺的财物回去了。这次大火，罗马城的三分之一被烧毁。

没几年，改革派恢复过来。1088 年，他们选出的教皇乌尔班二世[②]，又与德意志南部诸侯联合反亨利四世。亨利四世不能容忍。1090 年，亨利四世又率军进攻罗马城，要将乌尔班二世废黜。

没想到的是，亨利四世的儿子康拉德转向教皇派，与伦巴德城市、韦尔夫公爵结成联盟，一起断绝亨利四世回国的后路。1097 年，亨利四世困居在威尼西亚，后来与韦尔夫人妥协才得以返回。

1098年，亨利五世[③]被加冕为德意志国王。亨利五世担心将失去王位，暗中与某些贵族结盟，许诺在亲政后放弃敌视诸侯的政策和尊重贵族特权。

1104 年夏，巴伐利亚公爵反叛亨利四世。萨克森也出现叛乱征兆。亨利五世也投入诸侯阵营，充当诸侯反对派的首领。老皇帝亨利四世战败，被亨利五世俘虏。亨利五世不忍心杀死亨利四世。不久，亨利四世逃到洛林，企图卷土重来，但已经无能为力。1106 年，亨利四世遗憾地死去。

亨利五世要求教皇确认他全部主教授职权和加冕称帝。教皇帕斯加尔二世[④]的答复是：你只有放弃宗教权力，才能为你加冕。亨利五世非常生气，在 1110 年率军进入罗马城，把教皇帕斯加尔二世连同红衣主教们监禁起来，强使教皇承

① 克雷芒三世，教皇，1187 到 1191 年在位。

② 乌尔班二世，教皇，1088 到 1099 年在位。他发动了十字军东征。

③ 亨利五世，1106 到 1125 年在位。

④ 帕斯加尔二世，又译帕斯夏二世，意大利籍教皇，1099 到 1118 年在位。

认皇帝对教会选举产生主教、修道院院长有任命权，以换取释放。教皇帕斯加尔二世不得不满足亨利五世的要求，为他加冕。

不久，教皇帕斯加尔二世反悔，在 1112 年召开拉太朗宗教会议，宣布推翻与亨利五世的协议，不承认亨利五世的皇帝地位。亨利五世再次出兵罗马城，把帕斯加尔二世驱逐，另立教皇卡利克斯特二世[①]。

由于亨利五世力图削弱诸侯领地、扩大王室领地，德意志又形成以美因茨大主教和萨克森公爵为首的诸侯反对派。1121 年，亨利五世与诸侯反对派达成妥协：如果亨利五世再次进攻诸侯，诸侯就有权结盟反对他；诸侯也允诺，在罗马教廷和皇帝之间进行调停。

1122 年，教皇卡利克斯特二世与亨利五世签署《沃姆斯宗教和约》。和约规定：在德意志，主教由教士选举产生，产生分歧时，皇帝有权干预；当选主教由皇帝授予象征世俗权力的权杖，然后由教会授予象征宗教权力的指环和牧杖。在意大利和勃艮第，皇帝无权干预主教和修道院长选举，由教会对当选者先授予宗教权力，6 个月后，皇帝方可授予世俗权力。

教皇与皇帝争夺主教任命权斗争，本质上是争夺主教领地上的政权和征税权的斗争。皇权和教权之争最终以妥协方式结束。

4．“罗马皇帝”不再有号召力

奥托一世打“罗马皇帝”旗号，目的是加强皇权。随着经济发展，大贵族的势力越来越强大，一些地方贵族越来越不喜欢皇帝集权，也对“罗马皇帝”失去了敬畏。

---

① 卡利克斯特二世，教皇，1119 到 1124 年在位。

神圣罗马帝国萨克森王朝皇帝罗退尔二世[①]死前，已传位给女婿。各公爵和主教惧怕强大的皇权延续，另选性格懦弱的霍亨斯陶芬家族的康拉德三世[②]为皇帝。康拉德三世不甘为傀儡，与威尔夫家族长期激烈斗争，至死也未见输赢。他无暇顾及意大利事务，未去罗马城加冕，降低了“罗马皇帝”称号的分量。

1152年3月4日，康拉德三世侄子腓特烈一世[③]当上皇帝。腓特烈一世是闻名于世的巴巴罗萨，后世尊称腓特烈一世大帝。他以恢复“罗马皇帝”权威为己任，一生四处征战，努力恢复奥托一世时代的强盛与荣耀。

腓特烈一世有雄才大略，野心勃勃，但所面临的形势不容乐观。在国内，大贵族势力日大，越来越不尊崇皇帝；在外部，英国法国已经加强王权，且国势也强大起来。更重要的是，教皇已与皇帝平起平坐，国内教会贵族听命于教皇而不听令于皇帝，形成新的分裂势力。

腓特烈一世审时度势，认为恢复“罗马皇帝”权威，巩固和提高自身地位，威慑内外敌手，必须夺取意大利、制服教皇。因为制服了教皇，通过实力宣告“罗马皇帝”有任命和管理教皇的权力，国内不尊崇皇帝的贵族以及国外的觊觎实力，将不得不慑服。毕竟，大多数国家和公侯都深受罗马帝国影响，信仰基督教，将基督教的最高教权置于“罗马皇帝”之下，征伐其他不服从的人就名正言顺了。

1153年，腓特烈一世率军攻入罗马城，强势要求教皇加冕他为“罗马皇帝”。教皇不甘失势，在加冕问题上，百般刁难纠缠，直到1155年6月18日才勉强为之加冕。

腓特烈一世倍感教皇权力的威逼与制约。他于1157年在帝国名称上冠以“神圣”一词，与罗马教皇自命的“神圣教廷”称号抗衡。

不仅如此，腓特烈一世还仿效奥托一世随意废立教皇。1161年，罗马城出现教会选举的教皇与皇帝册立的教皇对峙局面。1165年，腓特烈一世拥立的教

---

① 罗退尔二世（1075—1137），又译洛泰尔二世，苏普林堡王朝唯一的罗马人的国王（1125—1137年在位）、神圣罗马帝国皇帝（1133年6月4日—1137年12月3日在位）。

② 康拉德三世，神圣罗马帝国皇帝，1138到1152年在位。

③ 腓特烈一世（1122—1190），绰号红胡子或巴巴罗萨，是霍亨斯陶芬王朝首位罗马人国王、神圣罗马帝国皇帝（1155年6月8日—1190年6月10日在位），也是德意志历史上著名的政治家、军事家。

皇巴塞尔三世发布圣谕，承认神圣罗马帝国有与法兰克国加洛林王朝相同的性质、地位和权力。这就相当于承认查理大帝和奥托一世的“皇权高于教权，高于各国王权”原则。政教之争达到顶峰，皇帝暂时领先一步。

在加冕“罗马皇帝”后，腓特烈一世全力恢复和加强“罗马皇帝”的权威。他一生六次率军进攻意大利，所到之处略地毁城屠掠一空，屡战屡败，屡败屡战，直到彻底无能为力为止。

1166 年罗马城之战和 1176 年雷纳诺之战，腓特烈一世所率精锐骑士死伤殆尽。他只身脱逃，连军旗和自用盾牌也被缴获。遭此惨败后，他只得签约放弃对北意大利诸城的一切要求，签约承认教会选举的教皇是唯一合法的。

不过，腓特烈一世并没有放弃梦想，还在做一切可能的努力。他安排儿子亨利六世[①]利用联姻，在 1194 年吞并西西里王国，但已于事无补。1179 年，罗马教廷又制定新的教皇选举法，改一致同意原则为超三分之二的多数原则。这样，昔日皇帝利用亲信大主教阻挠破坏教皇选立的手法宣告失灵。腓特烈一世已经失去反击教皇的机会。

腓特烈一世“以外战解内忧”国策也适得其反。因连年对外战争，各公爵拥兵自重。他们反对腓特烈一世屈辱地匆匆结束征讨意大利之战。威尔夫家族的狮子亨利公爵[②]乘机向东向北扩张，占领莱茵河下游地区，夺取律贝克、梅克伦堡以及波美拉尼亚。狮子亨利公爵已成腓特烈一世心腹大患。

1180 年，腓特烈一世援引部落传统与封建领主法，强行分割狮子亨利公爵的领地给亲信。腓特烈一世从巴伐利亚划出奥地利公爵领地，从萨克森划出威斯特伐利亚公爵领地，又把律贝克收归皇帝直辖。腓特烈一世出手非常快，狮子亨利公爵来不及反抗，领地就被割走。

腓特烈一世的皇权虽然稳固了，霍亨斯陶芬家族与威尔夫家族的斗争却延

① 亨利六世（1165 年 11 月—1197 年 9 月 28 日），腓特烈一世儿子，神圣罗马帝国皇帝。

② 狮子亨利公爵（1129—1195 年 8 月 6 日），德意志诸侯和统帅。他的封号包括萨克森公爵（称亨利三世，1142—1180 年在位）和巴伐利亚公爵（称亨利十二世，1156—1180 年在位）。狮子亨利以与神圣罗马帝国皇帝腓特烈一世冲突著称于世。

绵不绝。新划出的各公爵领地不久便成为分裂之源。

1190年，腓特烈一世死于十字军东侵途中。“最强大的教皇”英诺森三世①登上历史舞台，乘机把皇权打得一蹶不振。

1197年，亨利六世死后，菲利普②继位。狮子亨利公爵二儿子奥托·威尔夫③在英国扶助下称王。1198年6月，神圣罗马帝国内战爆发。1205年，教皇英诺森三世为菲利普加冕。1208年，奥托·威尔夫谋杀菲利普后继位。1212年，亨利六世儿子腓特烈也宣布为皇帝。为了争夺正统，他们形成军事对峙，分别在英国和法国支持下打了一场四年之久的“代理人式内战”。此期间，“罗马皇帝”称号威信扫地，已经没多少尊严和号召力而言。

为了保住没有什么尊严和号召力的“罗马皇帝”之位，腓特烈决定向教皇屈膝讨好，许诺顺从。教皇英诺森三世见神圣罗马帝国皇帝已臣服，在1215年宣布废黜奥托·威尔夫的皇帝之位，宣布腓特烈为皇帝，史称腓特烈二世④。霍亨斯陶芬王朝竟落到靠教皇来结束内战并保障其延续的地步。

事实上，腓特烈二世并不是真正屈服于教皇，而是想暂时退让，以寻机重占意大利以反抗教皇欺压。为此，腓特烈二世不惜向国内教俗大贵族做出重大让步，以求他们支持。

1220年4月，腓特烈二世在法兰克福发布国务诏书《教会公侯特权法令》。1232年4月，他又发布《公侯特权宪章》。这两份诏书授权教俗大贵族随意建立城堡和城市，在各自领地内拥有设卡、征税、铸币、司法的权力，并称他们为“一邦之君”。

不过，腓特烈二世始终没看清恢复“罗马皇帝”权威以及打击教皇，与大

---

① 英诺森三世（1161年2月22日—1216年7月16日），罗马天主教教皇（1198年1月8日—1216年7月16日在位）。他在位期间，教廷权势达到历史顶峰，积极参与欧洲各国政治斗争，曾迫使英国、丹麦、葡萄牙、瑞士等国王称臣。

② 菲利普，腓特烈一世弟弟，德意志国王，1198到1208年在位。

③ 奥托·威尔夫，也称布伦瑞克的奥托，菲利普的对立国王，1199到1208年在位为罗马人的国王；1209年加冕为神圣罗马帝国皇帝；于1215年被腓特烈二世废黜；于1218年5月19日死去。

④ 腓特烈二世，亨利六世的儿子，1208到1250年在位为罗马人的国王，1220年加冕为神圣罗马帝国皇帝，到1215年7月5日为止为奥托四世的对立国王。

贵族所期待的完全相反。他对大贵族让步再大，也不可能赢得他们真正的支持。

1249 年，伦巴德城市与教皇结盟，对抗腓特烈二世。在法塞尔塔战役中，他们大败腓特烈二世所率的军队，俘获腓特烈二世儿子及 3000 名士兵。次年 10 月，腓特烈二世在悲戚中死去。

通向罗马之路至此断绝，恢复“罗马皇帝”的权威已经没人支持，但腓特烈二世的后代仍然一如既往地执着。1268 年 8 月 23 日，在塔利亚科佐之战中，霍亨斯陶芬家族的最后一个男后裔，16 岁的小康拉德[①]所率 7000 名骑士全军覆灭。小康拉德被俘后，在那不勒斯被处死。霍亨斯陶芬家族灭绝，神圣罗马帝国在欧洲优势丧尽。“罗马皇帝”称号的号召力也降到历史最低点。

无论是法兰克国加洛林王朝，还是神圣罗马帝国萨克森王朝，都以罗马继承人自居，都想打着“罗马皇帝”旗号，控制教权，成为继西罗马后欧洲又一个统一的大帝国，但两个王朝数代皇帝加起来几百年的努力，最终都失败。

他们失败的原因并不是“罗马皇帝”称号没吸引力，而是欧洲各国封建制度基本形成，农业和手工业生产水平有了显著提高，皇帝热衷恢复“罗马皇帝”的权威，而各地公侯则为维护其小利益，与教皇相互支持，反对或者暗中阻碍皇帝实现梦想。正因如此，西罗马灭亡后，欧洲恢复“罗马帝国”的种种努力，无法最终成功。

① 小康拉德（1252 年 3 月 25 日—1268 年 10 月 29 日），康拉德四世的儿子，本名叫康拉丁，曾任士瓦本公爵（1254—1268），霍亨斯陶芬王朝最后一代君主。

第十五章　在四战之地复兴帝国

东罗马位于四战之地，却因种种因素，在西罗马灭亡后，存活了1000多年。带着复兴梦想，东罗马数任皇帝收复西罗马故地，对战东邻萨珊波斯，充满悲壮英雄色彩。

1. 一切为了伟大梦想

476年，西罗马灭亡。西罗马灭亡后，东罗马皇帝理所当然地认为他是罗马帝国唯一继承者，必须以收复西罗马故土为己任。东罗马数任皇帝有类似想法。查士丁尼一世[①]最明显。

查士丁尼一世复辟理想带有宗教狂热色彩，极富进攻性。西罗马故地被日耳曼蛮族瓜分，那些蛮族人都信奉基督教阿里乌斯派。阿里乌斯派主张，基督是上帝创造的人而不是神，因而不能与上帝同日而语，同时反对教会占有过多财

① 查士丁尼一世，又称查士丁尼，查士丁尼大帝，全名弗拉维·伯多禄·塞巴提乌斯·查士丁尼（约483年5月11日—565年11月14日）。东罗马帝国皇帝，527到565年在位。他创造东罗马帝国第一次黄金时代，几乎恢复了昔日罗马帝国的辉煌。

富，尤其是地产。东罗马也是旧罗马帝国的一部分，首都君士坦丁堡是罗马正统教会在东方的中心。阿里乌斯派与罗马正统教会的教义之争，被认为是蛮族国家与罗马权威分庭抗礼。东罗马复兴，东罗马皇帝绕不过宗教。

自公元 4 世纪以来，基督教成为罗马国教。罗马皇帝被认为是基督教正统的保护者。查士丁尼一世是强硬的正统教徒，也是东方基督教正统保护者和最高主教。他立志荡平蛮族国家，收复西罗马故地，重建政治宗教双重统一的罗马帝国。

为实现重新统一罗马帝国的宏愿，查士丁尼一世制定的一切经济政策和宗教政策，都以收复西罗马故地为中心。他及其前任皇帝一改奢靡生活，厉行节约，为收复西罗马故地而积累财富，充裕国库。

为了筹措军费，查士丁尼一世不惜委任酷吏，施行苛政，横征暴敛。他命令卡帕多西亚·约翰①负责主管财政。卡帕多西亚·约翰既不惧怕上帝又不顾惜世俗人，对民众家中每个瓶罐都不放过，为东罗马搜刮了很多财富。

为了增加收入，查士丁尼一世下令实行专卖制度，国家掌握获利丰厚的丝绸专卖权，还增收一种附加土地税。一年收入 3000 磅金币，都用作军费。

查士丁尼一世的宗教政策灵活性很大。他主张“皇帝教皇合一”，认为国家统治者既是皇帝又是教皇，同时握有最高世俗权力和最高神权。他积极维护教会的权益，打击异教徒，在 529 年封闭新柏拉图学派设在雅典的“学园”。他虽给予教会许多支持和特权，但自认为拥有并实际行使着干预教会事务的权力，视教会为国家的仆人、政治的工具。西部罗马教皇主张教权与皇权分开，认为教权应该高于皇权。查士丁尼一世与教皇的宗教观念相违背。

查士丁尼一世采取实用主义态度，表面极力交好以罗马教皇为首的西部教会，实际上以此手段拉拢他们，以便在“收复故地”时获得当地教会支持。

528 年，查士丁尼一世下令编纂法典，编写成《民法大全》。《民法大全》充斥着对昔日罗马帝国的追念和赞颂，明确肯定皇帝的专制权力：皇帝是唯一的立法者、唯一有权解释法律者，皇帝“至高无上，至圣至明”。

---

① 卡帕多西亚·约翰，也称卡帕多西亚的约翰，查士丁尼一世时的酷吏，财政大臣。

此外，查士丁尼一世还进行内政改革。他赋予行省长官军事和行政全权，大大加强中央对地方的控制和盘剥；元老院和城市吉莫[①]的政治影响大大下降。中央集权和专制君权在政治上保证查士丁尼一世贯彻政治主张，促使他为实现恢复旧罗马帝国的政治理想而奋斗了一生。

收复西罗马故地，东罗马还需要处理好与东邻萨珊波斯的关系。萨珊波斯取代帕提亚成为丝绸之路中段又一个强大帝国。东罗马是萨珊波斯西进的障碍，萨珊波斯是东罗马来自东方的威胁。双方长期敌对、势均力敌，谁也消灭不掉谁。

萨珊波斯是查士丁尼一世实现梦想的最大障碍，却从未真正被当作战略对手。查士丁尼一世仅仅希望萨珊波斯在他收复西罗马故地时不捣乱。这种战略定位导致东罗马多次不败而败，在对萨珊波斯战争尚未真正决出胜负时就主动求和，接受屈辱条件。

224年，萨珊波斯建国，两年后消灭帕提亚，占领帕提亚故地，成为罗马的东邻。很长时间内，萨珊波斯畏于罗马的实力，一直避免与罗马发生军事冲突。罗马疲于应付各种内乱和外患，也没精力攻打萨珊波斯。萨珊波斯趁机征服周边小国，坐拥丝绸之路中段，默默发展势力。

罗马帝国分裂后，东罗马和西罗马不同程度上面临着蛮族侵扰。此时，萨珊波斯也已经发展壮大起来，也想趁机向西扩张。

488年，科巴德一世[②]当上波斯皇帝。科巴德一世好大喜功，野心勃勃，立志像其远祖一样武力对外扩张，建立世界性波斯帝国，传播波斯祆教。波斯皇帝也是集政权与教权一身。萨珊波斯的扩张不仅是掠夺财物和占领土地，还有将文化和宗教强行输出去的目的。

科巴德一世先率由波斯人、匈奴人和阿拉伯人组成的联军，征服上美索不达米亚和亚美尼亚。这次军事行动，西部强邻东罗马并没有武力干预。见东罗马人并没有过激反应，科巴德一世又在502年率联军围攻东罗马的阿米达城。这一

① 吉莫，东罗马城市里带自治性质的市民组织。

② 科巴德一世，又译卡瓦德一世，萨珊波斯皇帝，488到531年在位。

战，波斯军打得非常辛苦，鏖战80天，连续击败东罗马军反击，才攻陷阿米达城。

当时，东罗马面临东哥特人进攻，阿纳斯塔修斯一世[①]无力与波斯军进行长期战争。东罗马根本就没有动员军队，仅仅出动派驻守军迎战而已。萨珊波斯也因遭到阿瓦尔人进攻，被迫从战争中撤军。双方都没精力继续打下去，也没真正分出个胜负，但由于各自的原因，通过谈判结束战争。

505年，双方签订和约，东罗马花1000磅黄金收回阿米达城，双方维持原边界。东罗马和萨珊波斯第一次大规模战争就这样不了了之。谁也没真正战胜谁，谁都不认为自己输了。

527年8月，查士丁一世去世，查士丁尼一世继位。当时，东罗马正处在内外交困之中。查士丁尼一世确定政治目标，力争“收复”西部领土，恢复罗马帝国。他推出一系列政策，进行一系列改革，目的都是旨在加强实力，以便实现目标。完成一系列准备后，消除西征时的后顾之忧，便成为他的当务之急。

早在527年，查士丁尼一世就任命贝利撒留[②]为东罗马军东方战线统帅，负责夺取高加索通往黑海的出海口，保障东罗马人参与对东方贸易，牢牢掌握小亚细亚统治权。

贝利撒留膂力过人，性情坚韧，有胆有识，颇具大将风范，且与查士丁尼一世私交非常好。他一到任，全力抓好两件事：整饬军纪，提高军队战斗力；加强防务，在尼西比斯修筑要塞，加固防御工事。

萨珊波斯皇帝科巴德一世得到相关消息，先发制人，在528年向东罗马宣战。他派扎基西斯率领3万名波斯军，向贝利撒留所部东罗马军发动猛烈进攻。贝利撒留手下有2.5万人，是由东罗马人和蛮族人混合编成的军队，与波斯军相比，无论在数量上和质量上都处于劣势。

---

① 阿纳斯塔修斯一世（约430—518），又译阿纳斯塔西乌斯一世，东罗马帝国皇帝（491—518年在位）。他完善帝国财政体系，充实国库，在内政外交上有所建树。

② 贝利撒留（约505—565），又名贝利萨留斯，东罗马帝国统帅、军事家。他一生当中的大多数战役是以少胜多，是当时东罗马的顶梁柱人物。

扎基西斯率波斯军勇猛冲杀，很快就占主动，击败东罗马军。首战失利后，贝利撒留冷静地分析双方力量对比和战场形势。他认为，在敌强我弱形势下，应当主动后撤，集中力量，待波斯军战线拉长和力量分散后再主动出击，与他们决战。确定战略后，贝利撒留命令东罗马军全线后撤，退到德拉城集合。

就在此时，科巴德一世命令贝利则斯接替扎基西斯。

因初战告捷及顺利进军，贝利则斯误认为年轻的贝利撒留无计无谋、胆小如鼠，以为东罗马军不堪一击，德拉城唾手可得。530年，贝利则斯率4万名精锐波斯军直扑德拉城，想立下战功。

贝利撒留指挥东罗马军依靠城防工事与波斯军周旋。他在城内布置大批军队，在开阔平坦的城外挖掘纵横交错的交通壕，以掩护待命出击的骑兵。贝利则斯刚愎自用，十分轻敌，认为波斯军很快就击败东罗马军，攻占德拉城。

战斗开始后，波斯军发起猛烈进攻，东罗马军接连失利，中军发生动摇。在危急时刻，贝利撒留命令埋伏在两翼的东罗马骑兵出击，出其不意地夹击波斯军侧后。在东罗马骑兵冲击下，波斯军阵脚大乱，全军溃败。贝利则斯见大势已去，弃军逃走。波斯兵丢弃武器，四散奔逃。这一战，波斯军5000人阵亡、8000人被俘。

531年，波斯军渡过幼发拉底河，从叙利亚沙漠方向发动进攻。贝利撒留率2万东罗马军援救。波斯军发动多次进攻，都被贝利撒留巧妙挫败。在这种背景下，东罗马军中骄傲轻敌的情绪日益高涨。当时贝利撒留还不满26岁，诸将欺他年轻，经常不服从指挥，导致东罗马全军行动缺乏一致性。

本来，贝利撒留制定通过拉锯战来消耗波斯军有生力量的战略，但部将急于立功，不遵守命令，轻举妄动，擅自出击。在卡尔基斯城附近，东罗马军与波斯军主力决战。在战斗中，在波斯兵拼死攻击下，东罗马军右翼的阿拉伯人临阵逃脱。东罗马军陷入绝境。

危急时刻，在贝利撒留激励下，东罗马军左翼步兵在幼发拉底河岸背水一战，最终顶住了波斯骑兵冲击，并趁夜巧妙渡河撤退，摆脱危险。波斯军取得卡尔基斯会战胜利。贝利撒所率东罗马军的主力尚存。

531年秋，科巴德一世死去。萨珊波斯国内发生继嗣之争，政局动荡不安。双方战斗尚未结束，此时是东罗马军反击萨珊波斯的绝佳机会，但查士丁尼一世为了恢复西罗马故地，集中兵力在非洲用兵，进攻汪达尔国，急于结束与萨珊波斯的战争。他利用有利形势，主动向萨珊波斯求和。532年，双方签订和约，东罗马撤回德拉城的驻军，向波斯支付1000磅黄金。

532年，查士丁尼一世同萨珊波斯皇帝科斯洛兹①订立“永久和约”，东罗马以支付代守帝国边境费用的名义给萨珊波斯1.1万磅黄金。这一和约的签订确定了查士丁尼一世东方政策基本原则，即对波斯以防御为主，即使花钱买和平，也要避免与萨珊波斯开战，以保障西部征服战争所需兵力。

这又是一场没决战定出胜负就停战媾和的战争，是查士丁尼一世不惜以金钱换取和平而结束的战争。波斯军在数量和质量上始终占优势，但东罗马军在足智多谋的贝利撒留指挥下，以少胜多，以弱胜强，给了波斯军很大打击。

战争虽然以查士丁尼一世以接受屈辱条件结束，但他内心并不认为萨珊波斯是东罗马的致命威胁。

2. 收复西罗马故地

东罗马对萨珊波斯一再忍让，是想集中精力收复西罗马故地，恢复昔日罗马帝国。在西罗马故地，查士丁尼一世的进攻目标是汪达尔国和东哥特国。

当时，汪达尔国和东哥特国内部动荡不安，社会矛盾尖锐。日耳曼蛮族上层统治者背弃昔日军事民主传统，成为新兴封建主阶级，同本族平民矛盾日益增多。他们加紧侵占当地罗马人的地产来转移矛盾。又因宗教矛盾和民族矛盾，蛮族人同当地罗马人的矛盾激化。

---

①科斯洛兹，东哥特人对波斯皇帝霍斯劳一世的称呼。霍斯劳一世，又译库思老一世，萨珊帝国皇帝，531到579年在位。

蛮族王国统治不稳固，查士丁尼一世认为收复西罗马故地的机会来临。533年，东罗马军进攻北非汪达尔国，揭开收复西罗马故地战争的序幕。

439年，盖塞利克率汪达尔人由西班牙跨海攻入北非，占领迦太基城，建立汪达尔国。476年，西罗马灭亡时，盖塞利克与东罗马订立和约。双方相安无事相处了多年。

汪达尔人信奉阿里乌斯教派，不能宽容境内的罗马人信仰正统基督教，没收他们的财产，甚至将他们投入监狱或者卖为奴隶。

一些北非正统基督教徒和元老贵族逃到君士坦丁堡，恳请查士丁尼一世出兵收复帝国失地，驱逐蛮族和异端，保障基督教徒生命安全。

还没等查士丁尼一世出兵，瓦伦丁尼亚[①]外孙、汪达尔新王希尔得利克[②]就派人到君士坦丁堡表示亲善，并下令停止对汪达尔境内的罗马人进行宗教迫害。查士丁尼一世接受希尔得利克的亲善之意，和他保持良好私人交情，劝说他向东罗马称臣。

查士丁尼一世的愿望落空了。这倒不是希尔得利克拒绝，而是汪达尔政局发生了巨变。530年，盖利麦率汪达尔贵族发动政变，废黜国王希尔得利克。盖利麦当上汪达尔王。东罗马要求盖利麦把希尔得利克安全地送到君士坦丁堡，遭到拒绝。

查士丁尼一世认为，征服北非的时机已成熟，决定与萨珊波斯媾和，转而进攻汪达尔。查士丁尼一世认为，这场战争名正言顺，教会、大臣和民众都会大力支持他收复失地。事实上，他们并不认为进攻汪达尔是收复失地，而是侵略战争，因而激烈反对。卡帕多西亚·约翰向查士丁尼一世详细讲了远征北非的危险和困难。查士丁尼一世一心想收复西罗马故地，不听劝谏，还从东方前线召回贝利撒留，让他全权指挥进攻汪达尔的东罗马军。

533年6月，贝利撒留率1.6万名东罗马军乘船从君士坦丁堡出发，征战北

---

① 瓦伦丁尼亚，即瓦莱里乌斯·瓦伦斯，与李锡尼为共治皇帝，被君士坦丁一世处死，316到317年在位。

② 希尔得利克，汪达尔国王，523到530年在位。

非。这支东罗马军兵力虽然单薄，但贝利撒留久经沙场，有勇有谋，善于趋利避害，率领船队躲过汪达尔海军的攻击，出其不意地在迦太基城以南约 240 千米处成功登陆。

此前，汪达尔王盖利麦一直没认真备战，且已把舰队主力派往撒丁岛镇压叛乱。得知东罗马军进攻的消息，他处死希尔得利克，然后率军迎战。

533 年 9 月 13 日，在突尼斯城附近阿得齐姆，东罗马军与汪达尔军展开激战。战斗刚开始时，汪达尔军占上风。不过，盖利麦因兄弟战死悲痛不已，放弃指挥军队作战。汪达尔军大乱。贝利撒留趁机收集散兵，率东罗马军反攻，获得战争胜利。盖利麦率残部向西退到努米底亚。贝利撒留并没追击，率东罗马军北上，直取迦太基城。

9 月 15 日，东罗马军攻下迦太基城。战后，贝利撒留预判汪达尔军会反攻，下令东罗马军抓紧时间加强工事，准备粮草。12 月，汪达尔军大举反攻迦太基城。贝利撒留指挥早已经做好准备的东罗马军又一举击败汪达尔军。随后，贝利撒留率东罗马军追击。到 534 年初，汪达尔国灭亡。

在征服汪达尔不久，查士丁尼一世挟着胜利余威发动了进攻东哥特国战争。

东哥特国王狄奥多里克[①]一度与东罗马以及罗马城的元老维持着比较友好的关系。狄奥多里克晚年时，东哥特贵族凭借武力和特权侵占罗马城元老的地产，矛盾日益尖锐，友好关系不复存在。

狄奥多里克死后，阿特拉里克[②]继任国王，实权掌握在王太后阿拉马松塔[③]手里。阿拉马松塔自幼接受罗马教育，学罗马妇女打扮，佩戴耳环头饰，是东哥特贵族中亲罗马派代表。受罗马文化影响较少的东哥特军事贵族轻慢王太后阿拉马松塔，要求国王与武士一起习武练兵。

534 年，阿特拉里克酗酒而死。王太后阿拉马松塔地位不稳。鉴于受国内军

① 狄奥多里克，也称狄奥多里克大帝，东哥特国王，476 到 526 年在位。

② 阿特拉里克，东哥特国王，526 到 534 年在位。

③ 阿拉马松塔，东哥特国王狄奥多里克的女儿，在狄奥多里克去世后，出任东哥特王国摄政，掌管国事。

事贵族欺负，处境危险的王太后阿拉马松塔派密使到君士坦丁堡见东罗马皇帝，表示准备把意大利交还东罗马。随后，她立狄奥达特[①]为东哥特国王，企图继续掌握实权。谁知，狄奥达特当上东哥特国王后，翻云覆雨，先把阿拉马松塔囚禁，随后将她处死。

查士丁尼一世得知此消息，认为即将到手的意大利又飞了，趁机出兵东哥特。东罗马使者到东哥特，直接威胁狄奥达特不达目的决不休战。狄奥达特向东罗马提出的求和条件几近投降。查士丁尼一世依然轻蔑地拒绝，下令东罗马军进攻东哥特。

535 年 9 月，东罗马军占领达尔马提亚。12 月，贝利撒留率 8000 名东罗马军登陆西西里岛。东哥特军未经认真抵抗就投降。第二年 6 月，贝利撒留率东罗马军攻入意大利，包围那不勒斯城。意大利的罗马人多倾向东罗马，但除少数元老贵族外。

东哥特王狄奥达特文弱无统帅之才。面对东罗马军进攻，他惊慌失措，甚至派人与东罗马密议投降。那不勒斯城失陷后，东哥特人废黜并处死狄奥达特。536 年 11 月，东哥特人推举维提却斯[②]为王。

为巩固王位，维提却斯强娶阿拉马松塔的女儿马他松塔为王后，率东哥特军主力离开罗马城，北上集中到拉温那，对付与东罗马结盟来攻的法兰克军，同时防止罗马城内的居民趁机作乱。

事实上，法兰克人此时已答应同东哥特人媾和。不仅如此，维提却斯他强迫罗马城居民宣誓效忠东哥特国，将一大批元老贵族作人质押解到拉温那，又激化境内罗马人的仇恨。

536 年 12 月，贝利撒留率东罗马军进攻罗马城。罗马教皇和居民献城投降。人数不多的东哥特守军不战而走。维提却斯大吃一惊，不得不改变策略，率军反攻罗马城。

537 年 2 月到 538 年 3 月，维提却斯率东哥特军不断围攻罗马城。东哥特军

① 狄奥达特，也译狄奥达哈德，东哥特国王，534 到 536 年在位。

② 维提却斯，也译维蒂吉斯，东哥特国王，536 到 540 年在位。他建立维蒂吉斯王朝取代阿马立王朝。

号称15万，但多数是骑兵，缺乏攻城经验和器材。贝利撒留早料到东哥特军会反攻罗马城，事先做好准备，贮存粮草，修整城墙，准备好强弓硬弩。东罗马兵擅长射箭，给攻城东哥特军极大杀伤。东哥特军进攻了一年多，都不能踏进罗马城一步。

维提却斯却下令处死充当人质的元老贵族，葬送了劝诱罗马居民投降的机会。贝利撒留趁机鼓励罗马城的军民继续坚守。东哥特军屯兵罗马城下，久攻不克，粮草、士气都发生问题，又有恶疫来袭，不得已向贝利撒留请求休战三个月。贝利撒留同意休战，同时暗中派人去寻求援军。

过了段时间，东罗马援兵到来。又风传王后马他松塔准备叛变，然后嫁给东罗马某个将领。维提却斯惊慌，率东哥特军匆匆撤离罗马城。

围攻罗马城失利，东哥特国元气大伤。虽然维提却斯依然率军拼力苦战，但他远远不是贝利撒留的对手。540年，贝利撒留率东罗马军占领东哥特都城拉温那，俘虏维提却斯。残余东哥特军退居波河以北地区。

正在准备趁机消灭东哥特军残部时，东罗马遭到萨珊波斯背后捅一刀。波斯皇帝科斯洛兹在540年撕毁和约，进攻东罗马的叙利亚、亚美尼亚、伊比利亚等地，直抵黑海沿岸。

查士丁尼一世一边调兵抵抗，一边筹划向萨珊波斯求和。545年，查士丁尼一世以5000磅黄金代价，同萨珊波斯订立为期5年的休战协定。随后，东罗马继续以精锐之师进攻东哥特。

然而，在意大利稍稍站稳脚跟，东罗马就开始压迫当地罗马人。贝利撒留已奉诏返回君士坦丁堡，查士丁尼一世派财政专使亚历山大到拉温那。财政专使是查士丁尼一世新设的官职，专门负责新征服地区的税收事务。财政专使从所征收的十二分之一作为个人俸禄。亚历山大以拼命搜刮财富著名，大力推行以苛重著称的东罗马税制，激起意大利各阶层不满，一时大失人心。

托提拉[①]利用东罗马大失人心的机会，率东哥特军南下。东哥特军节节获得胜利，543年收复那不勒斯，545年底包围罗马城。

托提拉在军事上打击东罗马军，在政治上拉拢意大利罗马人。他采取一系列同查士丁尼一世复辟计划针锋相对的政治和社会经济措施。他公开号召意大利罗马人一起驱逐“东罗马侵略者”，同时严肃军纪，宣布免除隶农对主人、自由农民对东罗马的义务。这些赢得了很多意大利中下层罗马人的支持。

东哥特军第二次包围罗马城历时整整一年。东哥特军内部团结。查士丁尼一世虽然派贝利撒留返回意大利率军作战，但因忌怕将领专权自重，不愿授以统一指挥军事大权。东罗马军各将领没统一指挥，无法很好配合作战。

托提拉并不强攻罗马城，严密封锁运粮进城道路，扫清周围的东罗马军。罗马城内饥荒日甚，待援无望，人心惶惶。546年12月，在内应接引下，东哥特军攻入罗马城。托提拉对敌视东哥特而拒不投降的元老贵族痛加斥责，并没收他们的财产。不久，他率东哥特军撤出罗马城。

此后，托提拉数次向查士丁尼一世求和。查士丁尼一世顽固拒绝同东哥特国媾和。在缓和同萨珊波斯紧张的关系后，他又招募三四万新军增援在意大利的东罗马军。

552年，在塔地那，东罗马军大败东哥特军。托提拉阵亡。554年，那西斯[②]率东罗马军又消灭东哥特军的残余势力，并驱逐法兰克军到阿尔卑斯山以北，从而实现查士丁尼一世征服意大利的梦想。

同一年，处在西班牙的西哥特国发生内战。阿塔纳吉尔德[③]推翻西哥特王阿吉拉，自立为王。他请求查士丁尼一世派兵支援他。查士丁尼一世抓住此机会，派兵向西哥特国发起进攻。东罗马军借机占领西班牙东南部许多城市。

复辟旧罗马帝国是查士丁尼一世一生的政治理想。汪达尔国和东哥特国被

① 托提拉，东哥特国王，541到552年在位。

② 那西斯，又译纳尔西斯（约478—约573），东罗马帝国宦官、军事家，主要成就是征服意大利的东哥特王国及击败来犯的法兰克人。

③ 阿塔纳吉尔德，西哥特国王，554到567年在位。

剿灭，北非和意大利被征服，查士丁尼一世的人生理想似乎实现。遗憾的是，他的理想、他的努力都背离历史前进方向，他的事业也就不可能真正成功。他不但没有重建成旧罗马帝国，而且把东罗马推到了崩溃边缘。

西部战争耗去东罗马大量财力、兵力。当年，阿纳斯塔修斯一世留下的黄金有 32 万磅之多，查士丁尼一世将之挥霍殆尽。开支浩大，入不敷出，他就加紧盘剥民众，先后设置 18 种新税。查士丁尼一世晚期，东罗马国家财政仍不免破产。

为保证西部战争的军饷供给，在 545 年与波斯议和后，查士丁尼一世大量裁减东部驻军，并长期拖欠他们薪饷。这让东罗马本土防守放松了。

562 年，东罗马被迫以屈辱条件同萨珊波斯订立“五十年和约”，每年“补贴”萨珊波斯黄金 3 万索里达[①]。东罗马军在北非和意大利不断征战和庆祝胜利时，斯拉夫人却联合保加尔人不断进攻巴尔干半岛，抵达亚得里亚海、科林斯湾、爱琴海沿岸，威胁到东罗马心脏地区。

在东部的退让并没在西部得到补偿。东罗马对北非、意大利的统治也不稳固。在北非，柏柏尔人不断袭击东罗马军。在意大利，东罗马重税盘剥激起民众强烈不满，东罗马的希腊文化传统与意大利的拉丁文化传统差异，又促使意大利居民反东罗马情绪高涨。查士丁尼一世不得不给当地居民自治权力。东罗马已国力衰弱，无力派重兵守卫新征服地区。568 年，伦巴德人攻入意大利北部，后又南下，东罗马在意大利只剩下几个设防城市及其周围狭小地区。而东罗马本土受到波斯人和斯拉夫人的威胁越来越严重。

晚年查士丁尼一世体弱力衰，沉溺于神学之中，无心亦无力理事，东罗马国敝民穷，内外不安。565 年，在举国上下一片咒骂声中，查士丁尼一世死去，留给继承者的并不是他曾致力去复辟的大一统帝国，而是一个风雨飘摇、危机四伏国家。

---

① 索里达是东罗马帝国的货币单位。

3. 从未将其当作战略对手，却频频向其求和

为收复西罗马故地，查士丁尼一世几次不惜忍受屈辱、割地赔款，积极主动与萨珊波斯议和，以便将军队主力放在西部战场上。在查士丁尼一世眼里，收复西罗马故地不仅会占领很多土地，夺取很多财富，还能增强他作为基督教正统派大主教的权威。

停战后，波斯皇帝霍斯劳一世利用和平时机，致力于稳定国内政局，大力进行政治、经济和军事等方面改革。通过一系列措施，霍斯劳一世巩固了皇位和中央集权统治，增强了政治、经济和军事实力。

霍斯劳一世也是野心勃勃的人。他进行改革的目的，是增强国力，对外侵略扩张，扩大帝国领土。改革刚刚取得成果时，霍斯劳一世得知东罗马军已征服汪达尔国，正在向东哥特国进攻，非常不安，担心东罗马势力强大会威胁到萨珊波斯。

539 年底，东哥特国王维提却斯派特使向霍斯劳一世求救，请求从东西两个方向夹攻东罗马。霍斯劳一世趁火打劫，先唆使阿拉伯酋长率军进攻东罗马，然后以援助阿拉伯人为名，撕毁和约，向东罗马宣战。

540 年春，霍斯劳一世亲率波斯军从泰西封出发，沿幼发拉底河西岸前进。东罗马军猝不及防，加上在幼发拉底河防线上的兵力薄弱，一时无法与波斯军对抗。波斯军以秋风扫落叶之势，给予东罗马军巨大打击。

在镇压小城苏拉的反抗后，霍斯劳一世率波斯军进攻希拉波利斯、卡尔基斯等城，在勒索得巨额赎金后，又率军直捣叙利亚首府安条克。霍斯劳一世下令波斯军包围安条克，还亲自指挥波斯军攻城。在强大攻势下，东罗马守军伤亡惨重。许多士兵从旁门突围逃走。安条克城陷落。

为惩罚东罗马人，霍斯劳一世下令波斯军大肆烧杀抢掠。在安条克城内，

寺院遭劫掠，房屋被焚烧，居民遭屠杀，被送往波斯做奴隶。

随后，霍斯劳一世率军进攻地中海东岸地区。波斯军又如入无人之境，取得一连串胜利，掠得财宝不计其数。霍斯劳一世日渐狂妄自大，轻敌情绪日益明显，竟然认为小亚细亚和东罗马首都君士坦丁堡唾手可得。

面对危急局势，查士丁尼一世十分惊慌，急忙召回贝利撒留，命令他率军抵抗波斯军。541 年，贝利撒留风尘仆仆地赶回君士坦丁堡，戎装未卸，就奔向叙利亚战场。贝利撒留刚刚制定好战略，还没实施，就由于家庭纠纷，被查士丁尼一世召回君士坦丁堡。贝利撒留不得不暂时离开前线。波斯军趁机发动进攻。东罗马军无心恋战，节节后退。

542 年，贝利撒留重返前线时，东罗马军已退缩到希拉波利斯城。他立即投身于建立新战线工作中，鼓励士兵振奋精神，奋勇向前。没多久，贝利撒留在希拉波利斯城和幼发拉底河之间建立起新防线。

霍斯劳一世深知贝利撒留在胆量和韬略方面有过人之处，见东罗马军已做好迎战准备，决定放弃进攻，避免决战，率军向北进攻，去劫掠黑海北岸。

因黑死病在东罗马肆虐，一个误传的消息[①]导致查士丁尼一世和贝利撒留之间产生隔阂。查士丁尼一世担心贝利撒留功高盖主，将他召回君士坦丁堡，没收他的财产，剥夺他的亲兵，撤销他的职务。

得知贝利撒留被撤职，霍斯劳一世认为有机可乘，在 543 年派波斯军进占亚美尼亚，全歼前来反攻的 3 万东罗马军。544 年，他再次率波斯军亲征上美索不达米亚，包围上美索不达米亚首府尼得撒城达数月之久。波斯军多次攻城战，都因尼得撒城高险固未能如愿。无奈之下，霍斯劳一世只好率波斯军退回尼西比斯。

因为撤了贝利撒留的职，查士丁尼一世好不容易才稳定战线。他没反思自

---

① 当时，黑死病流行于欧洲大陆，也在拜占庭肆虐。在黑死病袭击下，君士坦丁堡居民大量死亡，最多时一天有近万人死亡。同时，黑死病也威胁到交战双方军队，两军因此不得不休战。留在前线的贝利撒留利用休战，整训军队。一个消息传到前线，说查士丁尼一世死于黑死病。一个部将趁机劝说贝利撒留利用手中兵权夺取帝位。有人密报给远在君士坦丁堡的查士丁尼一世，说贝利撒留利想取而代之。

己的失误之处，反而为抽出精力彻底解决东哥特国，急迫地积极主动与萨珊波斯议和。545年，萨珊波斯进攻受阻后，顺势与东罗马缔结一个有效期为5年的停战协定。根据协定，萨珊波斯将所占的领土归还东罗马。东罗马偿付波斯5000磅黄金。

查士丁尼一世对萨珊波斯两次不败而败的经历，加上他刚愎自用，不反思自己，注定他再次与萨珊波斯交锋的话，依旧不会赢，即使送给他赢，他也不会要。

两年后，为争夺黑海东岸扼守东西方商路高加索通道物产丰富的拉齐卡国[①]，东罗马和萨珊波斯又打起来。

拉齐卡是波斯帝国属国，波斯帝国瓦解后，被本都国吞并。本都国被罗马打败后，拉齐卡名义上又成为罗马属国，但事实上一直独立着。东罗马积极向拉齐卡进行渗透。522年，拉齐卡遭到伊比利亚人侵害。为求得东罗马庇护，拉齐卡国王卡巴翟斯亲自到君士坦丁堡接受洗礼，并娶东罗马女人为妻。

拉齐卡人非常欢迎东罗马军到来，认为他们是来保护自己的。令人失望的是，东罗马军纪律涣散，长期以来，扰民行为不断发生。东罗马军到处侮辱、劫掠当地居民，甚至插手拉齐卡政治，使国王卡巴翟斯成为傀儡。民族自尊心受伤害的拉齐卡人转向波斯皇帝霍斯劳一世恳求援助和友谊。霍斯劳一世大喜过望，答应下来。

547年，霍斯劳一世率8万波斯军，以讨伐斯基泰人为借口，秘密进入伊比利亚。拉齐卡人见波斯军到来，认为是来解救他们的，高兴地充当向导，帮助开辟道路。拉齐卡国王卡巴翟斯跪在霍斯劳一世面前表示感谢，宣誓效忠波斯。

进入拉齐卡后，霍斯劳一世指挥波斯军进攻庇特拉要塞。东罗马守军顽强抵抗。在波斯大军轮番冲击下，庇特拉的城垣毁坏，残余东罗马守军投降。庇特拉要塞落入波斯军之手。

拉齐卡人原以为“救星”波斯军到来，会给他们带来和平、安宁生活。事与愿违，霍斯劳一世把拉齐卡人视为奴隶，百般驱使，强制要求拉齐卡人放弃基督教信仰，还准备暗杀卡巴翟斯，将拉齐卡人迁往遥远的沙漠地区。拉齐卡人惶

---

① 拉齐卡，又译科尔奇斯。

恐万分。549年，他们转向查士丁尼一世求救。

查士丁尼一世认为收复拉齐卡的机会来了，派达基斯特率8000名东罗马兵向庇特拉进攻，力图从黑海沿岸驱逐萨珊波斯势力。庇特拉要塞易守难攻。波斯军占领庇特拉要塞后进行了改造，使之更加坚固。东罗马军围攻，波斯守军毫不畏惧，顽强抵抗。

在最危急时刻，梅尔美劳斯带3000名波斯兵杀开一条血路，冲入城内增援。东罗马军因久攻不下，查士丁尼一世任命贝思为攻城总指挥。贝思到达前线后，潜心研究战场形势，制定新的战略战术。

551年，5万名东罗马军发起新的攻城战。东罗马军先用需40名士兵搬运的大型撞城槌冲击城墙，然后用铁钩钩下松动的墙砖，力图打开突破口。波斯军在城墙上往下倾倒用硫黄和沥青制造的燃烧剂，烧灼东罗马军，并以飞蝗般的箭阻止东罗马军登城。

贝思一马当先，冲在队伍最前列，鼓舞东罗马军顶着箭雨，奋勇登城。梅尔美劳斯指挥波斯军英勇杀敌。残酷的战斗持续了几个月。在战斗最激烈时，6000名东罗马兵同时架起云梯登城，战场上到处是刀剑撞击声、喊杀声、呻吟声。波斯军伤亡惨重，守军以及援军几乎被全歼。在付出巨大伤亡后，东罗马军占领庇特拉要塞。

庇特拉围攻战后，在高加索山麓，东罗马军和波斯军进行了6年拉锯战。东罗马军掌握着主动权，取得多次小胜利。由于得到源源不断的补充，波斯军的兵力不断增加，达到7万人。

554年，波斯军向阿尔凯奥波利斯发动进攻。失利后，他们主动撤退。不久，波斯军再次发动进攻，占领伊比利亚。战争逐渐向有利于萨珊波斯方向发展。连续的失利使东罗马军士气低落，战线不断后移。

555年，那科劳凯恩出任波斯军统帅。他傲慢自负，不可一世。被包围的数万东罗马军内无粮草，外无援兵，结果置之死地而后生，在绝境中抓住有利时机，向轻敌冒进的波斯军发起反攻，最终取得胜利，消灭波斯军1万余人。那科劳凯恩狼狈地逃回波斯，被处死。

面对战场败势，霍斯劳一世采取养精蓄锐、以利再战政策，主动放弃战争，逐渐将波斯军撤回国内。东罗马恢复对拉齐卡的控制，卡巴翟斯再次向东罗马宣誓效忠，但不久被处死。

这场战争，双方有胜有负，依旧没分出高下，最终也议和了。562年，波斯与东罗马媾和。条约规定：波斯放弃对拉齐卡的领土要求，作为补偿，东罗马每年向波斯支付1.8万磅黄金；条约有效期限为50年。

东罗马虽然收回领土，但还是一如既往地赔钱。这次议和与前几次不同，是在西部取得战争胜利，在东部战场上陷入僵局情况下议和的。查士丁尼一世同意议和条件，有些匪夷所思。

查士丁尼一世最伟大梦想是收复西罗马故地。他从未将萨珊波斯真正作为战略对手，虽然萨珊波斯数次侵犯东罗马，但他都采取赔钱方式议和结束战争。

庞大战争费用和巨额的年金耗尽东罗马原有积蓄，为了弥补天文数字般的财政赤字，加重了民众负担，使广大下层的不满与仇恨情绪与日俱增，阶级矛盾和阶级斗争日益尖锐。统治阶级内部也因种种矛盾，趋向分化解体。

东罗马已成为外强中干的空架子，往昔繁荣大帝国景象，已一去不复返。

4. 拼一下，有惊人发现

查士丁尼一世与萨珊波斯打了三次仗，有胜有负，每次都急忙以花钱买和平方式结束战争。事实上，每次停战时，萨珊波斯的实力也消耗得差不多，也无力将战争继续下去。东罗马整体经济实力略胜一筹，如果坚持打下去，只要战略不失误，赢得最终胜利的希望非常大。后来东罗马皇帝希拉克略的奋斗证明了这一点。

565年1月，查士丁尼一世死去，查士丁二世[①]继位。面对财政困窘，吏治

① 查士丁二世，东罗马帝国皇帝，565到578年在位。

混乱，军事无力，民众斗争不断局面，查士丁二世及时调整对外政策，想通过改革来挽回帝国颓势。不过，查士丁二世既没查士丁尼一世那样能忍耐，也没库鲁斯一世那样改革顺利。

571年，查士丁二世下令停止向萨珊波斯支付年金。霍斯劳一世以查士丁二世撕毁条约、拒纳年金为名，率波斯军进攻德拉城。经过5个月厮杀，德拉城陷落。在索得4万磅黄金后，波斯军撤走。双方暂时休战。

查士丁二世原以为东罗马实力恢复了，没想到萨珊波斯的实力恢复得更快，一样能追着打。战争失利后，查士丁二世在国内外声望扫地，苦于强国无策，终日闷闷不乐，最终精神失常而死。

578年，提比略二世[①]继任皇帝。为集中力量同萨珊波斯进行战争，提比略二世在帝国其他方面采取守势，不惜花费巨额款项与阿瓦尔人和解。这策略不十分高明，很快遭惨败。面对残破局面，提比略二世回天乏术，于582年在声声悲叹中死去。同年，莫里斯[②]奉遗诏登上帝位。

莫里斯当皇帝期间，历史给了东罗马一次机会。遗憾的是，他并未抓住机会实现东罗马永久性翻身，还因治理不善死于兵变。

579年，霍斯劳一世死去，霍尔木兹四世[③]继位。随后，萨珊波斯内部巴比伦、苏萨、达尔马提亚相继叛乱，阿拉伯等地拒绝缴纳贡赋；在外部，西部有宿敌东罗马，东部有随时会进攻的突厥，内忧外患一齐来。589年，阿塞拜疆波斯驻军统帅巴拉姆·楚宾率部分贵族叛乱，杀掉霍尔木兹四世，篡夺帝位。霍尔木兹四世儿子霍斯劳二世[④]逃往东罗马，请求莫里斯保护。

这是一个天赐机会，只不过莫里斯想得过分简单。他以为帮助霍斯劳二世当上萨珊波斯皇帝，萨珊波斯就会不再与东罗马打仗，就可以实现两国永久性和平。莫里斯答应霍斯劳二世的请求，派那尔翟斯率7万东罗马军驰援。在幼发拉

---

① 提比略二世，又译提比里乌斯二世，东罗马帝国皇帝，578到582年在位。

② 莫里斯，东罗马帝国皇帝，582到602年在位。

③ 霍尔木兹四世，萨珊波斯皇帝，578到590年在位。

④ 霍斯劳二世，萨珊波斯皇帝，591到628在位。

底河畔，东罗马军击败波斯军，乘胜于591年攻陷泰西封，杀掉巴拉姆·楚宾，把霍斯劳二世扶上皇位。

继位之初，为表示感激，霍斯劳二世向东罗马做了一些重大让步，将亚美尼亚大部分和伊比利亚一半割让给东罗马，双方订立“永久和平协定”。不过，库鲁斯二世也是颇有才智和野心的人，借助东罗马力量登上帝位，目的并不是为了与东罗马订立“永久和平协定”，而是为赢得机会和时间解决国内问题，巩固帝位，扩大势力，增强国力。

与东罗马和好后，霍斯劳二世一边派兵反击突厥人，巩固东部边疆；一边稳定国内政局，积蓄国力。

上天赐给机会，莫里斯却做出天真愚蠢决定，浪费了东罗马一次崛起机会，还给东罗马带来噩运。602年，东罗马发生兵变，莫里斯众叛亲离，被杀。福卡斯[①]当上皇帝，遭元老贵族、大地主、行政官吏和高级军官反对，东罗马陷入内战，行政机构完全瘫痪。

霍斯劳二世打着“为莫里斯复仇”的旗号，于606年率波斯军攻打东罗马。东罗马将军凯尔马努斯阵前战死，德拉城被攻克。霍斯劳二世率波斯军趁机攻城略地，大肆抢掠财物，如入无人之境。608年，一路波斯军攻下卡帕多西亚、比西尼亚、卡拉奇亚，另一路波斯军攻占卡尔西顿城后，联合阿瓦尔人、斯拉夫人向东罗马首都君士坦丁堡挺进。

福卡斯手足无措，不知如何应对危局。内战内行外战外行的元老、大地主和行政官吏发动政变，囚禁了福卡斯，推举非洲行省总督希拉克略[②]当皇帝。

610年，希拉克略率舰队向君士坦丁堡进军。在达达尼尔海峡，他们击败支持福卡斯的东罗马军，顺利进入君士坦丁堡，下令处死福卡斯，宣布自己为东罗马皇帝。

希拉克略当皇帝并不轻松。东罗马国内战争虽然结束，但波斯军兵临君士坦丁堡，直接威胁到东罗马生存。希拉克略千方百计挽救东罗马。为阻止波斯军攻势，

① 福卡斯，东罗马帝国皇帝，602到610年在位。

② 希拉克略，东罗马帝国皇帝，610到641年在位，东罗马希拉克略王朝创建者。

他任命普里斯库斯为东部战线统帅，派德奥多尔斯率军驻守在战略要冲西里西亚山口。611 年，普里斯库斯与希拉克略关系破裂，阴谋反叛。东部战线形同虚设。

霍斯劳二世摆出进攻君士坦丁堡的架势，却将重点放在掠夺东罗马地方行省上。

在蹂躏小亚细亚后，波斯军于 609 年进攻叙利亚，于 611 年攻占安条克。当地犹太人认为波斯军是来解救他们的，积极配合反东罗马。613 年，夏尔・巴尔兹率波斯军攻占大马士革，继而进攻耶路撒冷。耶路撒冷守城的东罗马军拼死抵抗。经过 80 多天激战，东罗马守军寡不敌众，耶路撒冷城被攻克。616 年，夏尔・巴尔兹又率波斯军进攻埃及，攻陷亚历山大里亚城。619 年，他们征服了埃及。

同时，另一支波斯军出征小亚细亚，直抵博斯普鲁斯海峡，再次威胁到君士坦丁堡的安全。波斯军兵锋所至，本都沿海经安基拉到罗得岛的许多城市望风而降。罗马人几百年间夺占的土地，在短短几年中被波斯军全部夺走。埃及、阿拉伯、巴比伦、叙利亚、美索不达米亚、亚美尼亚、美地亚等地，先后臣服波斯。萨珊波斯版图扩张到空前绝后极盛时期。

617 年，波斯军又一次攻占卡尔西顿城。霍斯劳二世与阿瓦尔人、斯拉夫人等蛮族订立同盟，共同进攻东罗马首都君士坦丁堡。

君士坦丁堡被围困，粮道断绝，军费匮乏，士气低落，人心浮动，加上疾疫流行，城内混乱不堪。希拉克略无计可施，准备放弃君士坦丁堡，迁都迦太基城。主教塞尔基乌斯竭力劝阻，希拉克略才打消迁都念头，下决心坚持战斗到底。他号召各阶级、各阶层团结起来，与波斯军决一死战。

见皇帝下定战斗到底决心，东罗马各阶层空前团结起来。在各阶层支持下，希拉克略顺利实行了 3 项军事改革：建立军区制度，将地方军政大权集中到军事长官手中，迅速向战时体制转变；把土地分给军人，建立军役和封建义务合一的军事屯田制，加强军队的经济基础；利用宗教的精神和物质力量，大批动用教产，以“圣战”号召军民同仇敌忾，与“异教徒”波斯军决一死战。

为了争取时间备战和训练军队，希拉克略派人向霍斯劳二世提出休战。霍斯劳二世拒绝，出兵进攻君士坦丁堡，逼迫希拉克略投降。这进一步促使君士坦丁堡内的军民团结一致。

620 年，夏尔·巴尔兹率波斯军从埃及赶到卡尔西顿，参加围攻君士坦丁堡。得到增援的波斯军乘船强渡博斯普鲁斯海峡，试图从海上攻入君士坦丁堡。东罗马舰队拼死拦击，波斯军伤亡 4000 余人，依然无法渡过博斯普鲁斯海峡。

见作战不顺利，霍斯劳二世向东罗马使者提出休战条件：东罗马每年向波斯交付 2000 塔兰特[①] 金银，1000 件绢衣，1000 匹马，1000 个美女。

希拉克略答应了，但以时间仓促为由，要求延缓纳贡期限。双方达成休战协定。

利用休战机会，希拉克略大力加强陆海军军备。621 年，他又以 20 万磅黄金的代价与阿瓦尔人议和，消除与萨珊波斯决战的后顾之忧。

一切准备就绪后，622 元，希拉克略下决心与波斯军死战。他先将太子留在君士坦丁堡，把后事托付给主教和元老贵族，然后抱着必死决心，亲自率东罗马军主动进攻波斯军。他想将战争引到远离君士坦丁堡的地方，企图通过牺牲自己所率军队与波斯军决战，来挽救东罗马。这既是迫于现实的无奈，也寄托着东罗马绝处逢生的希望。

希拉克略率东罗马军避开正面的波斯军，乘军舰出其不意地在小亚细亚南端的伊索斯港登陆。这里是当年亚历山大大帝大败波斯皇帝大流士三世的古战场。希拉克略选择在此登陆，是想激励将士努力拼杀，一鼓作气打败波斯军。

驻扎在卡尔西顿城的波斯军得知东罗马军身后的伊索斯港登陆，十分惊慌。为保住补给线，一支波斯军火速赶往伊索斯港。希拉克略率东罗马军迎击。双方在卡帕多西亚遭遇。战斗开始后，东罗马军奋勇拼杀，人人争先，大败波斯军，乘胜收复小亚细亚东部。

初战告捷，东罗马军士气大振。623 年，希拉克略又率东罗马军在小亚细亚北部的特拉帕作斯港登陆。在击退波斯军后，东罗马军占领拉齐卡。在拉齐卡，希拉克略所率东罗马军得到来自高加索山区的蛮族雇佣军补充，实力进一步增

① 塔兰特，古代中东和希腊－罗马世界使用的质量单位。在苏美尔人和巴比伦人使用的计量系统中，1 塔兰特等于 60 明那，1 明那等于 60 舍克勒。

强。不久，东罗马军又夺取亚美尼亚，攻入美地亚，占领塔里斯城。

接连取得胜利后，希拉克略并没被胜利冲昏头脑，而是理智地分析形势。他果断命令军队停止进攻，原地休整，补充士兵和给养，发展壮大力量，避免过早与波斯军决战。于是，接下来两年，东罗马军步步为营进攻波斯军，逐步平定小亚细亚西部，发展壮大实力。

在希拉克略逐步稳定局势时，波斯军却逐渐丧失优势，陷入困境之中。战场上失利和大量减员使波斯军面临许多困难。为补充兵员，霍斯劳二世下令大量募集新兵，并打破惯例，将广大下层人强制编入军队。

626 年，霍斯劳二世制订进攻计划。按计划，波斯军兵分两路：一支波斯军由 5 万人组成，负责进攻亚美尼亚，牵制希拉克略所率的东罗马军；另一支波斯军由夏尔·巴尔兹指挥，从南方经小亚细亚，到卡尔西顿城与阿瓦尔人会合，力争在短时期内攻下君士坦丁堡。这计划只要成功实施，东罗马将会亡国。

识破波斯军的动向后，希拉克略及时调整战略部署。他将所率的东罗马军分为三部分：一支东罗马军横渡黑海，负责援救君士坦丁堡；一支东罗马军由德奥多尔斯率领，负责在亚美尼亚与波斯军周旋；第三支东罗马军是主力，希拉克略亲自指挥，作为机动力量，静观战局发展再决定出击方向。

626 年 8 月，8 万阿瓦尔军向君士坦丁堡进攻。在激战 10 天后，阿瓦尔军被君士坦丁堡的东罗马军击退。失利的阿瓦尔军欲乘船渡过海峡，与波斯军会合，遭到东罗马舰队猛烈攻击。在东罗马海军陆军夹攻下，阿瓦尔军战败后引兵北遁，并从此一蹶不振。失去阿瓦尔军协助，波斯军想攻下君士坦丁堡就没多大希望。

在亚美尼亚，德奥多尔斯率的东罗马军也表现突出，大败波斯军，再次攻入美地亚。希拉克略抓住有利时机，派一支精锐东罗马军经美地亚、阿西利亚，直捣波斯首都泰西封。与此同时，他亲自率东罗军主力从拉齐卡出发，沿底格里斯河南下。两支军队互相策应。这是东罗马与萨珊波斯相邻 400 多年来首次派军大规模攻入萨珊波斯境内。

面对东罗马军大规模进攻，霍斯劳二世被迫与东罗马军在波斯境内决战。他把所有留在国内的士兵都集中起来，拼凑成一支军队，任命拉扎特斯为统帅，进行决战。霍斯劳二世对拉扎特斯说："要么胜利，要么战死，我将选择权交给你了。"

同时，霍斯劳二世派使者火速赶往卡尔西顿，召夏尔·巴尔兹迅速率波斯军回国。信使在途中被东罗马军俘获。夏尔·巴尔兹所率的波斯军无法及时回援国内。

627 年 12 月 12 日，在古城尼尼微附近，东罗马军和波斯军进行了一场关乎国运的决战。战斗从拂晓至中午仍未见胜负。在激战中，希拉克略身先士卒，亲自率东罗马军发起猛烈攻击。东罗马将士见此，勇猛拼杀。战场上人喊马嘶，声震如雷。波斯军损失惨重，统帅拉扎特斯阵亡。直到傍晚时，波斯军才稳住阵脚，主动后撤，准备寻机再战。

不久，波斯军向东罗马军发起反攻。希拉克略见波斯军来势汹汹，决定避而不战，亲自率军趁夜色从小路，昼夜兼程，直扑霍斯劳二世所在地——波斯陪都达斯塔噶德城。

得知东罗马军直扑而来，霍斯劳二世大吃一惊。见势不妙，他一面下令拆掉达斯塔噶德护城河的木桥，一面再派使者召夏尔·巴尔兹率波斯军返回求援。东罗马军进军神速，霍斯劳二世一切努力都无济于事。见保不住达斯塔噶德，霍斯劳二世只好弃城逃走。

希拉克略率东罗马军进入萨珊波斯陪都达斯塔噶德城，将离宫[①]内的财宝、积蓄抢劫一空，并放火焚烧宫殿，然后率东罗马军向萨珊波斯首都泰西封挺进。

他很快发现选择的时机不对——天寒雪大，夏尔·巴尔兹所率的波斯军即将撤回，如果遇到泰西封守军顽抗，那么东罗马军将会遭到内外夹击，被消灭在泰西封城下。希拉克略下令东罗马军撤回美地亚休整，同时派人去泰西封，向霍斯劳二世提出休战议和。

希拉克略越战越理智，霍斯劳二世却越战越不理智。战场上接连失利，霍斯劳二世恼羞成怒，不顾国库空虚、兵力不足等客观条件，拒绝希拉克略主动提出的媾和要求，发誓血战到底。

---

① 离宫，指都城之外，皇帝永久性居住的地方。

在国家存亡危急关头，628 年，一部分波斯贵族联合夏尔·巴尔兹发动政变。霍斯劳二世被逮捕入狱。西罗斯成为皇帝，即卡瓦德二世。

631 年，卡瓦德二世的继任者[①]与东罗马议和。条约规定：波斯归还历代侵占的东罗马领土；无条件释放东罗马俘虏；归还抢自耶路撒冷的“圣十字架”；归还一切抢劫的东罗马财物，并偿还相当数额的军费。

经过多年战争，东罗马每次都是赔钱实现和平，但在希拉克略拼死一战情况下，东罗马不仅扭转首都君士坦丁堡被波斯军包围的不利局面，还进行反攻，攻下了萨珊波斯陪都达斯塔噶德城，包围首都泰西封，破天荒地逼迫萨珊波斯割地赔钱签约结束战争。

被东罗马打败后，萨珊波斯再也无力向东罗马发动战争。651 年，离东罗马和萨珊波斯结束战争刚刚 20 年时，萨珊波斯被阿拉伯人消灭。东罗马失去萨珊波斯这个强敌，却不得不面临更强的敌人——阿拉伯帝国。

① 卡瓦德二世在位仅数月病死，他 7 岁的儿子阿尔达希尔三世继位，于 630 年死去。阿尔达希尔三世继任者是卑路斯二世，卑路斯二世在 631 年去位，霍尔木兹六世继位不到一年，萨珊波斯皇帝又换成阿扎尔米杜赫特，阿扎尔米杜赫特后的波斯皇帝是叶兹德格德三世，642 年被俘虏，651 年死去。

第十六章　君士坦丁堡的运气

东罗马是悲摧的，也是非常幸运的；东罗马是幸运的，也是非常悲摧的。东罗马战胜强邻萨珊波斯，又遇强大对手阿拉伯帝国；苦战阿拉伯帝国几百年后，又迎来强大对手塞尔柱突厥。东罗马鏖战到最后，都成为胜利者。

1. 多次撞上好运气

恶战数百年，东罗马总算打败萨珊波斯，但还没来得及享受战争红利，就不得不迎战更强对手阿拉伯帝国。

阿拉伯帝国是政教合一国家。632 年，穆罕默德创教建国，统一阿拉伯半岛。而这一年前，即 631 年，被战争拖得精疲力竭的东罗马和萨珊波斯签订和约停战。阿拉伯帝国一出现，就渔翁得利——两个强大邻居相互打仗数百年，已经两败俱伤，轮到它“收取”胜利果实了。

阿拉伯帝国抓住良机，不给东罗马和萨珊波斯任何复兴机会，兵分两路，同时与它们开战——一支阿拉伯军积极抢夺东罗马的巴勒斯坦、叙利亚以及埃及等地，一支阿拉伯军趁机大举东征萨珊波斯。

两个互殴打得对方半死不活的老大帝国，被新崛起的阿拉伯帝国打得落花流水。东西两路阿拉伯军都取得了非凡战绩。西路阿拉伯军接连打败东罗马军，一路攻城略地，夺取了东罗马在亚洲和非洲三分之二的领土。

随后，阿拉伯哈里发[①]欧麦尔[②]分析局势，进行下一步部署。一番衡量后，欧麦尔暂时停止进一步进攻东罗马，先选派精兵强将，集中精锐力量攻灭萨珊波斯。因为在东征中，萨珊波斯军趁哈立德[③]率阿拉伯军增援叙利亚的机会，在幼发拉底河桥头，全歼驻守当地的阿拉伯军。这事件令欧麦尔震惊。他认为，尽管萨珊波斯国势衰微，但它仍然拥有一支庞大而战斗力强的军队，不摧毁萨珊波斯，不但希拉难以保全，且后患无穷。相比，此时东罗马军已经没有任何反击能力。

欧麦尔的决定，让东罗马有了喘气机会。东罗马趁机收集残兵，巩固国内统治，积蓄力量再战。不过，阿拉伯帝国没给东罗马多少时间。637年5月31日，在噶底西叶决战中，波斯军惨败。阿拉伯军乘胜追击。泰西封失守，胡泽斯坦失守，摩苏尔失守。在接下来的尼哈温德决战中，波斯军再次惨败，伤亡10万人以上。叶兹德格德三世[④]逃往中亚避难。阿拉伯军趁机兼并萨珊波斯全境。此时，阿拉伯帝国的国力已经比五年前要强数倍。

随后，一部分阿拉伯军继续追击萨珊波斯的残余力量，主力军转向西部扩张上。东罗马面临的处境越来越艰难，却不得不为了求生存而迎战。

在萨珊波斯灭亡前，东罗马丢掉在亚洲和非洲的领土，但耶路撒冷尚在控制中。萨珊波斯灭亡后，638年，阿拉伯军乘胜攻下耶路撒冷；639年，阿拉伯军蹂躏美索不达米亚；640年，阿拉伯军占领恺撒利亚。小亚细亚大部分落到阿

---

① 哈里发，指历史上伊斯兰国家的最高统治者，是阿拉伯语中khalīfah的音译，意为继承者、代理者。

② 欧麦尔，全名欧麦尔·伊本·哈塔卜（586—644），被称为欧麦尔一世，阿拉伯哈里发（634—644年在位）。

③ 哈立德，全名哈立德·本·瓦利德，麦加古莱什部落人。他是阿拉伯帝国早期著名军事将领，因英勇被穆罕默德赐予“安拉之剑”的称号。

④ 叶兹德格德三世，萨珊波斯末代皇帝，634到642年在位。

拉伯军手中。

几乎同时，另一路阿拉伯军进攻埃及。埃及土著科普特人向阿拉伯军投降。在亚历山大主教居鲁士主持下，埃及土著科普特人与阿拉伯人签订《亚历山大港条约》，规定东罗马军在642年9月前必须撤出埃及。

阿拉伯人原封不动地采用东罗马人的行政和税收制度，继续把埃及当作奶牛。埃及人极度失望，极度不满。

644年，阿拉伯军将领阿慕尔被调离埃及。君士坦斯二世赫拉克留[①]认为有夺回埃及机会，暗中进行谋划，做相关准备。654年，他任命亚美尼亚人曼努埃尔为统帅，率300艘战舰，一举收复埃及亚历山大港。驻守亚历山大的1000名阿拉伯军被杀。

阿拉伯哈里发震惊之余，又派阿慕尔率军进攻埃及，夺回亚历山大港。646年初，阿慕尔率阿拉伯军赶到埃及，一举夺回亚历山大港。东罗马准备十年取得的战果又被丢失。

不久，阿慕尔又率阿拉伯军沿着北非海岸西进，相继攻取昔兰尼加和利比亚等地，占领东罗马北非全部所属领地。

更令东罗马不安的是，阿拉伯军叙利亚总督穆阿威叶一世组建了一支阿拉伯舰队。穆阿威叶亲自率阿拉伯舰队进入地中海作战，在649年至654年间，先后夺取塞浦路斯、罗得、科斯等岛，掌握东地中海制海权，从海路上严重威胁东罗马首都君士坦丁堡。

655年，君士坦斯二世亲自指挥罗马舰队迎战阿拉伯舰队，企图解除阿拉伯舰队对君士坦丁堡的威胁。在小亚吕基亚附近海域，东罗马舰队和阿拉伯舰队遭遇，一场激烈的海战爆发。

在交战时，阿拉伯军把战舰牢牢拴在东罗马战舰上，使之不能自由行动。然后，他们在甲板上兵刃相交，血肉相搏。当年罗马舰队与迦太基舰队在西西里岛附近海域激战也是用此战法，结果也如出一辙——战舰被牢牢拴住的一

---

① 君士坦斯二世赫拉克留，东罗马帝国皇帝，641到668年在位。

方惨败。东罗马舰队大败，几乎完全被摧毁，海水被鲜血染红。这次海战后，东罗马丧失东地中海制海权。阿拉伯舰队成为东地中海新霸主，随时威胁着君士坦丁堡。

就在这时，东罗马意外获得好运气。阿拉伯帝国爆发内战，穆阿威叶不想花费太多精力与东罗马军交战，想集中力量争夺哈里发之位。穆阿威叶主动提出议和，同意向东罗马交纳贡金而罢战。

东罗马虚惊一场，暂时缓了一口气，还不胜而胜——在战败情况下议和停战，战败方还获得战胜方的贡金。这是一次极其不正常的议和。阿拉伯帝国给东罗马的和平是短暂的，是“攘外先安内”的战略需要，其消灭东罗马的目标没有变。穆阿威叶与东罗马签订和约，主动赔款，只不过是稳住东罗马，不让它趁机发动战争，不让它趁机干预阿拉伯内讧。

661 年，穆阿威叶在内讧中取胜，当上哈里发，定都大马士革，史称穆阿威叶一世①。在政权巩固后，穆阿威叶一世就积极谋划进攻君士坦丁堡，灭掉东罗马。

668 年，东罗马属国亚美尼亚爆发起义。穆阿威叶一世认为有机可乘，派一支阿拉伯军到亚美尼亚助战，想趁机夺取亚美尼亚。不过，东罗马军迅速镇压亚美尼亚起义军，抢在阿拉伯军赶到前，成功恢复控制亚美尼亚。阿拉伯军无法达到预期的目标。

这件事后，穆阿威叶一世意识到东罗马军的战斗力有所恢复，命令赶往亚美尼亚的那支阿拉伯军折而西进攻，夺取与君士坦丁堡隔海相望的卡尔西顿城，作为攻取君士坦丁堡的基地。

阿拉伯军出其不意的攻击获得成功，一举攻占卡尔西顿城。669 年春，穆阿威叶一世又派叶齐德率军赶往卡尔西顿城。阿拉伯军第一次远远地看到君士坦丁堡，非常渴望将其占领。

不过，此时东罗马军的战斗力远远比前几年强。阿拉伯军每次进攻，都被

① 穆阿威叶一世，阿拉伯帝国哈里发，661 到 684 年在位。

东罗马陆军和海军配合反击而挫败。阿拉伯军隔海坚持了几个月后，不得不在夏季无功而返。

穆阿威叶一世不甘心，继续派兵进攻君士坦丁堡。这一次，穆阿威叶一世指挥阿拉伯军不仅占领卡尔西顿城，还夺取马尔马拉海上的重要港口基齐库斯，并在基齐库斯建立阿拉伯舰队基地。从 673 年起，阿拉伯舰队每年春季从基齐库斯出发，进入君士坦丁堡近海的水域作战，到冬季便返回基齐库斯休整过冬。

东罗马皇帝“大胡子”君士坦丁四世①精心部署防卫，以“希腊火”②多次击退阿拉伯军进攻。阿拉伯舰队也在君士坦丁堡城下连连受挫。穆阿威叶一世只好放弃进攻君士坦丁堡，回师小亚细亚。在回师途中，阿拉伯舰队遇风暴，几乎全军覆灭。穆阿威叶一世一生的心血付诸东流。

在小亚细亚陆地作战中，阿拉伯军也连连失利。穆阿威叶一世认为，对东罗马战争已没任何成功希望，下令放弃战争，与东罗马议和。深处危机中的东罗马对议和自然求之不得。

678 年，阿拉伯帝国与东罗马签订 30 年和约。双方结束战争。

几年后，穆阿威叶一世死去，阿拉伯帝国再次爆发内讧。内乱后的阿拉伯帝国无力对东罗马发动战争。直到 715 年，雄心勃勃的苏莱曼一世当上哈里发，形势才发生巨变。他准备大规模进攻君士坦丁堡，灭掉东罗马。

苏莱曼一世不惜血本投入巨大军力和物力。麦斯莱麦出任阿拉伯军统帅，率海军和陆军向君士坦丁堡进发。陆军由骑兵、骆驼兵组成，共计 12 万，行军路线是从小亚细亚的阿比都斯渡博普鲁斯海峡，进入欧洲大陆，然后从色雷斯向君士坦丁堡发起进攻；海军有 1800 艘战舰，运载 8 万名步兵，另有 20 艘大型战舰，每船运载 100 名重装步兵，准备登陆作战时使用。

---

① 君士坦丁四世，东罗马皇帝，668 到 685 年在位。

② 希腊火，东罗马帝国所发明的一种可以在水上燃烧的液态燃烧剂，为早期热兵器，主要应用于海战中，“希腊火”“希腊火药”或“罗马火”是阿拉伯人对这种恐怖武器的称呼，东罗马人自己则称之为“海洋之火”“流动之火”“液体火焰”“人造之火”和“防备之火”等。

东罗马也刚刚摆脱内乱，利奥三世[1]当皇帝。利奥三世是小亚细亚军人出身，面对阿拉伯军围攻，临阵不乱，充分发挥军事才能，巧妙利用天时地利安排反攻阿拉伯军。他先借用金角湾的海湾强流，派东罗马舰队突袭阿拉伯军，损坏阿拉伯海军 20 余艘军舰；然后放开拦截金角湾水路的防卫铁索，引诱阿拉伯海军进港，再出其不意地放出“希腊火”，导致阿拉伯舰队遭受重大损失。

在陆战方面，利奥三世收买巴尔干半岛上的保加利亚人，使保加利亚军协同东罗马军对阿拉伯军作战。在阿拉伯军度寒冬、食物短缺、瘟疫流行时，利奥三世又抓住机会反攻，给予重创。仅在阿德里亚堡一战中，阿拉伯陆军就损失 2.2 万人。

718 年春，埃及和非洲派两支舰队前来增援阿拉伯军。因军中基督徒倒戈，两支舰队都被东罗马舰队击溃。

欧麦尔二世[2]见状不妙，下令收兵，放弃进攻君士坦丁堡。在回军途中，阿拉伯舰队遇到风暴，全军覆没。1800 艘战舰中只有 5 艘回到叙利亚港口。

阿拉伯军暂时丧失进攻东罗马的能力，东地中海又被东罗马舰队所控制。东罗马人抗击阿拉伯人进攻的信心进一步加强。

2. 局势根本性改变

阿拉伯军进攻君士坦丁堡失败后，和东罗马发生大规模敌对行为有所减少，小冲突仍时有发生。东罗马也没实力进行反攻。

希沙姆[3]当上哈里发后，阿拉伯军对小亚细亚的攻势又加强。不过，希沙姆敌不过利奥三世。

---

① 利奥三世，东罗马皇帝，717 到 741 年在位。
② 欧麦尔二世，阿拉伯哈里发，717 到 720 年在位。
③ 希沙姆，阿拉伯哈里发，724 到 743 年在位。

739年，在阿克洛伊农战场上，利奥三世率东罗马军击败阿拉伯军，取得决定性胜利，迫使阿拉伯军撤离小亚细亚，撤回大马士革和叙利亚。从此，阿拉伯军对小亚细亚的威胁解除，对东罗马核心区域的威胁不复存在。

这次胜利后，东罗马的信心和实力得到一定恢复。741年，利奥三世死去，君士坦丁五世①继位。君士坦丁五世想率东罗马军夺回叙利亚。当时，东罗马国内阶级矛盾和民族矛盾都很尖锐，他不得不先解决内部问题，然后再率军反攻阿拉伯帝国。

君士坦丁五世率东罗马军反攻阿拉伯帝国，无法做到秋风扫落叶，但也步步为营，不断向阿拉伯境内推进。746年，东罗马收回塞浦路斯；752年，东罗马又夺回亚美尼亚。东罗马呈现出少有复兴景象。阿拉伯帝国变得疲于抵抗。

762年，阿拉伯帝国将首都大马士革迁到巴格达，帝国统治中心东移。阿拔斯平定内乱，巩固统治后，又对东罗马发动战争。小亚细亚和亚美尼亚变成主要战场。不过，此时阿拉伯帝国内部各种矛盾十分尖锐，东罗马内部各种矛盾也十分尖锐。双方虽然频频发生战争，但战争规模都不大。阿拉伯军稍处于劣势，失败纪录也大大多于过去。

778年，哈里发马赫迪②率阿拉伯军攻打阿纳托利亚，在哲尔曼尼科城，被利奥四世③率东罗军击败。

不过，东罗马并没把握这次机遇，导致战场出现巨大反转。两年后，东罗马出现内讧。阿拉伯军趁机进攻，将东罗马军打得屈辱求和。

780年，马赫迪和哈伦④指挥一支由叙利亚人、美索不达米亚人和呼罗珊人组成的联军进攻安纳托利亚，以雪前耻。此时，东罗马皇帝是年幼的君士坦丁六

① 君士坦丁五世，东罗马皇帝，741到775年在位。

② 马赫迪，阿拉伯哈里发，775到785年在位。

③ 利奥四世，人称“哈扎尔人”，东罗马帝国皇帝，775到780年在位。

④ 哈伦，马赫迪的儿子。

世[①]，他母亲伊琳娜摄政。伊琳娜反对破坏圣像[②]。东罗马大多数军事贵族主张破坏圣像。伊琳娜害怕那些军事贵族势力太大，危及权力，采取抑制军事贵族的政策。内讧的结果是，君士坦丁堡又被阿拉伯军围攻。

阿拉伯军在战场上连连取胜，在782年攻到博斯普鲁斯海峡附近。伊琳娜无力组织东罗马军抵抗，与阿拉伯人签订和约。停战和约规定：阿拉伯军同意休战3年，东罗马每年要向阿拉伯帝国交纳7万至9万第纳尔[③]贡金，分两次偿清。

这个停战和约断送了东罗马的复兴势头，让东罗马又回到当年任由强邻宰割的状态。不仅如此，这件事还没完结，东罗马受辱还在进一步加重。

797年，东罗马发生宫廷政变。伊琳娜废掉君士坦丁六世，登位称女皇。哈里发哈伦·拉希德[④]认为进攻东罗马时机已到，出兵进攻以弗所和安卡拉等小亚细亚重镇。为巩固统治，女皇伊琳娜不肯放弃压迫大军事贵族的政策，面对阿拉伯军进攻，没任何抵抗就选择屈辱求和。这令东罗马军，尤其是那些军事贵族有深深的耻辱感。

802年，东罗马发生政变，女皇伊琳娜被废黜。第二年，大贵族尼斯弗鲁斯[⑤]称帝。令人惊讶的是，尼斯弗鲁斯比伊琳娜对阿拉伯帝国的态度强硬点，但处理政事更任性。他宣布取缔伊琳娜与阿拉伯人签订的屈辱协定，拒绝继续纳贡，并以侮辱性言辞命令哈伦·拉希德退还此前从东罗马索要去的贡金。此举看起来振奋人心，却给东罗马招来祸患。

哈伦·拉希德勃然大怒，决心用行动教训东罗马，立即命令阿拉伯军进攻东罗马，还亲自到两河流域的赖盖城坐镇指挥。战争结果也并不出乎意料，小亚

---

① 君士坦丁六世，东罗马皇帝，780到797年在位。

② 伊琳娜出生于希腊，从小深受希腊古文化的影响，认为基督教的圣像崇拜活动是天经地义的。而利奥四世和他前任的几位先皇都奉行"破坏圣像运动"的。由于信仰不同，伊琳娜决心反其道而行之，恢复圣像崇拜。

③ 第纳尔，货币单位，名称来自罗马帝国一种被称为Denarius的银币。

④ 哈伦·拉希德，阿拉伯哈里发，764到809年在位。

⑤ 尼斯弗鲁斯，东罗马皇帝，803到811年在位。

细亚惨遭阿拉伯军疯狂蹂躏。806年，哈伦·拉希德乘胜率13.5万阿拉伯军攻克安纳托亚，越过陶鲁斯山脉，攻陷赫拉克利亚和蒂亚那，并摆出要进攻君士坦丁堡的架势。

面对严峻形势，见君士坦丁堡要再次被包围，尼斯弗鲁斯跟伊琳娜一样，立即向阿拉伯求和。哈伦·拉希德也没做好攻下君士坦丁堡的准备，也没相关把握，见教训东罗马的目的已达到，批准缔约言和，提出东罗马要继续向阿拉伯帝国缴纳以前规定的税贡，东罗马皇室成员也要向阿拉伯帝国缴纳人丁税。这无疑是空前羞辱。东罗马皇室成员向阿拉伯帝国缴纳人丁税，意味着是阿拉伯帝国的低层臣属。在世界史上，战败求和的事例不少见，但在求和时，皇族成员都要向对方缴纳人丁税的，绝无仅有。直到809年哈伦·拉希德去世，东罗马的状况才稍有改观。

813年，马蒙继任哈里发。为了树威，马蒙再度打破阿拉伯帝国和东罗马边境的安宁，不断派军进犯小亚细亚。

这一次，东罗马皇帝吸取经验教训，改变策略，以遵守和约为基础，防御为主，同时积极积蓄力量，不轻易宣战，尽量不激怒阿拉伯哈里发马蒙。实践证明，这一战略是正确的。直到833年马蒙死去，阿拉伯军也没取得多少实质性的战果。东罗马军灵活性地应对阿拉伯军进攻，在无声中消耗了阿拉伯军的战斗力。

837年，波斯故地爆发反阿拉伯帝国的巴贝克起义。东罗马反攻阿拉伯帝国的时机来临。隐忍了12年，东罗马如今终于有机会雪耻。狄奥菲雷斯①趁机派东罗马军向叙利亚进攻，同时加强东西两方抵御阿拉伯军的防线。主动出击的东罗马军攻陷幼发拉底河上的要塞萨摩萨特和兹巴特拉等城镇，取得了几十年以来最耀眼的胜利。

阿拉伯帝国当然不能容忍“臣属国”东罗马趁火打劫。838年，哈里发穆阿台绥姆②亲率阿拉伯军反击东罗马。他率一支装备精良、规模空前的阿拉伯军攻

① 狄奥菲雷斯，东罗马皇帝，829到842年在位。

② 穆阿台绥姆，阿拉伯哈里发，833到842年在位。

入安纳托利亚。同年7月，在哈利斯河畔，阿拉伯军和东罗马军进行决战。穆阿台绥姆激励将士们奋勇杀敌。一场大战下来，东罗马军败退。

穆阿台绥姆率阿拉伯军趁机包围安卡拉和阿莫里姆，并向君士坦丁堡发起进攻。形势严峻，但东罗马有惊无险。东罗马主动挑起战争是因为阿拉伯帝国内爆发了起义。穆阿台绥姆把阿拉伯主力军派来进攻东罗马。阿拉伯帝国境内的反抗势力获得壮大的机会。在进攻君士坦丁堡途中，穆阿台绥姆得到国内起义势力壮大的消息，意识到当务之急是平定内乱，不得不立即回师巴格达。

东罗马军利用天赐良机，缓过神来就立即反攻。841年，狄奥菲雷斯利用阿拉伯帝国内讧机会，在西班牙摩尔人声援下，出东罗马军占领梅利特纳，迫使穆阿台绥姆求和。

东罗马与阿拉伯对抗多年来，这是少有以战胜国身份的议和。当然，双方是天生死敌，并没有真正实现和平相处，边界冲突仍时有发生。阿拉伯军一年中对东罗马发动了三次攻势。穆阿台绥姆这样做，有两个目的：使阿拉伯军不断受战斗锻炼，随时备战，随时能战；企图夺取大批战利品，充实阿拉伯军的补给。

随着时间推移，阿拉伯军攻击东罗马越来越偏向抢掠财物。阿拉伯帝国逐渐没有原来锐不可当的扩张势头，东罗马逐渐获得难得的转机。

此后20多年，东罗马和阿拉伯帝国的实力对比发生转变。阿拉伯军已基本失去对东罗马军作战的优势。因国内政局不稳，巴尔干半岛后方不平静，东罗马在对阿拉伯战争中也不十分主动，不发动大规模反攻，步步为营，积小胜为大胜。

851年至853年，东罗马军在埃及登陆，夺取达米埃塔；856年，东罗马军攻取阿米达，俘获1万阿拉伯兵；859年，迈克尔三世亲征小亚细亚东部，获得胜利，重建安卡拉和尼西亚城，修复小亚细亚防线。东罗马军欢欣鼓舞，战斗意志增强。

这一时期，东罗马在总体上很谨慎，与阿拉伯帝国且战且谈，双方都没大进展，在小亚细亚的力量均势也没大改变。真正双方攻守易位的，是发生在863

年的一场大决战。

863年，艾米尔·奥马尔率阿拉伯军进攻安纳托利亚，攻占黑海港口城市阿米苏斯，洗劫了帕弗拉格尼亚。佩特罗那斯率东罗马军抗敌。863年9月3日，在阿米苏斯附近，双方进行决战。阿拉伯军大败，艾米尔·奥马尔战死。东罗马军获得决战胜利。

在此前东罗马和阿拉伯战争中，阿拉伯军多处于攻势，东罗马军处于守势，东罗马军作战目的是生存，阿拉伯军作战的目的是征服对方。在阿米苏斯决战后，阿拉伯军和东罗马军在战争中的位置发生了根本改变。

867年，东罗马进入马其顿王朝时期。马其顿王朝的皇帝们在军事上采取攻势，军事行动以赶走和消灭阿拉伯军为目的。由于国内阶级斗争、政治斗争、教派斗争日益激化，阿拉伯帝国阿拔斯王朝已处于分崩离析边缘，在帝国广阔领土上，无数相对独立的小王国出现，哈里发的地位名存实亡。哈里发失去了对地方的绝对控制，地方分为小王国。东罗马便一一将其攻破，趁机收复失地和扩张领土。

于是，东罗马军进攻和“光复”小亚细亚和叙利亚。872年，瓦西里一世[①]率东罗马军成功镇压坚守于小亚细亚多年的农民起义军，解决了后顾之忧，进而向幼发拉底河流域进攻。东罗马军虽然未能占领马拉提亚要塞，但从阿拉伯军中夺回萨摩萨塔和兹巴特拉，并控制陶鲁斯山脉[②]的边缘地区。

随后，瓦西里一世积极向海上发展，欲夺回已被阿拉伯军控制的地中海制海权。875年，他派罗马军占领意大利南部的巴里，在地中海上占领一个立足点。瓦西里一世又利用神圣罗马帝国皇帝路易二世与意大利贝内文托王公的矛盾，成为贝内文托的宗主。此外，瓦西里一世还挫败阿拉伯军对达尔马提亚、希腊和伯罗奔尼撒沿海的进攻，反而攻占塔兰托和卡拉布里亚等意大利城市。

---

① 瓦西里一世，东罗马帝国皇帝，867到886年在位。

② 陶鲁斯山脉，位于今土耳其南部的山脉，是古代争夺的战略要地。

尼斯弗鲁斯二世[①]继位后，多次派东罗马军进攻小亚细亚和叙利亚。965年，东罗马舰队夺取塞浦路斯。966年，尼斯弗鲁斯二世出兵进攻安条克，但未获成功。968年，尼斯弗鲁斯二世重回叙利亚，沿岸南下攻取一个又一个要塞。969年，东罗马军攻下安条克。几个月后，阿勒颇的艾米尔赛费·道拉被迫乞和。东罗马收复叙利亚一部分领土，另一部分承认东罗马的宗主权。

974年，东罗马军继续南下，占领大马士革。在耶路撒冷城下，东罗马军被埃及法蒂玛王朝的军队击退。东罗马军南下趋势受挫。双方边界在这里较长时间地稳固下来。

995年，东罗马属叙利亚的汉姆达尼德人遭埃及法蒂玛王朝的军队攻击，向东罗马求援。瓦西里二世又率东罗马军进入叙利亚战场，大胜而归。999年，东罗马与埃及法蒂玛王朝缔结10年和约。东罗马东部边界扩展到幼发拉底河和北叙利亚一带，夺回三百多年前被阿拉伯帝国占领的领土。

东罗马和阿拉伯争夺重点转移到地中海上。此前，阿拉伯军陆续占据地中海上的一些重要岛屿和港口，掌握地中海制海权。阿拉伯帝国瓦解后，小股海盗匪帮在地中海上横行霸道，对地中海贸易形成巨大威胁。受阿拉伯海盗之苦的拉古萨人与东罗马结盟，在亚得里亚海上与阿拉伯海盗进行战争。

1032年，在亚得里亚海，拉古萨与东罗马联合舰队大败阿拉伯海盗。1034年至1035年，这支联合舰队继续在地中海作战，在安纳托利亚和北非海岸给阿拉伯海盗重创，保证了地中海贸易安全。至此，阿拉伯人对东罗马人只有招架之功没有还手之力。

东罗马当年打败萨珊波斯的历史结局再一次重演。东罗马花费几百年，九死一生赢得对阿拉伯帝国的胜利，有希望收复失地、实现复兴罗马帝国的梦想，却又不得不反击来自东边的突厥人以及西部诺曼人进攻。

---

① 尼斯弗鲁斯二世，东罗马皇帝，963到969年在位。

3. 挡不住突厥的铁骑

东罗马和阿拉伯帝国苦战几百年，阿拉伯帝国因内部矛盾分裂成许多小国家。但是，赢家不是东罗马人，而是曾经被阿拉伯征服的中亚那些突厥人。在东罗马逐渐从阿拉伯帝国收复失地时，中亚的突厥人扩张到西亚来了。东罗马不得不面对新对手。

突厥发源地在叶尼塞河上游，经过一代又一代迁徙，扩散到从贝加尔湖以南到蒙古以北，从吉尔吉斯草原往西到咸海和里海一带。

突厥人善骑射，善于冶炼金属，性情悍勇，逐水草而居，以射猎为业，早先从属于匈奴。公元5世纪上半叶时，北亚突厥人依附柔然，中亚突厥人建立卡帕多西亚国，与萨珊波斯毗邻。

555年，北亚突厥人灭掉柔然建立突厥汗国。在东部，突厥人驱走契丹人，把疆域扩展到大兴安岭；在北部，突厥人并吞结骨，进一步向北亚伸张；在南部，突厥人攻取吐谷浑，据有青海之地，征服塞外草原，势力一直达到长城下。随后，他们与中原北周、北齐以及隋朝、唐朝争霸多年。在西部，突厥与中亚突厥人建立的嚈哒接壤。

嚈哒多次进攻萨珊波斯，抢掠土地。萨珊波斯遭受嚈哒极大的压力。突厥积极向西进攻，几次打败嚈哒，攻入嚈哒境内。萨珊波斯受嚈哒压制已久，见嚈哒遭突厥军攻击，决定联合突厥[①]对付嚈哒，一雪前耻。于是，科斯洛兹与突厥联姻。

563年至567年间，突厥和萨珊波斯分别出兵，从两面夹攻嚈哒。正好，嚈哒内部又发生酋长喀图尔弗斯背叛事件。突厥和萨珊波斯共同灭了嚈哒，瓜分了

① 此时突厥尚未分裂，突厥于582年分裂为东西突厥。

它的领土。嚈哒君主被杀死。按照双方达成的协议，突厥和萨珊波斯以乌浒河为界，突厥取得乌浒河以北领土，萨珊波斯收回乌浒河以南、包括巴尔黑在内领土。

突厥占有中亚，达到极盛。从公元 6 世纪中叶起短短数十年中，突厥统一从北亚延续至中亚草原地带所有游牧民族，建立起东到辽海、西到里海、南到青海、北到达贝加尔湖的突厥帝国。此时突厥与东罗马尚隔着萨珊波斯，没什么实际接触，更谈不上发生战争。

突厥脱颖而出，推动了欧亚大陆局势变化。突厥灭掉粟特后，控制到丝绸之路，提高了它的影响力。没多久，突厥和萨珊波斯因丝绸之路经商权问题发生冲突。突厥人遭萨珊波斯欺凌。

突厥西北部边陲靠近东罗马。东罗马和萨珊波斯是宿敌，两国不断战争。突厥决定直接和东罗马通商，联合东罗马攻打萨珊波斯。567 年，突厥使者到达君士坦丁堡，向查斯丁二世[①]提交突厥可汗的国书。东罗马派使者随同突厥使者一起回访突厥，了解突厥情况。

没多久，突厥和东罗马建立贸易关系。突厥人开辟一条新商路，绕道里海以北把丝绸等商品直接运往东罗马。同时，两国在政治上结成联盟。在突厥策动下，东罗马加紧进攻萨珊波斯，突厥也大举进攻萨珊波斯。两国从东西两方同时发起攻击，萨珊波斯腹背受敌，难以抵御。不久，萨珊波斯从咽哒手中收复的乌浒河以南领土被突厥占领。

突厥地域广大，统治权力极为分散。在名义上，西突厥从属于东突厥，保持统一。不过，东突厥可汗控制范围仅限于王庭所在东部，对遥远的西方鞭长莫及。西突厥具有很大独立性。582 年，阿波可汗便叛离东突厥，投奔西突厥。突厥内部发生混乱。突厥正式分裂为东突厥和西突厥。东突厥管辖从蒙古高原到乌拉尔山的北部地区，西突厥控制从阿尔泰山到锡尔河之间地区，相互对峙。

---

① 查斯丁二世，东罗马皇帝，565 到 578 年在位。

东突厥长年兵连祸结，横征暴敛，国内民众不堪负担，怨声载道。铁勒部的薛延陀和回纥又反抗，摆脱从属地位。东突厥陷入内外交困，政治危机交织着经济危机。629年，李靖率唐军讨伐东突厥。630年正月，唐军灭东突厥，活捉突厥颉利可汗。在东突厥灭亡前几年，萨珊波斯与东罗马正在进行生死决战。

东突厥灭亡后，控制西域广大地区的西突厥继续存在了一段时期。640年，唐军攻陷高昌，唐朝与西突厥接壤。此后，西突厥与唐朝频繁冲突。西突厥军多次进攻唐朝边境，势力逐渐被唐军削弱。651年，西突厥将领阿史那贺鲁夺取政权，自称沙钵罗可汗。这一年，萨珊波斯被阿拉伯灭掉。阿史那贺鲁自恃实力强大，几度东征，进攻唐朝。657年，苏定方率唐军击败西突厥，活捉沙钵罗可汗。西突厥也宣告灭亡。

751年，在怛罗斯，已经扩张到中亚的阿拉伯军与唐军决战。葛逻禄雇佣兵突然叛变，阿拉伯联军以绝对优势兵力①打败了高仙芝所率的两万精锐唐军。高仙芝率剩下数千人逃回中原。阿拉伯军并没有乘胜追击，抓紧时间巩固在中亚霸权。

后来，阿拉伯军主将阿布因功高震主被杀，副将齐雅德·伊本·萨里也被处死，余部发生叛乱，呼罗珊②陷入混乱。阿拉伯帝国忙于平乱，唐朝也因爆发安史之乱，无力收复西域。东西方两大力量再也没发生大规模战争。

公元8世纪中期，阿拉伯军远征中亚时，掳走一批突厥人，充作奴隶。从公元9世纪中期起，突厥奴隶开始充当禁卫军。这支禁卫军人数时有增加，势力越来越大，最终造成尾大不掉的局面。后来，连阿拉伯哈里发的废立大权也掌握在突厥军官手中。在中亚和波斯故地，为数众多的突厥人皈依伊斯兰教，取得充当雇佣兵资格。突厥奴隶纷纷加入雇佣军。

阿拉伯阿拔斯王朝哈里发大权旁落后，属阿拉伯的波斯故地已呈现割据状

① 怛罗斯之战时，阿拉伯军队以及仆从国军有15万到20万，人数远远要超过唐军。

② 呼罗珊是一个中古地理名词，西南亚古地区名。大部分在今伊朗境内，一部分在阿富汗赫拉特一带和土库曼斯坦境内的马雷一带，意为“太阳升起的地方”。

态，建立萨曼王朝和布伊王朝。萨曼王朝突厥奴隶禁卫军首领阿尔普特勤屡建军功，逐步升任为呼罗珊总督。962年，阿尔普特勤因与继位的新王不和，率突厥军远走东南方，攻下伽色尼城，自立为王，史称伽色尼王朝。

当时，突厥人从中亚出发，向西迁移。伽色尼王朝容纳突厥人进入。突厥人随即向阿拉伯帝国纵深地带长驱直入。塞尔柱突厥人是进入阿拉伯纵深地带比较早的一部分。

970年，突厥乌古思部酋长塞尔柱率部族从中亚北部草原迁到锡尔河下游。他们接受逊尼派伊斯兰教不久，又进入呼罗珊地区。1037年，塞尔柱孙子图格鲁克伯克·贝格·穆罕默德和沙格里·贝格·达乌德率军向中亚扩张。他们击败伽色尼王朝的军队后，乘胜征服中亚许多地区。1043年，他们进入米底亚。1048年后，他们进攻东罗马属国亚美尼亚，与东罗马军发生冲突。

塞尔柱突厥人并未将东罗马当作主要对手，重点放在攻打阿拉伯帝国上。1055年，图格鲁克伯克·贝格·穆罕默德率塞尔柱突厥军进入巴格达，迫使哈里发封他为阿拉伯帝国摄政，赐号为苏丹——即“东方和西方之王”。从此，阿拉伯哈里发成为塞尔柱帝国苏丹庇护下的傀儡。

塞尔柱帝国并没把统治中心移向巴格达，而是以伊斯法罕为基地，向东罗马属国亚美尼亚和小亚细亚的安纳托利亚不断发起进攻。

塞尔柱帝国在西亚扩张时，东罗马马其顿王朝走向盛世，并趁阿拉伯阿拔斯王朝衰落机会，夺回小亚细亚各省及叙利亚北部，兼并东亚美尼亚王国[①]。这是东罗马数百年来难得的一次复兴机会，但随塞尔柱突厥人的到来而灰飞烟灭。

东罗马北部边界面临佩彻涅格人的威胁，将多数军队调往君士坦丁堡、色雷斯等重镇布防。塞尔柱突厥军进攻时，在亚美尼亚的东罗马军防务极其空虚。塞尔柱突厥军趁机进攻。

从1048年开始，图格鲁克伯克·贝格·穆罕默德率军席卷自陶鲁斯山脉至狄奥多西城间的600里边界，遭到顽强抵抗，没能占领亚美尼亚。

① 东亚美尼亚王国，亚美尼亚西部此前归东罗马统治，狄奥多西城是其统治中心，东亚美尼亚王国指亚美尼亚东部领土。

1063年，阿尔普·阿尔斯兰[①]继任苏丹。他决定大举进攻东罗马。1064年，一支庞大的塞尔柱骑兵攻占亚美尼亚和格鲁吉亚，渡过幼发拉底河，劫掠叙利亚、西里西亚和卡帕多西亚。那些地方的东罗马守军多是蛮族雇佣军。他们拿薪水打仗，面对塞尔柱骑兵，根本不想抵抗，在战场上稍微一接触，发现不容易取胜，便想办法保命。

面对严峻形势，1067年，东罗马摄政皇太后欧多西娅选择罗曼努斯·狄奥吉尼斯做丈夫，并于1068年让罗曼努斯·狄奥吉尼斯当皇帝，史称罗曼努斯四世[②]，与迈克尔七世·杜卡斯[③]一起为共治皇帝。

显然，皇太后下嫁，将新丈夫册立为共治皇帝，是为保住江山，准备与塞尔柱军进行决战。

4. 小亚细亚恩仇

罗曼努斯四世组织军队抗击塞尔柱军侵略。1068年，罗曼努斯四世亲率东罗马军从卡帕多西亚南下抗敌，在北叙利亚获得一些胜利。1069年，他又率东罗马军攻入亚美尼亚。面对众多小股侵扰的塞尔柱突厥军，他无法取得决定性胜利，于是决定将战争引到东方去。

1070年，罗曼努斯四世派曼纽尔·科穆宁率东罗马军东征，收复东罗马失地，继而进攻塞尔柱国。这是当年他们先祖在围困之中打败萨珊波斯的方法。罗曼努斯四世希望这次也能成功。不过，曼纽尔·科穆宁率东罗马军东征并没成功，反而导致幼发拉底河流域的曼西喀特落入塞尔柱突厥军手中。

见东罗马军东征，主动进攻塞尔柱，苏丹阿尔普·阿尔斯兰非常生气，下

① 阿尔普·阿尔斯兰，塞尔柱突厥苏丹，1063到1072年在位。

② 罗曼努斯四世，东罗马皇帝，1068到1071年在位。

③ 迈克尔七世·杜卡斯，东罗马皇帝，罗曼努斯四世的公治皇帝，1071到1078年在位。

令把分散的突厥军汇集在一起，寻机与东罗马军决战。为了争取时间，阿尔普·阿尔斯兰向罗曼努斯四世提出和谈。罗曼努斯四世不想与塞尔柱突厥人妥协。东罗马军继续发动4次攻势，想夺取曼西喀特城和基拉特，作为向塞尔柱进攻的基地。

1071年春，为军队筹足给养后，罗曼努斯四世率东罗马军向曼西喀特城进攻。当时，他所率东罗马军号称10万，但成分十分复杂：有自卡帕多西亚和弗里吉亚临时征募的后备军；有来自欧洲东罗马属国及同盟国的军团，如马其顿人、保加利亚人和乌齐人、摩尔达维亚人等；有法兰克人和诺曼雇佣军。其中，乌齐人及摩尔达维亚人属于突厥种族。

除那些蛮族将领外，还有罗曼努斯四世的政敌安德罗尼卡·杜卡斯。安德罗尼卡·杜卡斯父亲约翰·杜卡斯觊觎皇位者。罗曼努斯四世所率的军队虽然数量不少，但军心不整，成分复杂，统军将领不齐心。

1071年夏，罗曼努斯四世率东罗马军进入狄奥多西城，并在此兵分两路，分别进攻基拉特和曼西喀特。他亲率主力军攻取曼西喀特后，欲与攻向基拉特城的东罗马军会合，便派出一支军队先行，以援助进攻基拉特，最终一举攻下了基拉特。

苏丹阿尔普·阿尔斯兰议和建议被拒绝后，下令集结塞尔柱军，从叙利亚北上迎战。当时，塞尔柱军有4万左右。他们抵达基拉特城外时，守城的东罗马雇佣军闻讯溃逃。塞尔柱军顺利占领基拉特城，然后继续北上。

由于情报传递不及时，罗曼努斯四世不知道镇守基拉特城的雇佣军已溃逃，也不知道塞尔柱军的行踪，完全不明敌情。1071年8月19日，在曼西喀特城外，东罗马军与塞尔柱军意外遭遇，仓促之中展开大决战。这场大决战，双方事先都没精心准备，全靠士兵的战斗力和心理素质比拼。

东罗马军多为重步兵和骑兵，因出征仓促，训练不足，军队成分又复杂，战斗力无法有效地发挥出来。塞尔柱军虽然人数不占优势，但他们以轻骑兵和马弓手为主，动作灵活，弓箭射程远，杀伤力强。

战争开始时，东罗马军处于攻势，塞尔柱军处于守势。东罗马军一路冲杀，塞尔柱军且战且退，寻找有利时机反击。天暮时分，罗曼努斯四世突然发现情况不妙，唯恐有诈，下令收兵。塞尔柱军见时机已到，停止后退，派马弓手猛攻东罗马军后翼，迫使东罗马军反身还击。战场局势出现逆转。

在关键时刻，东罗马后卫将领安德罗尼卡别有用心地散布已战败的谣言。东罗马军军心动摇，两翼和后卫军迅速瓦解，中军瞬间失去保护，处于孤立无援境地，阵势大乱。塞尔柱军趁机大举反攻。罗曼努斯四世受伤被俘，不得不签订屈辱条约。

条约规定：罗曼努斯四世可以回国，但要向塞尔柱交纳赎金；东罗马从此要保证每年向塞尔柱纳贡；东罗马还须承担全部释放塞尔柱战俘义务。

此条约虽然没提出割让领土要求，但东罗马军全线溃败，已丧失保护亚美尼亚和小亚细亚的能力。塞尔柱人没必要对一块无人保护的领土提什么要求。只要他们想获得那些土地，也如囊中取物。

这一条约并没得到贯彻执行。罗曼努斯四世失败后，在贵族支持下，共治皇帝迈克尔七世·杜卡斯宣布废黜罗曼努斯四世的皇位。签署条约的皇帝不合法，就意味着他签署的条约无效。罗曼努斯四世在回君士坦丁堡途中悲惨地死去。

东罗马通过废黜罗曼努斯四世皇位的方式不承认条约。对阿尔普·阿尔斯兰来说，这是耍赖。阿尔普·阿尔斯兰不得不用武力逼迫东罗马承认条约。不过，他还没来得及召集塞尔柱军，就在 1072 年死了。没多久，曼西喀特会战后签订的条约不了了之。

塞尔柱人也没真正重视那个条约。他们不恼怒。没有条约，他们就更加肆无忌惮地抢劫、蹂躏小亚细亚，在小亚细亚定居，使那里逐渐突厥化。这意味着他们已经告别掠夺式进攻，改为蚕食性占领土地。

1077 年，塞尔柱苏丹任命管理小亚细亚的统帅苏莱曼·伊本·欧特鲁以尼西亚为核心，建立罗姆苏丹国。罗姆是东方人对小亚细亚的称呼，发音与罗马相似，但事实上指的就是罗马。突厥人以“罗马”为国号，与东罗马争夺小亚细亚的统治权，大大削弱当地人对塞尔柱军的抵制。罗姆苏丹国不断扩张，很快夺取伊科尼昂，统治区域北起黑海，南抵地中海，而西部处于不断扩张中。罗姆苏丹国成为东罗马的心腹大患。

阿尔普·阿尔斯兰死后，他儿子马立克沙[①]继任苏丹。塞尔柱帝国进入繁荣期。1091年，苏丹马立克沙迁都巴格达，在聚礼日[②]祈祷中，将苏丹与哈里发并列。此时，塞尔柱帝国领土东起中亚并与中国接壤，西到叙利亚及小亚细亚，南达阿拉伯海，北至基辅俄罗斯边境，形成强大军事帝国。

塞尔柱帝国繁荣时期并不长。1092年，苏丹马立克沙和首相尼扎姆·穆勒克[③]相继死后，诸子争位，皇族内讧，各地军事封建主割据称雄，伊斯玛仪派[④]的阿萨辛支派在波斯和叙利亚占据许多堡寨，进行暗杀活动，出击塞尔柱军，导致塞尔柱帝国分裂。

塞尔柱帝国分裂后，以巴格达、大马士革、科尼亚、摩苏尔、迪亚巴克尔等城市为中心，形成许多小塞尔柱苏丹王朝。罗姆苏丹国趁机在小亚细亚独立。各王朝间相互混战，削弱了抵御外敌能力。

好运气又降临到东罗马身上。东罗马军乘机发动反攻。1096年，第一次东征的十字军进入小亚细亚。东罗马借机顺利收回安纳托利亚西海岸领土，成功将罗姆苏丹国限制在内陆。

1110年前后，塞尔柱军再次攻到博斯普鲁斯海峡附近。阿列克修斯一世[⑤]认真地组织反击。从1110年到1115年，他几乎年年派东罗马军进攻塞尔柱人，且战绩显著。

1116年，在安纳托利亚半岛中西部菲洛米利昂，阿列克修斯一世率东罗马军赢得一次声名显赫的胜利，迫使塞尔柱突厥议和。在1117年签订和约中，塞

① 马立克沙，塞尔柱突厥苏丹，1072到1092年在位。

② 聚礼日，即主麻日，指穆斯林于星期五正午过后到当地清真寺举行集体礼拜。

③ 尼扎姆·穆勒克，塞尔柱王朝著名政治家，伊斯兰学术文化的赞助者，苏丹马立克沙的首相，掌管着塞尔柱帝国的实权。

④ 伊斯玛仪派，伊斯兰教什叶派的主要支派之一。

⑤ 阿列克修斯一世，又译为阿历克塞一世，东罗马皇帝，1081到1118年在位。

尔柱人放弃安纳托利亚整个沿海地区[①]，且从此退到安纳托利亚东部，以锡诺普、安卡拉及菲洛米利昂一条线为双方边界。这是东罗马历史上少有的一次胜利。

阿列克修斯一世死后，约翰二世[②]继续同塞尔柱人作战。他充分发挥统兵作战的才能才干，把东罗马的东方边界推到小亚美尼亚[③]，南方边界与十字军占领的安条克公国接壤。

在接连取得胜利后，约翰二世信心十足地率东罗马军进攻幼发拉底河流域，想在那里重树东罗马的权威。不过，他没机会实现愿望。在 1143 年于西里西亚山中举行的一次狩猎活动中，约翰二世中毒箭死了。

1143年，曼努埃尔一世[④]继位。曼努埃尔一世自幼崇尚西方文化，成年后娶安条克公国公主为妻，特别喜欢结交近东十字军国家的贵胄，乐于干预西方，特别是意大利的事。他继位不久，近东形势恶化。塞尔柱军乘虚而入，不断向小亚细亚西部进攻。

刚开始，曼努埃尔一世没大规模抵抗塞尔柱人的军事行动，只是修复和建立防线进行防御。塞尔柱人步步为营，不断蚕食小亚细亚西部。1147 年，曼努埃尔一世率东罗马军反击罗姆苏丹，直取伊科尼昂。不过，他在城外得知塞尔柱人有援兵到来的消息后，纵兵在城郊抢劫一阵，便迅速撤离，根本不敢进攻伊科尼昂城。塞尔柱人见东罗马皇帝心虚，也给他们创造了伏击机会。在东罗马军回师途中，两路塞尔柱军进行反击——一路塞尔柱军紧紧追击东罗马军，一路塞尔柱军提前占据有利地形埋伏，伏击撤退的东罗马军。东罗马军败得十分狼狈。

第二次东征的十字军将进入小亚细亚的消息传来。东罗马人和塞尔柱人都十分震惊，立即议和停战。东罗马人与塞尔柱人都不喜欢十字军来到小亚细亚。十字军第一次东征后，东罗马与十字军之间的矛盾公开化。曼努埃尔一世费尽心机，欲使十字军国家服从东罗马统治。他采取各种手段，包括外交斗争和军事斗

① 此处指纳托利亚北部、西部和南部。

② 约翰二世，东罗马皇帝，1118 到 1143 年在位，被誉为“好人约翰”，是东罗马科穆宁王朝最伟大的皇帝。

③ 小亚美尼亚，此处指西里西亚地区。

④ 曼努埃尔一世，东罗马皇帝，1143 到 1180 年在位。

争，但十字军国家依然不服东罗马，还不时抢掠东罗马境内民众。

1161年，东罗马与罗姆苏丹国建立友好关系。曼努埃尔一世邀请罗姆苏丹国的苏丹访问君士坦丁堡，给予高规格接待。罗姆苏丹暂时接受“东罗马皇帝至上”原则。不过，到1170年，双方又发生冲突。

1176年，曼努埃尔一世决定反击塞尔柱军。他亲率东罗马军进攻罗姆苏丹国。东罗马军到米里奥凯法罗山谷要塞时，陷入塞尔柱军布置的埋伏圈。东罗马军被包围在山谷中，进不得，退不出，周围山上全是塞尔柱的伏兵。东罗马军被动挨打，毫无还手之力。狭长的山谷成为东罗马军的葬身之地。一时人喊马嘶，混乱不堪。一场洗劫过后，谷内尸骸遍野。

曼努埃尔一世以孤身逃离战场。他的精神受到极大刺激，从此消沉下去，一蹶不振。战后，东罗马与罗姆苏丹国议和。根据和约，东罗马拆毁小亚细亚的部分防线，突厥人在小亚细亚住居合法。此后，东罗马东部边界再没任何有效防御，小亚细亚不可避免地成为突厥人永久属地。

第十七章　帝国残阳如血

诺曼人建立西西里国后，寻机进攻东罗马。东罗马打败诺曼人，突厥人再次崛起。东罗马与突厥人进行生死决战，被彻底送入历史长河中。

1. 决战，决战挽救危机

在东罗马与突厥人鏖战后期，来自西部的诺曼人[①]也对东罗马趁火打劫。

在日耳曼部落南迁时，维京人也南下，迁到法兰克国境内，与当地居民融合，形成诺曼文化，被称为诺曼人。一部分诺曼人渡过英吉利海峡，征服大不列颠，建立诺曼底王朝，一部分诺曼人南下亚平宁半岛南部，后来建立西西里国。

到公元 8 世纪、9 世纪时，南下的诺曼人逐渐兴起，逐步对外扩张，避开同时代的强国，在亚平宁半岛向东部沿地中海逐渐蚕食，壮大和积蓄实力。诺曼人默默发展了几百年，积蓄实力。

① 诺曼人，指定居在法兰克国北部的维京人及其后裔，由日耳曼的一个部落与当地居民融合而形成。一部分诺曼人征服大不列颠，建立大不列颠诺曼底王朝，一部分诺曼人迁到意大利南部，建立西西里国。

11 世纪时，诺曼人见东罗马人、威尼斯人、拉古萨人和阿拉伯海盗在地中海上打得精疲力竭，东罗马和威尼斯虽然赢得胜利，但自身元气也大伤。诺曼人认为抢夺地中海控制权的机会来临，只要打败已经虚弱不堪的东罗马，就能成为地中海新霸主。

1059 年，罗伯特·吉斯卡尔率诺曼军夺取阿普利亚和卡拉布里亚。教皇尼古拉二世趁机加冕罗伯特·吉斯卡尔为阿普利亚公爵。尝到甜头后，在 1081 年至 1085 年，罗伯特·吉斯卡尔不断率部侵略东罗马。他把阿普利亚的政务委托给小儿子罗杰，自己和长子博希蒙得率一支舰队向亚得里亚海进发，去夺取巴尔干半岛港口第拉奇姆①。

第拉奇姆港是巴尔干半岛门户。著名军道埃格南迪亚从第拉奇姆港出发东行，经萨洛尼卡，直抵君士坦丁堡，它的军事价值和地理位置十分重要。瓦西里二世以第拉奇姆港为中心建立第拉奇姆军区，防御西部敌对力量。罗伯特·吉斯卡尔率舰队占领第拉奇姆港，旨在进攻君士坦丁堡。

当时，东罗马科穆宁王朝刚建立，百废待兴，国际环境也不容乐观。1054 年，东西派教会正式分裂，东罗马为西方基督教世界所不容；1071 年曼西喀特会战，东罗马在小亚细亚丧失立足点；同年，巴里被诺曼人占领；佩彻涅格人在巴尔干半岛和多瑙河流域步步进逼。东罗马没有足够力量与诺曼人抗衡，便采用外交手段，向威尼斯和神圣罗马帝国求援，想借助外部力量解决危机。

亨利四世与教皇的斗争白热化。在教皇挑唆下，神圣罗马帝国贵族也频频挑战亨利四世。亨利四世自顾不暇，无法给予东罗马实质性援助。威尼斯人却趁机与东罗马结盟。

东罗马与威尼斯达成协议：东罗马军与诺曼军作战时，威尼斯将派舰队协助作战；作为交换，东罗马给予威尼斯人在小亚细亚、东地中海和黑海的贸易优惠权。

诺曼人离威尼斯人很近。诺曼人势力坐大，严重威胁到威尼斯。如果诺曼

---

① 第拉奇姆，今都拉索。

人控制亚得里亚海及爱奥尼亚海的制海权，势必给威尼斯人从事东西地中海中介贸易带来阻碍。与东罗马人结盟，打败诺曼人，符合威尼斯人利益。

博希蒙得率50艘战舰驶近科孚岛。东罗马军疏于防范，诺曼舰队毫不费力占领科孚岛，向都拉索进发。

都拉索是东罗马在西方另一个门户，它的城防十分坚固。守城将军是乔治。守城军队由骁勇善战的阿尔巴尼亚人和马其顿人组成。罗伯特·吉斯卡尔所率诺曼军长途跋涉，还未进入战场就遇到意想不到的天灾。都拉索守军没出战，便赢得一次胜利，士气高涨。

按照常年惯例，希腊海域在5月间的气候温暖宜人。罗伯特·吉斯卡尔率诺曼舰队驶近亚得里亚海岸时，一场暴风雪突然降临。狂风卷起滔滔巨浪，咆哮如雷，诺曼舰队的舰船被狂风巨浪卷到岩石上，撞得粉碎。舰船碎片，死亡将士尸体，各种丢弃武器装备，飘在亚得里亚海海面上到处都是。

罗伯特·吉斯卡尔在天灾中幸免于难，被迫上岸，搭起临时帐篷，召集残存将士，派人去搜寻给养和装备。威尼斯舰队趁机向诺曼舰队发起进攻。诺曼人振奋精神，迎战威尼斯舰队。在第一天战斗中，博希蒙得指挥诺曼舰队作战表现非常出色。双方基本战平。夜晚，威尼斯舰队把舰船排成新月形战阵，停泊待命。

在第二天战斗中，威尼斯舰队充分发挥舰船机动灵活、弓箭射手准确无误、投枪高命中率以及使用希腊火的优势，在战斗中占上风。诺曼舰队被打败，遭重创。一些舰船侥幸逃离战场，在岸边停靠，被威尼斯人砍断缆绳掠走。

都拉索守城军队又乘机反击，袭击诺曼人陆地营帐，抢夺诺曼军囤积的粮草和装备。大批给养被运送到都拉索城内，都拉索守城军队面临困难得以缓解。诺曼人丧失海上优势后，失去与海上各岛屿的联系。他们的给养补充路线被阻断，营房内流传瘟疫，成千上万人死去。

罗伯特·吉斯卡尔毫不慌乱，仍在坚持不懈率军进攻都拉索城，派人回阿普利亚和西西里征集援军。都拉索城内守将及军民顽强抵抗，毫不退却。罗伯特·吉斯卡尔令人把一个能容纳500名士兵的攻城塔推向都拉索城墙。城内守军发现，以火器烧毁塔楼，挫败诺曼军攻势。

在都拉索城，东罗马守军和诺曼军相持不下。阿列克修斯一世抓紧时间平息国内混乱，用6个月时间在欧洲各地集结到一支包括马其顿人、亚美尼亚人、瓦兰几亚人[①]、突厥人及英格兰人等编成的雇佣军，开往战场，与威尼斯舰队一起，对都拉索城形成水陆合围之势。

诺曼军陷入东罗马军内外夹击中。随着激烈战争不断进行，诺曼军被东罗马和威尼斯联军挤压在海边一处三角地带——那个地方有河流入海，阻断退路，诺曼军右翼濒临海边，左翼与一片山丘相接，前方是一片开阔地，进则生存，退则毁灭。诺曼军烧掉残存的船舰和给养，抱着必死决心，同东罗马和威尼斯联军背水一战。

1081年10月18日，双方在都拉索城外决战。阿列克修斯一世求胜心切，拒不听从手下将领们的劝告，贸然下令联军向诺曼军发动总攻。这一不理智的决定，让唾手可得的胜利丧失。

破晓前，东罗马和威尼斯联军发起总攻。阿列克修斯一世命令东罗马军分两路冲向诺曼军阵地——轻骑兵分布在平原上，弓箭手排成第二线参战。瓦兰几亚人充当先锋。战斗开始时，这批雇佣军的战斧给罗伯特·吉斯卡尔所率诺曼军造成了重大伤亡。诺曼军中的卡拉布里亚人和伦巴德人企图倒戈，但被河水阻断。为防止都拉索城内守军趁势反击，诺曼军已拆毁河上桥梁。

海岸上布满战舰，诺曼舰队也无路可逃。在万分危急关头，罗伯特·吉斯卡尔妻子盖塔身先士卒，向东罗马和威尼斯联军杀过去。她的勇敢和坚毅鼓舞了诺曼军斗志。1.5万名诺曼军拼死杀向东罗马和威尼斯联军，给他们造成极大伤亡。这种拼杀给诺曼军带来战胜东罗马和威尼斯联军的希望。

罗伯特·吉斯卡尔抓住战机，趁瓦兰几亚军冲锋后在东罗马军侧翼留下空隙机会，率领800名骑兵冲进东罗马军阵地，横刀跃马，奋勇杀敌。最终，诺曼军战胜5倍于己的东罗马和威尼斯联军，扭转战局。诺曼骑士伤亡30余人，却

---

① 瓦兰几亚人，即东欧的诺曼人。

砍杀东罗马和威尼斯联军五六千人。这一气势吓住了东罗马和威尼斯联军。

在关键时刻，阿列克修斯一世懦弱无能显现出来。他不幸中了一枪，便下令东罗马军突围逃跑。都拉索城又处于诺曼军围攻之中。

数月之后，经过冬季休整，诺曼军重振士气。1082 年 2 月，诺曼军以一支突击队用绳梯攻入久围不克的都拉索城，打开东罗马又一个西方门户。

攻陷都拉索城后，诺曼军继续东进，越过伊庇鲁斯山区，进入塞萨利地区。东罗马面临溃败危机。奇异的是，这一次，上天又帮了东罗马。罗伯特・吉斯卡尔正准备率诺曼军进一步发起进攻时，得到意大利发生变故消息。他只好急忙返回意大利，留下博希蒙得则继续统军作战。

这一次，阿列克修斯一世做了一件英明事。他趁机重新组织一支军队，在拉里萨与博希蒙得所部诺曼军决战。为了赢得战争，他对诺曼军特点进行研究分析，并进行了扬长避短的部署——他针对诺曼军善于骑马作战而不长于步战，命令联军将士发箭射诺曼军的马腿，摧毁诺曼骑兵优势，最终一举取胜。

拉里萨决战结局是，博希蒙得所部诺曼军惨败，不得不率残部灰溜溜逃回到意大利。阿列克修斯一世也通过此战洗清他“军事无能”的污点。东罗马军抗击诺曼军的信心大增。

诺曼军输了，但对东罗马和威尼斯联军并不服气。1084 年到 1085 年，罗伯特・吉斯卡尔发动第二次远征，再次挑战东罗马。在亚得里亚海上，罗伯特・吉斯卡尔率诺曼舰队与威尼斯东罗马联合舰队三次大战。诺曼舰队先失利，后反败为胜；威尼斯东罗马联合舰队死伤逾 1.3 万人。

第二年春天，罗伯特・吉斯卡尔率诺曼舰队趁胜南下，攻击希腊沿海和爱奥尼亚海诸岛。诺曼舰队在海战上优势逐渐显示出来。阿列克修斯一世不得不考虑继续增兵，准备长期战争。

1085 年 7 月，罗伯特・吉斯卡尔不幸患病死去。诺曼军远征不了了之，主动撤回意大利。阿列克修斯一世还没来得及派援军，就在好运气中赢得胜利。

2. 外交失误招致群殴

罗伯特·吉斯卡尔死后，诺曼军进攻东罗马中止。60年后，罗杰二世[①]率诺曼军进攻东罗马。

罗伯特·吉斯卡尔死后，罗杰二世经营数十年，统一意大利南部和西西里。1103年圣诞节，罗杰二世加冕称王。西西里王国横空出世。

对东罗马来说，西西里王国是巨大威胁。由于历史原因，东罗马一直把地中海，视为自己当然的领地。1054年后，教皇仰仗西欧诸君主国支持，公然蔑视东罗马皇帝，导致东西方教会彻底分裂——基督教分为东正教和基督教。

东罗马皇帝拒不承认西西里王国，千方百计拉拢其他欧洲大国与西西里王国为敌。西西里王国突然崛起，一向企图入主意大利和称霸欧洲的神圣罗马帝国皇帝也接受不了。神圣罗马帝国与东罗马结成反西西里王国同盟。罗杰二世以教皇为靠山，与东罗马以及神圣罗马帝国对峙。

1144年，信仰伊斯兰教的塞尔柱突厥灭掉信仰基督教的十字军建立的埃德萨伯国。西欧各国封建主感到震恐。一些好战分子趁机将这件事与宗教高度联系起来，以宗教为号召，准备发动战争。两个国家战争，被生硬泛化成两种宗教战争，大规模战争不可避免。

在法国国王路易七世[②]和修士克莱沃·贝尔纳鼓吹下，西方骑士组成第二次十字军，远征塞尔柱突厥。西方骑士攻打塞尔柱突厥，需要借道东罗马。基督教已分裂，信仰东正教的东罗马，与西方骑士在信仰上彼此敌对，但对付塞尔柱突厥时，立场基本接近。最终，东罗马没参与第二次十字军，但同意给十字军借道。

---

① 罗杰二世，西西里国王，1103到1154年在位。

② 路易七世，法国国王，1139到1180年在位。

1147年，第二次十字军分海陆两路前进，准备在君士坦丁堡汇合。康拉德三世[1]率神圣罗马帝国骑士从巴尔干陆路先行抵达君士坦丁堡。康拉德三世是东罗马的政治盟友。曼努埃尔一世热情接待了康拉德三世一行，派船送他们过海峡，进入小亚细亚。

法王路易七世率法国骑士从海路到君士坦丁堡时，康拉德三世一行已被塞尔柱军击溃。曼努埃尔一世担心十字军侵害东罗马民众，隐瞒真实消息，说康拉德三世所部大获全胜，从而把法国骑士骗到海峡对岸。法国骑士没掌握战场真实信息，被塞尔柱军打得惨败。

路易七世恼怒曼努埃尔一世坑害他们，但不动声色，暂时忍了。曼努埃尔一世在君士坦丁堡接待神圣罗马帝国骑士和法国骑士时，罗杰二世派乔治率一支70艘船的诺曼舰队进入亚得里亚海域，攻占科孚岛，然后沿亚得里亚海商路进入爱奥尼亚海，攻占雅典、底比斯和科林斯，疯狂劫掠和骚扰东罗马。

在海上冒险行动中，诺曼舰队营救了在回国途中的路易七世，得知一些消息，迅速攻打君士坦丁堡城郊。一些诺曼兵在君士坦丁堡港登陆，采摘御花园的果子，还向东罗马皇宫射箭。当时，曼努埃尔一世在萨洛尼卡布置防务。得知消息，他非常愤怒，发誓要严厉惩罚诺曼舰队。

诺曼舰队在回归途中，威尼斯和东罗马联合舰队全力阻击。在联合舰队冲击下，诺曼舰队被分隔开来，给了对手各个击破机会。这一战，诺曼舰队惨败，损失19艘战舰。1149年，在威尼斯舰队支援下，东罗马舰队夺回科孚岛。

事后，罗杰二世采取外交手段，企图搭伙组团侵略东罗马。神圣罗马帝国与东罗马是同盟关系。罗杰二世便煽动神圣罗马帝国内部反皇帝的贵族挑起内战。同时，他怂恿巴尔干半岛的塞尔维亚人向东罗马进攻。法王路易七世也在积极鼓吹发动第三次东征，惩罚“背叛朝圣事业”的希腊人。罗杰二世趁机拉拢他。教皇一向对神圣罗马帝国和东罗马皇帝的意大利政策有戒心，毫不犹豫支持罗杰二世。

---

① 康拉德三世，神圣罗马帝国皇帝，1138到1152年在位。

以神圣罗马帝国、东罗马、威尼斯为一方，以法王路易七世、教皇、罗杰二世、塞尔维亚人为另一方的两个同盟形成，双方剑拔弩张。

法王路易七世组织十字军计划，因遭国内骑士反对而破产。1152 年，神圣罗马帝国皇帝康拉德三世死去。罗杰二世和曼努埃尔一世分别失去一个盟友。

1154 年，罗杰二世死去，曼努埃尔一世趁机派乔治·巴列奥略格率一支水陆两栖军西征意大利。乔治·巴列奥略格巧妙利用诺曼人内部矛盾，用武力和威逼利诱手段相结合，没花费多少周折，就征服阿普利亚数座城市，使安科纳到塔兰托一带重新归东罗马。

曼努埃尔一世却迫不及待地宣布已打败阿尔卑斯山外的蛮族人，积极展开外交攻势，欲使意大利北部城市和教皇承认他的权威。他还介入罗马教皇与神圣罗马帝国皇帝的冲突，以恢复东西方教会联合为诱饵，企图取代神圣罗马帝国皇帝地位，重温“地中海大罗马帝国”之梦。

盟友看清曼努埃尔一世的野心，纷纷背离。腓特烈一世公开反对东罗马插手意大利事务。威尼斯人也公开站到威廉一世①那边。

因众叛亲离，东罗马军在布林迪西吃了败仗。接下来，东罗马军接连失败，最终全面溃败。东罗马军已夺得的领土又成为诺曼人的掌中之物。

1158 年，在教皇斡旋下，东罗马与西西里王国签订 30 年休战条约，东罗马彻底放弃对意大利领土和权利要求。

签订和约后，曼努埃尔一世出于国家财政考虑，也为报复威尼斯人的背信行为，限制和削减以前给威尼斯人的商业特权。同时，他采用“以蛮治蛮”策略，在 1169 年和 1170 年分别赐予热那亚人和比萨人商业优惠权，以牵制威尼斯人。东罗马与威尼斯关系更进一步恶化。1171 年，曼努埃尔一世下令没收威尼斯人财产。东罗马与威尼斯关系彻底破裂。

1171 年，在威尼斯代表，罗马教皇、神圣罗马帝国皇帝和威尼斯及伦巴第城市同盟代表召开会议。他们握手言和，形成反东罗马同盟。

---

① 西西里王威廉一世，绰号“恶人”，1154 到 1166 年在位。

1180 年，曼努埃尔一世死去。他年幼的小儿子继位，他妻子玛丽摄政。1182 年，君士坦丁堡民众暴动，将玛丽母子推翻。安德洛尼卡[①]当上皇帝。

反东罗马国家进一步团结起来。1184 年，腓特烈一世与威廉二世达成联姻协议。1186 年，西西里女王储康斯坦丝[②]同神圣罗马帝国皇储亨利六世结婚。神圣罗马帝国和西西里王国成为紧密联盟。东罗马面临的敌人更强大。

安德洛尼卡展开积极外交攻势，瓦解反东罗马同盟。他争取威尼斯谅解。1185 年，东罗马与威尼斯谈判。安德洛尼卡下令释放在 1182 年君士坦丁堡暴动中被捕的威尼斯人，并分期偿付威尼斯人的损失。他还向教皇频送秋波，在君士坦丁堡为天主教徒修筑华丽教堂。此外，安德洛尼卡还同埃及苏丹达成在巴勒斯坦和叙利亚分割土地和势力范围的协议。

1185 年 6 月，威廉二世对爱奥尼亚海域、希腊、巴尔干半岛发起全面攻势。诺曼舰队进攻都拉索。都拉索城内民众苦于东罗马苛政，根本不抵抗。诺曼舰队轻松攻陷都拉索城。

接下来，为配合陆军进攻萨洛尼卡，诺曼舰队在 8 月 15 日赶到萨洛尼卡。在途中，诺曼舰队攻克科孚、克法利尼亚、扎金索斯等岛屿。诺曼人对萨洛尼卡形成合围。

萨洛尼卡城防松弛，东罗马援军又姗姗来迟。诺曼人仅用 10 天就攻克萨洛尼卡城。他们攻入城内，尽情发泄兽欲，烧杀抢掠，无恶不作。随后，诺曼人向东行军，直抵君士坦丁堡城下。

诺曼人兵临城下。君士坦丁堡民众出现骚动。他们认为，安德洛尼卡的外交政策失败带来了危机。1185 年 9 月 12 日，安德洛尼卡被废黜，伊萨克·安吉烈当上皇帝，史称伊萨克二世[③]。

诺曼舰队集结在君士坦丁堡城外，一支陆军也由陆路逼近。君士坦丁堡几乎成为诺曼人掌中之物。伊萨克二世束手无策，焦急不安。

---

① 安德洛尼卡，东罗马帝国皇帝，1183 到 1185 年在位。

② 康斯坦丝，西西里国王罗杰二世的女儿。

③ 伊萨克二世，东罗马皇帝，1185 到 1195 年以及 1203 到 1204 年在位。

诺曼人频繁获得胜利，在胜利中丧失理智，变得狂妄轻敌。他们不将东罗马军放在眼里，肆意掠夺财物和无情杀戮民众。一向因税重不支持东罗马皇帝的各地民众，放弃前嫌，空前一致支持东罗马军。义愤的东罗马军战斗激情也空前提高。阿列克修斯·布拉纳斯率东罗马军不失时机地全面反攻。

诺曼人经历长途跋涉后，疲惫加上瘟疫，军队减员严重。加上轻敌，他们得不到各地民众支持，在东罗马军反攻下，溃不成军。在莫西诺城和底米特里卡城作战中，诺曼人遭到重创，被迫撤离萨洛尼卡和教拉索、科孚等地。

虽然克法利尼亚岛和扎金索斯岛一直在诺曼人控制之下，未得光复，但东罗马军赢得这一战，彻底打败诺曼人一百多年侵扰，获得难得安宁。此战后，东罗马获得了近一个世纪和平。

3. 君士坦丁堡陷落

一百多年后，东罗马又遇到重量级对手，且最终灭亡。这个对手就是奥斯曼突厥人。

奥斯曼突厥人是突厥部落人的一支，原来在呼罗珊地区游牧。13 世纪，为躲避蒙古骑兵蹂躏，他们辗转迁到小亚细亚半岛，依附于罗姆苏丹国，信奉伊斯兰教。罗姆苏丹将他们安置在萨卡利亚河畔，负责守卫边界，抗击东罗马军侵扰。

1288年，奥斯曼①出任艾米尔②。他雄武有略，野心勃勃，主张向外扩张。他先想方设法兼并同族艾米尔领地，然后积极夺取小亚细亚。东罗马长期内忧外患，已经外强中干，仅仅维持着小亚细亚西北角的统治，统治力量已极度虚弱。东罗马一直实行重税政策，小亚细亚的民众也不真心忠诚。

奥斯曼深入分析局势，在兼并邻近部落后，攻占美朗诺尔城，改名卡加希

① 奥斯曼，奥斯曼帝国缔造者。

② 艾米尔，即信奉伊斯兰教部落的首长。

沙尔，作为首府，并在1300年自称苏丹，宣布建国。

为提升军队战斗力，奥斯曼以“圣战”思想武装战士，吸收从各地赶来的“圣战”者、冒险爱好者以及其他突厥部落人。那些信仰伊斯兰教的商人、牧民和手工业者也纷纷响应，积极支持奥斯曼。

1301年，突厥军占领卑斯尼亚平原，然后逐步蚕食小亚细亚。1317年，奥斯曼率军进攻布鲁沙城。布鲁沙城是小亚细亚西北部重要城市，城垣坚固、防守森严。突厥军历经9年，在1326年迫使布鲁沙城投降，并定都布鲁沙。

1326年，奥斯曼死，乌尔汗[①]出任苏丹。这个突厥国家从此被称为奥斯曼帝国。乌尔汗英武有为、有远见卓识。他力行进取，率军对外扩张。

1331年，他率军从东罗马手中夺取尼西亚城；1337年，他率军攻占君士坦丁堡附近尼克米底亚城。在不到十年时间里，奥斯曼帝国完全占领小亚细亚。

乌尔汗还特别留心政事，加强军队建设和政治建设。他改编军队，建立常备军，命令由得到采邑的封建主提供军队和正规新军。他下令对新军官兵进行严格军事训练，数年持续不断。训练科目包括军事理想、军事知识技能以及阅读、写作、举止风度、身体素质等。

当时，东罗马已沦为二流国家，领土大为缩小，政治四分五裂，内讧迭起，连年混战。1321年，安德洛尼卡二世[②]取消孙子安德洛尼卡三世的皇位继承权。祖孙之间兵戎相见，打得难分难解。到1326年，安德洛尼卡三世取得皇位继承权，才结束内战。

1341年，安德洛尼卡三世死后，11岁的约翰五世[③]继位。约翰·坎塔丘济那在色雷斯自立为皇帝，与约翰五世分庭抗礼，内战再次爆发。双方都志在必得，各自向外乞求援军。1344年，约翰·坎塔丘济那把女儿狄奥多拉嫁给乌尔汗，以求得奥斯曼军援助。乌尔汗乘机派6000名重装骑兵，渡过达达尼尔海峡，去帮助约翰·坎塔丘济那争夺东罗马皇帝正统地位。

---

① 乌尔汗，又译奥尔汗，奥斯曼突厥苏丹，1326到1359年执政。

② 安德洛尼卡二世，东罗马皇帝，1282到1328年在位。

③ 约翰五世，东罗马皇帝，1341到1391年在位，其中被约翰六世和安德洛尼卡四世篡夺过皇位。

1349年，苏丹乌尔汗应约翰·坎塔丘济那请求，派2万骑兵帮助他抗击塞尔维亚军进攻。通过这种方式，奥斯曼帝国的势力渐渐伸入到东南欧。1354年，奥斯曼军乘势占领博斯普鲁斯海峡靠欧洲沿岸的加里波里半岛。后来，东罗马曾想借助塞尔维亚军迫使奥斯曼军退回亚洲，但未能实现。因此，约翰·坎塔丘济那与乌尔汗翻脸，但此时加里波里半岛已成为奥斯曼军进攻欧洲的桥头堡。

1359年，穆拉德一世继任奥斯曼帝国苏丹后，继续向色雷斯进军。奥斯曼迅猛攻击，东罗马境内一些名城相继陷落。1361年，阿德里亚堡沦陷后，一批又一批突厥人源源不断地渡过达达尼尔海峡，到半岛定居。1367年，穆拉德一世宣布迁都阿德里亚堡。不久，奥斯曼军占领色雷斯，切断君士坦丁堡和巴尔干半岛其余部分联系。东罗马空前孤立。

此时，东罗马领土仅仅拥有君士坦丁堡一隅。1363年，约翰五世被迫向奥斯曼帝国乞和，承认奥斯曼帝国对色雷斯拥有主权，自贬为属国。

东罗马已经沦落到如此不堪地步，但如果皇帝够励志的话，也绝非没有复兴希望。奥斯曼帝国的扩张遭到巴尔干半岛各族民众强烈反抗。双方在巴尔干半岛激战了半个多世纪，奥斯曼帝国才控制除君士坦丁堡城和伯罗奔尼撒半岛部分外的巴尔干半岛。如果东罗马抓住机会，在半个世纪内积蓄实力，那么摆脱不利地位也是有可能的。

事实上，奥斯曼帝国征服巴尔干半岛绝大部分后，上天也给了东罗马复兴机会。正当奥斯曼军席卷东南欧、征服东罗马之际，帖木儿帝国在中亚细亚兴起。两个突厥帝国都具有扩张性，双方大打出手。

1402年7月28日，双方在安卡拉决战。奥斯曼帝国战败，被迫降为帖木儿帝国藩属。帖木儿突厥军洗劫小亚细亚，恢复塞尔柱诸小国君主王位，随后带着战利品返回首都撒马尔罕。

奥斯曼帝国军事惨败引起内讧。巴耶塞特一世[①]被俘身死。国内大乱，诸王子争夺王位，连年混战。几乎同时，农民起义此起彼伏。直到1413年，穆罕默

① 巴耶塞特一世，奥斯曼苏丹，1389到1402年在位。

德一世[1]当上苏丹，才结束国内无政府状态。而穆罕默德一世也才干一般，在位期间也没什么建树。

这是东罗马复兴机会。遗憾的是，东罗马统治者并没抓住机会复兴。这决定东罗马走向灭亡为期不远，因为历史多次给其复兴时机，而它多次视而不见，一旦奥斯曼帝国恢复元气，那么东罗马就走到了历史尽头。

1421 年，穆拉德二世[2]继任苏丹。穆拉德二世有才华、有野心，雄心勃勃，立志要灭亡东罗马，占领君士坦丁堡。

为实现目标，他不惜用重资铸造新式大口径火炮——臼炮，准备攻城器械，改编军制，建造新式船舰，储备甲胄、弓箭、弹药，组建庞大舰队，筹措粮草，研制各种攻城方案。

君士坦丁堡呈不规则三角形，北濒金角湾，南临马尔马拉海，东面隔着博斯普鲁斯海峡与小亚细亚遥遥相望，只有西面与陆地相连。君士坦丁堡在历史上曾遭多次攻击，虽然从来没被攻克过，但任何人都不敢有丝毫懈怠，不得不将城池防御工事做得严密。君士坦丁堡易遭攻击的西面陆地修筑有两道城墙，外城墙高七八米，每隔 50 米到 100 米筑就有城楼；内城高 12 米，在外城塔楼中间位置筑有高 20 米左右的城楼，城外是 18 米深左右的护城壕沟。在金角湾入口，东罗马军用铁索封锁港湾入口水域。君士坦丁堡地势险要，城墙坚固，防守森严，虽然城防力量只有 8000 名雇佣兵和 20 艘战舰，但要攻破它也非易事。

1453 年 4 月，穆罕默德二世继位，立即亲率 12 万名步兵、2 万名骑兵、1 万名别动队、300 艘大小战舰，从水陆两路浩浩荡荡扑向君士坦丁堡，志在一举灭掉东罗马。奥斯曼陆军从西面逼近城堡，海军在海上遥相策应，将君士坦丁堡团团围住。

4 月 6 日，奥斯曼军首先从西线发起攻势，左翼 5 万人，右翼 10 万人。穆罕默德二世率精锐的加尼沙里兵团坐镇中军，在华丽帐篷中运筹帷幄。

这一次攻城战关系到东罗马的生死存亡。东罗马皇帝此前虽然多次无视复

---

① 穆罕默德一世，奥斯曼苏丹，1413 到 1421 年在位。

② 穆拉德二世，奥斯曼苏丹，1421 到 1451 年在位。

兴的历史机遇，但此时已经别无选择，不得不督率城内守军奋力抵抗。在君士坦丁十一世[1]指挥下，君士坦丁堡上空硝烟弥漫，疾矢如雨。奥斯曼军始终未能越过护城壕沟。双方在君士坦丁堡城下僵持着。

穆罕默德二世见君士坦丁堡军民抵抗意志坚决，意识到常规攻城战术难以起效，便命令用重炮轰城，掩护步兵进攻，加大攻城力度。在隆隆炮声中，数万奥斯曼军手持大刀长矛，携带树枝、滚动大木桶，冲向护城壕，企图迅速填平壕沟，攻克君士坦丁堡。东罗马守军以密集火力封锁护城壕，又击退奥斯曼军多次冲锋。这次，无论是奥斯曼帝国，还是已经气息奄奄的东罗马，都使出浑身解数，力图赢得战争。

穆罕默德二世见君士坦丁堡强攻不下，一边令人用火炮继续轰城，轮番佯攻，一边令人挖掘地道，从护城壕和两道城墙下穿过，直通君士坦丁堡城里。不过，地道还没挖通，就被君士坦丁堡守军发现，被用炸药炸毁。

奥斯曼军又发动新攻势。在密集炮火配合下，他们推出数十辆装有轮子的活动堡垒投入战斗，集中火力攻击圣罗马努斯之门[2]。这种活动堡垒外面用三层牛皮包裹，不怕火烧，里面装备有用滑轮操纵升降的攻城云梯。他们企图利用战车接近城墙，攻入城内。经过多次激战，奥斯曼军仍然没能攻破城池。

与此同时，奥斯曼海军进攻也受挫。东罗马出动 4 艘热那亚军舰击沉了数艘奥斯曼军舰，冲破包围圈，进入马摩拉海，为君士坦丁堡城送去大量武器弹药、粮食等军需物资。

穆罕默德二世怒不可遏，鞭笞舰队司令。随后，他召集将领，一起分析敌情、研究对策。有将领认为，金角湾防线比较薄弱，如果能在那一带偷袭成功，将会使东罗马措手不及，陷于被动。但是，金角湾入口处防守严密，又有铁索拦河封锁，舰队无法越过。

穆罕默德二世决定派人借道热那亚商人控制的加拉塔潜入金角湾。热那亚商人贪婪，唯利是图。穆罕默德二世承诺保障热那亚人在加拉塔的特权。热那亚

---

① 君士坦丁十一世，东罗马末代皇帝，1449 到 1453 年在位。

② 圣罗马努斯之门，君士坦丁堡的城门之一，第四军用城门。

人才同意奥斯曼军经过加拉塔据点潜入金角湾。

1453年4月22日，有70艘奥斯曼轻型船舰通过滑道从陆上进入金角湾。随后，奥斯曼军在金角湾上迅速架起浮桥，在岸边筑起炮台，控制金角湾，使君士坦丁堡腹背受敌。

奥斯曼舰队出现在金角湾。东罗马人惊恐不已。他们匆忙从西部防线抽调兵力，加强金角湾防线。虽然东罗马的军事形势越来越不利，但君士坦丁堡守军仍然顽强抵抗，击退奥斯曼军一次又一次进攻。因为东罗马已经没有任何退路，存亡就取决于保卫君士坦丁堡是否成功。君士坦丁堡曾多次成功击退敌人围攻。他们拼死守城，成功击退对手，并非不可能。

5月27日，穆罕默德二世分批检阅陆海军，亲自做总动员讲话，号召将士们奋力作战，一鼓作气攻克君士坦丁堡，许诺他们在破城后可在城中为所欲为，肆意掠夺。已经占领金角湾的奥斯曼军士气大振。

5月29日拂晓，穆罕默德二世下达总攻命令。一时间，万炮轰鸣，火光冲天，炮弹如冰雹向君士坦丁堡倾泻，数万名奥斯曼军扛着云梯，喊杀震天地冲杀。

与此同时，马摩拉海和金角湾的奥斯曼海军也发起一次又一次猛烈进攻，尽管遭到东罗马守军顽抗，未能登陆攻进城去，却牵制东罗马大量兵力，有力地配合了西线进攻。

在西线，穆罕默德二世亲自督战。加尼沙里军团迅速攻到君士坦丁堡城边。在城墙上、云梯上，他们和东罗马守军展开殊死白刃战。东罗马军拼命厮杀，勉强支持。

不料，在圣罗马门以北的一段城墙被炸开，奥斯曼军如潮水般从缺口涌入城内。君士坦丁十一世仍企图组织临近军队增援，但已来不及，东罗马守军已陷入溃乱状态，沦落为奥斯曼军砍杀对象，失去有组织的抵抗。

君士坦丁十一世眼见大势已去，急忙脱去皇帝服饰，夺路而逃，在混战中被杀死。君士坦丁堡军民仍然顽强地与奥斯曼军进行巷战。直到当天深夜，奥斯曼军才占领君士坦丁堡全城。残存的东罗马军以及君士坦丁堡居民都被俘虏，最终被卖为奴隶。

历时1000余年的东罗马灭亡，立国有2200多年的罗马帝国最后一支后裔灭亡。罗马帝国正式宣告终结。1457年，在君士坦丁堡被攻克4年后，穆罕默德二世将首都从阿德里亚堡迁到君士坦丁堡，改名为伊斯坦布尔。从那时起直到1930年，伊斯坦布尔一直是奥斯曼帝国首都。

在君士坦丁堡陷落前，君士坦丁十一世的侄女帕列奥罗格侥幸逃到莫斯科大公国。斯拉夫人认为东罗马帝国是宇宙中心和罗马帝国继承者。莫斯科大公伊凡三世娶帕列奥罗格，以罗马帝国继承人自居，自称沙皇——沙皇是恺撒的斯拉夫语发言。不仅如此，伊凡三世还将东正教作为国教，将东罗马国徽上的双头鹰作为国徽。

罗马帝国和东罗马文明又以另一种形式在俄罗斯传承下来，直到1917年推翻沙皇制度为止。这一传承导致罗马文明对斯拉夫民族的历史产生巨大影响。西欧受西罗马影响巨大，东欧受东罗马影响巨大，至今依然如此。

罗马年表

公元前 753 年，罗马城建立。

公元前 8 世纪至前 7 世纪，罗马进入王政时代。

公元前 578 年到公元前 534 年，塞尔维乌斯·图里乌斯改革。

公元前 510 年，罗马人推翻“高傲者”塔克文，结束王政时代，建立共和国。

公元前 494 年，罗马平民举行起义。

公元前 493 年，以罗马为一方，以 30 个拉丁城邦为一方，双方缔结《卡西乌斯条约》。

公元前 486 年，执政官斯普里乌斯·卡西乌斯提出土地法案。

公元前 367 年，元老院通过保民官李锡尼乌斯和绥克斯图斯提出的法案。

公元前 366 年，绥克斯图斯当选第一位平民出身的执政官。

公元前 342 年，元老院通过《盖努克优斯法》，规定平民可以同时选出两个执政官。

公元前 312 年，罗马监察官阿庇乌斯·克劳狄主持修建阿庇亚大道。

公元前 295 年，在翁布里亚卡美利努姆，罗马军同萨姆尼特、高卢等联军进行决战。

公元前 281 年，罗马人向塔林敦人宣战。

公元前 280 年春，皮洛斯率希腊大军，登陆意大利，对罗马人作战。

公元前 275 年秋，皮洛斯率领残兵败将退回伊庇鲁斯。

公元前 264 年，罗马军渡过墨萨纳海峡，开始争霸西地中海。

公元前 260 年，在西西里岛北面米列海岬，罗马舰队和迦太基舰队展开大海战，大胜。

公元前 256 年，罗马执政官雷古卢斯和曼利乌斯率罗马舰队远征非洲的迦太基。

公元前 241 年，罗马舰队又在西西里岛西部埃伽特斯群岛附近打败迦太基舰队。

公元前 238 年，迦太基爆发雇佣兵和奴隶起义，罗马人趁机占领科西嘉岛和撒丁岛，分别建立行省。

公元前 218 年春，汉尼拔亲率迦太基军，从新迦太基城出发，大规模远征亚平宁半岛。

公元前 216 年夏，在亚平宁半岛南部的康奈，罗马军与迦太基军展开大决战，惨败。

公元前 213 年，罗马军攻陷叙拉古城，在西西里岛取得控制权。

公元前 212 年，罗马人与埃托利亚同盟结盟，一起反对马其顿。

公元前 209 年，斯奇比奥率罗马军攻克新迦太基城。

公元前 204 年春，斯奇比奥率罗马军进攻迦太基国。

公元前 202 年，斯奇比奥率罗马军和汉尼拔率迦太基军决战，大胜。

公元前 203 年，腓力五世派舰队在爱琴海攻击罗马后方。

公元前 197 年，在库诺斯克法莱，腓力五世亲自率马其顿军迎战罗马军，战败。

公元前 168 年春，罗马军在迪乌姆大决战中大胜马其顿军。

公元前 149 年，罗马撕毁和约，向迦太基宣战。

公元前 146 年春，罗马军激战六天六夜后攻占迦太基城，将其彻底毁掉。

公元前 137 年夏天，西西里奴隶起义。

公元前 133 年，提比略·格拉古当选保民官，签署克劳狄乌斯等人提出的土地法案。

公元前 133 年，帕加马王阿塔洛斯三世死去，留下遗嘱将帕加马馈赠给罗马。

公元前 132 年初，元老院派五人使团去帕加马“接受遗产”。

公元前 131 年，执政官克拉苏斯率罗马军去镇压帕加马起义军。

公元前 129 年，阿克维里乌斯统率罗马军征服帕加马，设置亚细亚行省。

公元前 126 年，罗马人颁布“潘努斯法”，从罗马城驱逐所有同盟者城邦的移民。

公元前 125 年，保民官福尔维乌斯·弗拉库斯提出向同盟者授予公民权议案，没有通过。

公元前 115 年，米特拉达梯六世通过政变当上本都王，觊觎亚细亚行省。

公元前 101 年，在墨萨纳附近，罗马军和起义军激战，起义军惨败。

公元前 100 年，保民官萨杜尔尼努斯与军事领袖马略结盟，强行通过土地法案。

公元前 91 年底，马尔西人向罗马宣战，参加反罗马联盟各城邦、公社纷纷响应，同盟者战争爆发。

公元前 90 年底，尤利乌斯·恺撒提出议案通过《尤利乌斯法》，向所有仍忠于罗马的同盟者授予罗马公民权。

公元前 88 年，本都军占领比西尼亚，攻入亚细亚行省。

公元前 87 年 6 月，马略率军进入罗马城。

公元前 86 年，罗马军与本都军在喀罗尼亚决战，本都军惨败。

公元前 84 年，苏拉和米特拉达梯六世举行会晤，缔结和约。

公元前 83 年，苏拉率支持元老派的罗马军和诺巴那斯率支持民主派的罗马军，在卡西利农决战，诺巴那斯惨败。

公元前 74 年，米特拉达梯六世向罗马宣战，在卡尔西顿会战中，本都军获胜，并攻入亚细亚行省。

公元前 73 年春末，斯巴达克率 70 余角斗奴起义。

公元前 73 年，米特拉达梯六世弃军逃走，罗马军消灭本都军主力，恢复亚细亚行省和比西尼亚，并攻入本都国内。

公元前 71 年春，在阿普里亚境内，斯巴达克率起义军与克拉苏所部罗马军决战，惨败。

公元前 63 年，米特拉达梯六世自杀。本都向罗马投降，成为罗马属国。

公元前 60 年，“三头同盟”结成。

公元前 56 年冬，恺撒、庞培和克拉苏在路卡城会晤，商讨新盟约。

公元前 49 年 11 月，恺撒率军回罗马城，被选为执政官，实行几项有利于平民的措施。

公元前 48 年夏，恺撒和庞培率各自支持者，在法萨卢决战，庞培所部惨败。

公元前 45 年，恺撒回罗马城，被推举为终身独裁官、终身保民官和终身监察官，集军、政、司法权力于一身，成为神圣不可侵犯的人物，被冠以“元帅”“祖国之父”称号。

公元前 43 年 10 月，安东尼、屋大维、雷必达在波罗尼亚附近会晤，“后三头同盟”结成。

公元前 42 年，庞培与恺撒在腓力比决战时，帕提亚军作为庞培的盟友参与战斗。

公元前 36 年 9 月，屋大维和小庞培在西西里岛西北面水域决战，取得胜利。

公元前 31 年，屋大维率罗马军讨伐安东尼，安东尼战败逃亡埃及。

公元前 27 年 1 月 16 日，屋大维被元老院授予“奥古斯都”称号。

公元前 20 年，帕提亚和罗马展开谈判。弗拉特斯四世将在卡莱战役夺得的鹰标及幸存的战俘归还给罗马。罗马将弗拉特斯四世儿子放回。

公元前 2 年，屋大维又被罗马元老院、骑士和平民一致宣布为“祖国之父”，成为罗马帝国第一个皇帝。

公元 14 年 8 月 19 日，屋大维死去，提比略继承帝位。

公元 41 年，卡尼古拉被杀死，克劳狄乌斯为帝，即克劳狄乌斯一世。

公元 54 年 10 月，克劳狄乌斯一世中毒而死，尼禄登上皇位。

公元 58 年，瓦尔达内斯二世兵败被杀，沃洛加西斯一世派帕提亚军到亚美尼亚与罗马军对抗。

公元 63 年，梯里达底一世亲到那不勒斯和罗马城访问，拜见罗马皇帝。尼禄将皇冕戴在梯里达底一世头上，加冕他为亚美尼亚王。

公元 64 年，罗马城内发生大火。

公元 69 年，韦帕芗建立弗拉维王朝。

公元 70 年 8 月，犹太起义军失败，罗马军攻入耶路撒冷。

公元 96 年，罗马贵族发动政变，图密善死于政变之中。

114 年，图拉真下令杀害帕塔马西里斯，将亚美尼亚变成罗马的行省。

116 年春，图拉真率罗马军攻陷杜拉·欧罗普斯、泰西封、塞琉西亚等城镇，还征服查拉塞尼王国。

116 年下半年，图拉真率罗马军攻陷苏萨，册立帕尔塔马斯帕提斯为帕提亚皇帝。

131 年，哈德良宣布，禁止犹太教徒举行割礼和阅读犹太律法，在耶路撒冷建立罗马神庙。

公元 1 世纪 30 年代，拿撒勒人耶稣在巴勒斯坦创立基督教。耶稣被罗马总督彼拉多钉死在十字架上。耶稣死后三天复活升天。

192 年，康茂德在元老院和近卫军联合组织的宫廷政变中被杀。塞普蒂米乌斯·塞维鲁建立塞维鲁王朝。

197 年，塞维鲁率罗马军进攻美索不达米亚。沃洛加西斯五世被迫率帕提亚军进行抵抗。

212 年，卡拉卡拉颁布“卡拉卡拉敕令”，授予全体自由民罗马公民权。

217 年，罗马军与帕提亚军在尼西比斯大战，帕提亚军赢得胜利，罗马被迫割地赔款。

224 年 4 月 28 日，在伊斯法罕附近，阿尔达希尔一世击败阿尔达班四世所率帕提亚军，建立萨珊波斯。

226 年，在奥尔米兹达甘平原，阿尔达班四世率兵败阵亡，帕提亚覆灭。

235 年，策动士兵哗变的马克西米努斯登上帝位，罗马政策开始向军队倾斜。

238 年 3 月 22 日，“元老派”在非洲拥立戈尔迪安努斯为皇帝，即戈尔迪安一世。戈尔迪安一世任命儿子戈尔迪安二世为共治皇帝。罗马开始出现多个皇帝并存现象。

244 年，近卫军长官、阿拉伯人菲利普杀死戈尔迪安三世，被士兵拥立为皇帝。

252 年，伽路斯与哥特人签订屈辱和约，罗马每年付给哥特人一大笔款项和金银。

260 年，瓦来里安率罗马军抵抗萨珊波斯军进攻，惨败被俘为奴。

268 年 3 月，克劳狄乌斯当上皇帝，史称克劳狄乌斯二世。克劳狄乌斯二世及其后的三位继任者都是伊利里亚人。他们被合称为“伊利里亚诸帝”。

269 年，克劳狄乌斯二世率罗马军击败哥特骑兵。

275 年 4 月，奥勒良准备率罗马军远征萨珊波斯时被杀。

284 年 11 月 20 日，戴克里先被罗马军推举为皇帝，成为卡里努斯的共治皇帝。

292 年，戴克里先正式宣布自己为东部帝国皇帝，马克西米安为西部帝国皇帝。皇帝的权位正式一分为二。两个皇帝分别建新都，都不以罗马城为首都。

293 年，罗马出现“四君共治”：皇帝戴克里先统治罗马东部，他的副皇帝是恺撒伽列里乌斯；皇帝马克西米安统治罗马西部，他的副皇帝是恺撒君士坦提乌斯一世。

313 年 2 月，君士坦丁一世与李锡尼联合发布米兰敕令，宣布宗教信仰自由。

325 年，在尼西亚，君士坦丁一世召集全罗马基督教主教会议。

330 年，君士坦丁一世迁都到拜占庭城，将拜占庭城改名为新罗马，后改名君士坦丁堡。

378 年 8 月 9 日，在阿德里亚堡决战中，罗马皇帝瓦伦斯也中箭身亡。

395 年，罗马皇帝狄奥多西一世下令将罗马一分为二：东罗马和西罗马。

400年，乌丹率匈奴军大举进入东罗马内。

431年，狄奥多西二世被迫答应每年向匈奴缴纳350磅黄金，允许匈奴人到几个指定的城镇进行互市贸易。

448年，东罗马和匈奴签订和约结束战争。

385年，斯提里科出任罗马皇帝亲兵总指挥，在公元393年出任罗马军统帅，在罗马分为东西罗马后，成为西罗马实际掌权人物。

402年，斯提里科率西罗马军与西哥特人在波兰提亚决战。

408年8月，斯提里科被处死。

410年，阿拉里克又率西哥特军再次包围罗马城。罗马城内奴隶和下层自由民举行起义。

410年8月24日午夜，罗马城内奴隶打开萨拉里亚城门，西哥特军攻进罗马城。

435年，在希坡城，西罗马与汪达尔人签订协议。汪达尔人成为西罗马同盟者，每年缴纳少量贡赋。西罗马承认汪达尔人在非洲合法地位。

439年，盖塞利克撕毁协议，率汪达尔人占领迦太基城，宣布成立汪达尔国，定都迦太基城

451年6月20日，在沙隆平原，瓦伦提尼安三世率西罗马军与阿提拉率匈奴军决战，侥幸胜利。

476年，西罗马灭亡。

502年，科巴德一世率波斯军围攻东罗马的阿米达城，苦战80天才攻陷。

505年，东罗马和萨珊波斯签订和约，东罗马花1000磅黄金收回阿米达城，双方维持原边界。

528年，查士丁尼一世下令编纂法典，编写成《民法大全》，强调“皇帝是唯一的立法者、唯一有权解释法律者”，“至高无上，至圣至明”。

530年，贝利则斯率4万精锐波斯军直扑德拉城，被贝利撒留指挥东罗马军击败。

532年，查士丁尼一世同科斯洛兹订立“永久和约”，东罗马以支付代守帝

国边境费用的名义给萨珊波斯 1.1 万磅黄金。

533 年 9 月 13 日，在突尼斯城附近阿得齐姆，东罗马军与汪达尔军展开激战。汪达尔军先胜后败，取得战争胜利。

534 年初，贝利撒留率东罗马军消灭汪达尔国。

535 年 9 月，东罗马军占领达尔马提亚。

536 年 6 月，贝利撒留率东罗马军攻入意大利，包围那不勒斯城。

536 年 12 月，贝利撒留率东罗马军攻占罗马城。

539 年底，东哥特国王维提却斯派特使向霍斯劳一世求救，请求从东西两个方向夹攻东罗马。霍斯劳一世趁火打劫，先唆使阿拉伯酋长率军进攻东罗马，然后以援助阿拉伯人为名，向东罗马宣战。

540 年，贝利撒留率东罗马军占领东哥特都城拉温那，俘虏维提却斯。

545 年，查士丁尼一世以 5000 磅黄金代价，同萨珊波斯订立为期 5 年的休战协定。

551 年，贝思率 5 万东罗马军占领波斯军坚守的庇特拉要塞。

554 年，那西斯率东罗马军又消灭东哥特军的残余势力。

555 年，数万东罗马被包围在阿尔凯奥波利斯，最终置之死地而后生，在绝境中反攻，取得胜利，消灭 1 万余波斯军。

562 年，波斯与东罗马媾和。条约规定：波斯放弃对拉齐卡的领土要求，作为补偿，东罗马每年向波斯支付 1.8 万磅黄金；条约有效期限为 50 年。

565 年，查士丁尼一世死去。

567 年，突厥使者到达君士坦丁堡，向查斯丁二世提交突厥可汗的国书。东罗马派使者随同突厥使者一起回访突厥，了解突厥情况。

571 年，查士丁二世停止向萨珊波斯支付年金。霍斯劳一世率波斯军进攻德拉城。经过 5 个月厮杀，德拉城陷落。在索得 4 万磅黄金后，波斯军撤走。

591 年，东罗马军在幼发拉底河畔击败波斯军，乘胜攻陷泰西封。

610 年，希拉克略率舰队向君士坦丁堡进军，在达达尼尔海峡击败支持福卡斯的东罗马军，顺利进入君士坦丁堡，当上东罗马皇帝。

613 年，波斯军攻占大马士革，继而进攻耶路撒冷。耶路撒冷的东罗马军拼死抵抗，最终丢失耶路撒冷。

622 元，希拉克略抱着必死决心，亲自率东罗马军反攻波斯军，在小亚细亚不断获得胜利。

626 年 8 月，8 万阿瓦尔军向君士坦丁堡进攻，被君士坦丁堡的东罗马军击退。

627 年 12 月 12 日，在古城尼尼微附近，东罗马军和波斯军进行决战。希拉克略身先士卒，亲自率东罗马军发起猛烈攻击。波斯军损失惨重。

631 年，萨珊波斯与东罗马议和。条约规定：波斯归还历代侵占的东罗马领土；无条件释放东罗马俘虏；归还抢自耶路撒冷的“圣十字架”；归还一切抢劫的东罗马财物，并偿还相当数额的军费。

655 年，君士坦斯二世亲自率罗马舰队迎战阿拉伯舰队。在小亚吕基亚附近海域，双方展开激烈。东罗马舰队大败，几乎完全被摧毁，丧失东地中海制海权。

668 年，东罗马属国亚美尼亚爆发起义。阿拉伯哈里发穆阿威叶一世趁机派一支阿拉伯军到亚美尼亚助战，想夺取亚美尼亚。东罗马军迅速镇压亚美尼亚起义军，抢在阿拉伯军赶到前，成功恢复控制亚美尼亚。

673 年，阿拉伯舰队进入君士坦丁堡近海的水域作战。东罗马皇帝“大胡子”君士坦丁四世精心部署防卫，以“希腊火”击退阿拉伯军进攻。阿拉伯舰队在回师途中遇风暴，几乎全军覆灭。

678 年，东罗马与阿拉伯帝国签订 30 年和约。双方结束战争。

715 年，阿拉伯哈里发苏莱曼一世派 12 万大军进攻君士坦丁堡。利奥三世指挥东罗马军击败阿拉伯舰队，夺回东地中海控制权。

739 年，在阿克洛伊农战场上，利奥三世率东罗马军击败阿拉伯军，取得决定性胜利，迫使阿拉伯军撤离小亚细亚，撤回大马士革和叙利亚。

778 年，利奥四世率东罗军在哲尔曼尼科城击败阿拉伯军。

782 年，阿拉伯军攻到博斯普鲁斯海峡附近。东罗马与阿拉伯签订和约。停战和约规定：阿拉伯军同意休战 3 年，东罗马每年要向阿拉伯帝国交纳 7 万至 9 万第纳尔贡金，分两次偿清。

806 年，哈伦・拉希德率 13.5 万阿拉伯军攻克安纳托亚，攻陷赫拉克利亚和蒂亚那，摆出要进攻君士坦丁堡的架势。东罗马被迫求和。

838 年 7 月，在哈利斯河畔，阿拉伯军和东罗马军进行决战。东罗马军败退。

841 年，狄奥菲雷斯利用阿拉伯帝国内讧机会，派罗马军占领梅利特纳，迫使阿拉伯帝国求和。

863 年，艾米尔・奥马尔率阿拉伯军进攻安纳托利亚，攻占阿米苏斯，洗劫帕弗拉格尼亚。佩特罗那斯率东罗马军抗敌。

863 年 9 月 3 日，在阿米苏斯附近，东罗马军与阿拉伯军进行决战。阿拉伯军大败，艾米尔・奥马尔战死。

867 年，东罗马进入马其顿王朝时期。

872 年，瓦西里一世率东罗马军从阿拉伯军中夺回萨摩萨塔和兹巴特拉，控制陶鲁斯山脉的边缘地区。

965 年，东罗马舰队夺取塞浦路斯。

969 年，东罗马军攻下安条克。

974 年，东罗马军占领大马士革。

995 年，瓦西里二世率东罗马军进入叙利亚，大胜而归。

999 年，东罗马与埃及法蒂玛王朝缔结 10 年和约。东罗马东部边界扩展到幼发拉底河和北叙利亚一带，夺回三百多年前被阿拉伯帝国占领领土。

1068 年，罗曼努斯・狄奥吉尼斯当上东罗马皇帝，史称“罗曼努斯四世”，与迈克尔七世・杜卡斯一起为共治皇帝。

1070 年，罗曼努斯四世派曼纽尔・科穆宁率东罗马军东征，收复东罗马失地。

1071 年 8 月 19 日，在曼西喀特城外，东罗马军与塞尔柱军意外遭遇，仓促之中展开大决战。东罗马军惨败，罗曼努斯四世受伤被俘，不得不签订屈辱条约。

1116 年，在安纳托利亚半岛中西部菲洛米利昂，阿列克修斯一世率东罗马军击败塞尔柱突厥军，迫使塞尔柱突厥议和。

1176 年，曼努埃尔一世决定反击塞尔柱突厥军，在米里奥凯法罗山谷遭伏击。东罗马军惨败。

1081 年 10 月 18 日，东罗马军和诺曼军在都拉索城外决战。东罗马军战败，都拉索城丢失。

1149 年，东罗马舰队夺回科孚岛。

1154 年，曼努埃尔一世趁机派乔治・巴列奥略格率一支水陆两栖军西征意大利，征服阿普利亚数座城市，使安科纳到塔兰托一带重新归东罗马。

1158 年，在教皇斡旋下，东罗马与西西里王国签订 30 年休战条约，东罗马彻底放弃对意大利领土和权利要求。

1331 年，奥斯曼苏丹乌尔汗率军从东罗马手中夺取尼西亚城

1337 年，乌尔汗率军攻占君士坦丁堡附近的尼克米底亚城。

1344 年，乌尔汗乘机派 6000 名重装骑兵，渡过达达尼尔海峡，帮助约翰・坎塔丘济那争夺东罗马皇帝的正统地位。

1354 年，奥斯曼军乘势占领博斯普鲁斯海峡靠欧洲沿岸的加里波里半岛。

1359 年，奥斯曼帝国苏丹穆拉德一世派兵向色雷斯进军。东罗马境内色雷斯的一些名城相继陷落。

1453 年 4 月，穆罕默德二世水陆两路奥斯曼军向君士坦丁堡。奥斯曼陆军从西面逼近城堡，海军在海上遥相策应，将君士坦丁堡团团围住。同年 5 月 29 日，君士坦丁堡陷落，东罗马帝国灭亡。

1453 年 5 月，在君士坦丁堡陷落前，君士坦丁十一世的侄女帕列奥罗格侥幸逃到莫斯科大公国。莫斯科大公伊凡三世娶帕列奥罗格，以罗马帝国继承人自居。